魔都与新城

从寻根之旅到未来之路

上海博物馆 澎湃研究所 ◎ 编著

上海大学出版社

图书在版编目（CIP）数据

魔都与新城：从寻根之旅到未来之路/上海博物馆，澎湃研究所编著. —上海：上海大学出版社，2022.8
ISBN 978-7-5671-4510-8

Ⅰ.①魔… Ⅱ.①上… ②澎… Ⅲ.①博物馆—历史文物—介绍—上海 Ⅳ.① K872.51

中国版本图书馆 CIP 数据核字（2022）第 135821 号

责任编辑　陈　强
特约编辑　崔淑妍　杨烨旻
封面设计　一本好书
技术编辑　金　鑫　钱宇坤

魔都与新城
——从寻根之旅到未来之路

上海博物馆　澎湃研究所　编著
上海大学出版社出版发行
（上海市上大路99号　邮政编码200444）
（http://www.shupress.cn　发行热线 021-66135112）
出版人　戴骏豪

*

南京展望文化发展有限公司排版
上海东亚彩印有限公司印刷　各地新华书店经销
开本 710mm×1000mm　1/16　印张 22.5　字数 301 千
2022 年 8 月第 1 版　2022 年 8 月第 1 次印刷
ISBN 978-7-5671-4510-8/K·258　定价　118.00 元

版权所有　侵权必究
如发现本书有印装质量问题请与印刷厂质量科联系
联系电话：021-34536788

本书编委会

主　任　汤世芬　刘永钢

副主任　石维尘　张　俊

编　委　杨烨旻　崔淑妍　田春玲　王琳杰
　　　　余晓冬　周平浪　王俊期　乔等一
　　　　陈　曦　张力克　姜昊珏　章力凡
　　　　赵晨霖

目 录

- 001 序一 魔都与新城 / 熊月之
- 001 序二 看历史，望未来 / 汤世芬

▶ 认识五个新城   001

- 003 考古人如何认识五个新城与上海历史变迁 / 陈　杰
- 012 五个新城的历史文化底蕴与上海城市品格 / 熊月之
- 016 五个新城诞生记及未来发展之路 / 陈中原　王琳杰
- 023 新城发展需注重自然生态文化遗产的传承与更新 / 王建革
- 029 整合滨海区历史资源，拓展"新江南文化"内涵 / 鲍俊林

▶ 历史之光   037

青浦——从千年古港到上海之门   039

- 041 古代上海的文明之光 / 周　云
- 048 从青龙港到洋山港的变迁，看上海的母亲河之争 / 戴鞍钢　王琳杰
- 053 上海的"北上""东进""西拓"与青浦新城的崛起 / 李天纲
- 072 青浦大事记

081	**松江——市镇的繁荣：上海市镇古今考**
083	从广富林出土器物看上海之根 / 黄 翔
093	从棉布和文人画看海派文化之根 / 陈 江
101	松江大事记
109	**嘉定——从以文化人到以产兴城**
111	嘉定出土文物展现浓郁文化气息 / 何继英
124	嘉定：城镇兴盛与"忠节传世" / 冯贤亮
132	嘉定大事记
141	**奉贤——从贤者之地到江南水乡**
143	四千年前，"奉贤第一人"如何生活 / 郑秀文
148	神话传说对奉贤地方文化史的建构 / 毕旭玲
157	从奉贤历史文化看海派文化"海洋"基因 / 吴俊范
164	奉贤大事记
173	**南汇——向海而兴：从水乡小镇到一流海滨城市**
175	向海而生，因盐而兴 / 王树华
181	海洋文化与南汇盐业兴衰 / 段 炼
187	南汇大事记

193	▶ **发展之策**
195	不能再走老路，探寻新城成长新机制 / 陈建勋
207	对上海五个新城建设理念的思考 / 李显波　田春玲
214	建设五个新城要着力补好五大短板 / 任新建
219	五个新城：错位发展，政策发力

/ 王 丹　彭 颖　柴 慧　谷 金　郑露荞

227	新城开发：产业发力，强化先进制造和研发 / 唐子来　田春玲
230	节点城市最重要的是眼光要向外 / 诸大建　张轶帆
239	五个新城的节点、综合和独立 / 诸大建
242	遵循低地水乡特质，建设青浦新城应上下游统筹 / 吴俊范
247	青浦如何补齐产业结构、人才及资金短板 / 赵国华　徐峰　张轶帆
253	为什么松江需要尽快引进全球专业投行？ / 陈建勋　王琳杰
260	节点之上，松江新城要建设城市副中心 / 夏南凯　王琳杰
265	嘉定新城的禀赋、短板与未来主攻方向 / 吴志强　王琳杰
269	嘉定：产业聚人，文化留人 / 陈江　王琳杰
275	奉贤新城建设要跨界、破圈、超越 / 庄木弟　诸大建　张轶帆
285	南汇新城：从盐花、浪花到创新之花 / 王思政
290	南汇新城：发展潜力广，产业留人最有效 / 王思政　王琳杰
296	国际大都市新城建设经验及对上海的启示 / 陶希东
305	对标米尔顿·凯恩斯，把新城看作公司去运营 / 杨滔　张轶帆
313	从德国创新发展经验看嘉定新城发展前景 / 曾刚

▶ 附　录

320	青浦新城博物馆、美术馆和文物保护单位名录
324	松江新城博物馆、美术馆和文物保护单位名录
329	嘉定新城博物馆、美术馆和文物保护单位名录
334	奉贤新城博物馆、美术馆和文物保护单位名录
337	南汇新城博物馆、美术馆和文物保护单位名录

339 ▶ 后　记

序 一
魔都与新城

熊月之

"魔都"是上海的外号或昵称。五年前，从事上海城市形象研究的课题组，曾发放千余份问卷，在上海本地人士、外省市人士和外籍人士这三类群体中，开展民意调查，其中有一题涉及上海的外号、绰号或昵称，结果，"魔都"得票最高[1]。2017年，上海城市形象宣传歌曲《魔都·魔都》上线，更使得"魔都"之名广为传播。

"魔都"原是近代日本游客对上海城市的谑称，经作家村松梢风用作书名，于1924年出版，此后遂成为大众领域的术语，在20世纪20至40年代已有较为广泛的使用[2]。但是，在计划经济时代，这一外号归于沉寂，无人提起。改革开放以来，随着上海社会经济奇迹般发展，上海城市建设与管理神话般表现，加上影视界的推波助澜，"魔都"一词又活跃起来，成为上海的网红名称[3]。

魔，有魔幻、神秘、奇异之意。日本学者使用"魔都"，意在强调上海城市的特殊性，即上海存在许多异乎寻常、不可思议的地方，许多对立两极的现象，在这里共存、兼容，如明亮与黑暗混为一体，极度繁华与藏污

---

[1] 陆建非：《碰撞与融合——跨文化笔谈》下卷，上海文化出版社2017年版，第22页。
[2] 徐青：《近代日本人对上海的认识（1862—1945）》，上海人民出版社2012年版，第135—136页。
[3] 笔者在2022年1月底检索以"魔都"为关键词的文章与书籍，超星数据库中有约1.5万条数据，百度网站上显示则有约1亿条数据。

纳垢同在一地。当下人们以"魔都"指称上海，依然在于突出这座城市异乎寻常、不可思议的特殊性，涉及城市建筑、城市管理、经济奇迹、科技成就、生活方式、价值观念、审美情趣等，具体事象如摩天大楼、引领时尚、重视契约、尊重女性、国际化程度较高、咖啡馆特别多等。有篇题为《魔都印象》的文章，从高、俏、幻三个方面，称赞上海城市之美。文章称："上海美到哪种程度？一时难以言表，久而久之，'魔'就成了人们挂在嘴边的赞美之词，于是有了魔都的开始。"[1]一篇阐释"魔都"的文章写道："或许，真的没有'魔都'这个称谓更适合上海这座城市了。无论是民国风情的老上海，还是现代化都市的新上海，错综迷离始终是它最真实的存在。"[2]

当下"魔都"是对近代"魔都"的沿用。当下"魔都"与近代"魔都"，有相通之处，都强调上海异乎寻常之处，但也有相异之处。近代"魔都"大体是中性词汇，是善恶一体、美丑兼具、无以名状的混沌之物，是不可名而强以名之的独创名词；而当代"魔都"，则主要是褒扬性词汇。近代"魔都"属他称性词汇，是外号；当代"魔都"，则既是他称性词汇，也是自认性昵称。有学者曾仔细辨析从近代"魔都"到当下"魔都"内涵的延续与变易：

> 年轻人追捧"魔都"一称，殊不知"魔都"其实就是"摩登都市"（modern city）的简称，那"摩"变这"魔"，谐音生发新意，恰巧反映出上海这座城市如同万花筒一般的善变、梦幻、猎奇、冒险等特质，确实为历史基因使然。这些源远流长的气质与秉性，正是这一城市在中国历史演化中和现实发展中不断"领先、率先、争先"而催生并遗存的。[3]

---

[1] 刁孝林：《魔都印象》，《人民司法》，2019年第21期。
[2] 《魔都，一座魔幻的城市》，《汽车博览》，2014年第8期。
[3] 陆建非：《碰撞与融合——跨文化笔谈》下卷，上海文化出版社2017年版，第22页。

上海城市的异乎寻常之处，无论在近代还是当代，都是上海城市精神、城市品格的表现，都是通过城市物质文化、行为文化、观念文化、历史文化等方面体现出来的共同精神状态，是上海有别于其他城市的精神特质。

翻检近代上海历史，魔都的魔性集中表现为开放性、创新性、包容性、法治性与科学性。1949年解放以后，上海的经济结构、社会结构、国内联系与国际联系，都发生了重大变化，上海城市精神或品格，随着时代的演进而嬗变，但依然有许多异乎寻常之处。计划经济时代，上海在工业中心与科创重镇建设方面，在支援全国方面，都有巨大贡献，在对外联系方面，也在努力延续近代的传统。改革开放以后，在实施国家发展战略、浦东开发开放、"五个中心"建设，在实施土地批租、开拓证券市场方面，在城市建设与管理方面，上海都走在全国前列，或成为全国表率。上海城市的开放性、创新性、包容性、法治性、科学性等特点，都注入了新的内涵，上海魔都的意象，也有了新的内涵。

在不同语境下，"上海"所涵盖的范围不同。就行政区划而论，民国时期的上海，主要指今上海市中心城区，面积约600平方公里；1958年，原先属于江苏省的上海、嘉定、宝山、青浦、松江、金山、奉贤、南汇、川沙、崇明等十县划入上海市以后，上海的行政范围便扩大到6 000多平方公里。但是，如果不是仅从行政意义上，而是从上海城市经济、社会、文化辐射范围来看，或者说从人文意义上看，则上海的含义早已扩展到中心城区以外广大地区。民国时期，川沙等地还没有划归上海市的时候，黄炎培、杜月笙等人，便早已以上海人自居了，凡是集聚到上海城市的上海郊县人也都早已以上海人自居。

近代百余年间，上海由一个二十来万人口的普通沿海城市，快速崛起为五百多万人口的特大城市，其人口绝大部分为机械增长，是从他处迁来的移民。城市人口集聚理论告诉我们，在交通条件、经济结构、社会结构大体相近的背景下，从周边地区移居到城市的人口多寡，大体与距离城市远近成正比关系，越近越多，越远越少。作为上海近郊的上述十县，近水楼台，是上海城市移民的最重要来源地。以本书论述的嘉定等五个新城而论，近代上海众多精英人士，便来自这五个地方，诸如嘉定的沈恩孚（教育）、廖世承（教育）、印有模（实业）、吴蕴初（实业）、胡厥文（实业）、顾维钧（外交）、葛传椝（教育）、张君劢（学术）、张嘉璈（实业）；青浦的席裕福（实业）、夏瑞芳（出版）、陆士谔（文学）、董健吾（政治）、陈云（政治）；松江的胡公寿（画家）、俞粟庐（昆曲）、韩邦庆（作家）、史量才（新闻）、顾水如（围棋）；奉贤的尤怀庭（画家）、宋亦亭（砖雕）、周赞邦（水利）；南汇的张文虎（学术）、李问渔（学术）、傅雷（学术）、顾宜孙（教育）、张闻天（政治），真是灿若繁星，熠熠生辉。这就是说，嘉定等五城在被划入上海市以前，便早已参与上海魔都实体建构与形象塑造了。计划经济时代，这几个地方，无论是作为卫星城，还是作为城市近郊，都是上海城市不可分割的有机组成部分。魔都上海的特性，在这些地方都有各具特色的表现。

开放、创新、包容是魔都上海的最大优势与特质。改革开放以来，五城在体现这一优势与特质方面，最为耀眼。一个显而易见的现象，即五城人口中，外来常住人口远远高于本地户籍人口，其比例远远高于上海全市平均数。

就历史文脉而言，五城更是上海地区悠久历史文化的主要承载区。上海地区文明的演进，是由西而东，渐次推进的。以行政建制而论，松江（751）最早，设于唐代；嘉定（1218）其次，设于南宋；青浦（1542）再次，设于明代。古代中国某地设县与否，本身就是其地经济社会发展的重要标志。三处县治所在地，都在8世纪海岸线以西，是上海地区成陆较早、开发较早的地方，也是传统文化特别丰厚的地方。青浦境内崧泽、福泉山等文化遗址，松江的广富林文化遗址，原属松江今在闵行的马桥文化遗址，都是上海地区最早的聚居地和古文化发源地。上海地区的历史悠久性，主要体现在冈身以西这些地方。古代上海地区，松江、嘉定科举考试成就最高，所出学者最多，名人最多。松江长期为府治所在地，教育发达，人文荟萃，近代以前一直是上海地区政治、文化中心。陆机、陆云为魏晋时期名人，武功文才，名震遐迩。陆机《平复帖》，具有重要历史价值与艺术价值，在书法界有"祖帖"之称。明清时期徐阶、董其昌、陈继儒、陈子龙、夏允彝、夏完淳、李待问、张照等都是全国性名人。嘉定向来为文教重镇，孔庙建筑之早之好，名闻遐迩。明代嘉定程嘉燧、唐时升、李流芳与娄坚，各以诗文书画蜚声海内，人称"嘉定四先生"。清代嘉定侯峒曾、黄淳耀、王鸣盛、钱大昕，或因勇抗强敌而流芳，或以治学卓越而名世。清代王敬铭、秦大成与徐郙，均在科举考试中高中状元，被称为"嘉定三状元"，传为佳话。青浦在建县以前，本属华亭、上海两县，开发亦早。青龙镇是上海地区最早的对外贸易集镇，北宋鼎盛时有云津坊、合浦坊、熙春坊等36坊和庆安桥等22桥，船商云集，市井繁荣。闽、粤、浙等地商人络绎不绝，越南、日本、朝鲜等地商人也每年均来一次。元代任仁发是著名水利专家；明代王圻、清代王昶，无论从政、治学，均成就卓著，望重一时。奉贤、南汇虽然建县较晚，同为1726年，为清雍正年间，但历史底蕴也各具特点。奉贤是著名的民歌之乡。奉贤人爱唱山歌，已有四百多年传统，山歌之多，篇幅之长，歌手之众，为上海其他郊县所少见。南汇在历史上是上海地区制盐文化圣地。从南宋到明代，南汇盐场地域广、灶户多，煮盐技术高超，质量优异。一团、二团、三灶、五灶等地名，映射的便是这里丰厚的制盐文化。明代著名政治家方孝孺因反对朱棣（明成祖）篡位，以身殉国，其幼子被人保护，辗转流落南汇航头，开枝散叶，使得南汇成为衍传忠贞文化的重要地方。

　　魔都上海的文化底色是江南文化，其开放特性源于江南开放传统。东晋永嘉之乱以后、唐代安史之乱以后以及宋室南迁，三次衣冠南渡，构成江南悠久而深厚的开放传统，江南得以开发、发展、繁荣，成为中国经济最为发达、文化最有活力的区域。近代上海开辟为通商口岸，成为中国与西方文化接触、交流、融合的前沿，于是，以江南文化为底蕴，以移民人口为主体，上海吸收、融合了西方文化某些元素，形成了以开放、创新、包容为主要特色的上海城市文化。

当代上海城市发展，一直秉持这样的风格，即顶天、立地、偕时、精当。所谓顶天，即体现国家意志，实施国家战略；立地，即承载本地文化传统，小而上海地区，大而江南；偕时，即体现时代特点，善于把握时机，能够放眼世界，吸收全人类智慧，进行创造性转化与创新性发展；精当，即在有限条件下，合理配置资源，做到投入产出效益最大化。浦东开发开放初期，上海提出"开发浦东，振兴上海，服务全国，面向世界"，经过三十多年的努力，取得举世公认的骄人业绩，就是这种风格的生动体现。嘉定等五个新城建设，是上海在新的历史时期，服务构建新发展格局，优化城市空间布局，培育具有辐射带动作用的综合性节点城市，进而带动长三角、服务全国现代化建设，是继浦东开发开放以后又一新的重大举措。

五城承载着上海地区丰厚的历史文化，近代以来已经属于魔都的一部分。新的五城建设，一定会使魔都上海的传奇，更富时代气息，更加光彩夺目！

（作者熊月之为上海社会科学院研究员）

2022 年 3 月 2 日

序 二

看历史，望未来

汤世芬

2022年国际博物馆日主题为"博物馆的力量"。何为"博物馆的力量"？博物馆把人带回历史现场，穿越时空与历史对话，传承文明、鉴古通今。"要加强文物保护利用和文化遗产保护传承，提高文物研究阐释和展示传播水平，让文物真正活起来，成为加强社会主义精神文明建设的深厚滋养，成为扩大中华文化国际影响力的重要名片。"正因为在中华文明传承和世界文明交流互鉴方面具有独特的作用，博物馆及其典藏、保护、研究的文物，在当下被赋予了前所未有的使命。

上海博物馆馆藏文物逾102万件，其中珍贵文物逾14万件。藏品包括青铜器、陶瓷器、书画、玺印、钱币等21个门类，其中以青铜器、陶瓷器、书画为特色。

如何让馆藏文物活起来，如何让博物馆成为上海城市软实力的名片以及文化创意的中心？近年来，上海博物馆不断创新，用全新的、生动有趣的方式吸引受众，拉近与受众的距离，不仅把受众请进博物馆参观展览、参与讲座，我们的考古专家也会走出去，为大众解读每件文物背后的社会背景以及文化价值与现实意义。

2021年，上海博物馆与澎湃新闻强强联手，推出的"魔都与新城"项目正是对"博物馆的力量"的一次新颖而深刻的诠释。

五个新城建设是上海贯彻新发展理念，推动城市空间新布局的重大战略。从聚落到城镇，从史前文明到今天的国际化大都市，五个新城的前世今生折射出上海这座人民城市的历史地理变迁，彰显着这座城市的人文底蕴和历史内涵。

"魔都与新城"这个项目符合创新文化特质的发力点和兴奋点，考古专家与新闻记者通力合作，从青浦的福泉山、青龙港到松江广富林，追寻上海的文化之根与文明之源；从嘉定竹刻、文人画，到奉贤的海国长城和南汇的盐业兴衰，寻根五个新城发展历史背后的文化自信。

在青浦，有"最早的上海人"，从六千年前的马家浜文化，到五千年前的崧泽文化、四千年前的良渚文化和三千年前的马桥文化，上海新石器时代的文物精品和典型器物绝大多数出土于青浦，地下宝藏足以形成一部反映上海古代社会面貌的历史典籍。

在松江，几件陶鬶文物佐证了广富林文化来源的丰富与多元，这里汇聚了北方、南方和本地的文化元素，是多元文化融合的一个载体。

在嘉定，有嘉定博物馆新馆、嘉定孔庙、嘉定竹刻博物馆和法华塔院集合而成的博物馆群，诉说着"文教之乡"的古今沧桑。

在奉贤，言偃的故事至今仍为人们所传诵。他作为孔门"七十二贤人"之一，学成后归来吴地，宣教化、开民风，东南海域之地便是他的重要一站。也正由于当地人民对他的敬重，这里便得名"奉贤"。

在南汇，制盐是这片土地上最早兴起的产业，过去，这里的人们多以晒盐、捕鱼为生。南汇到川沙沿岸从南到北有一团到九团，从这些地名仍然可以看到许多"盐"的痕迹。

"魔都与新城"项目把新城建设与上海的城市文脉相结合，挖掘五个新城的文化内涵，激活生根于上海这座城市"海纳百川、追求卓越、开明睿智、大气谦和"的城市精神与城市品格。项目不仅拍摄了五集系列纪录片，举办了六场学术讲座，还完成了对五个新城的深度调研，数十位考古、历史、文化、城市战略规划等方面的专家、学者参与讨论，为上海五个新城未来发展出谋划策。项目坚持考古寻根、深度调研、面向未来、提供方案的理念，上线以来获得社会各界广泛关注和一致好评。

文化是城市发展的内驱力。作为文化传承的最重要场所，博物馆也承载着文化创新发展的历史使命。博物馆，一览数千年，一件件文物诉说着人类曾经的沧桑与繁华。进入新时代，中国的博物馆建设不断革陈出新，上海博物馆作为一座大型的中国古代艺术博物馆，一直在不断思考和探索，如何促进博物馆资源与城市文化建设有机融合。

未来，在五个新城发展过程中，如何保护以及开发利用宝贵的历史文化遗产，如何利用文化优势聚人，如何传承文脉促进未来发展，都是我们要继续关注和研究的课题。未来，上海博物馆将继续以文旅赋能"五个新城"建设，助力打响"上海文化"品牌，提升上海城市软实力。

文博大家孙机先生说，考古能看得见历史，也能望得见未来。一座博物馆的价值不仅仅在于它见证和讲述着历史，更在于它为未来提供了无限想象空间。一座博物馆是城市文明不可或缺的一部分，是城市文化的坐标。一座博物馆是一个地区的积淀，一个国家的缩影，一个民族的自信，这样浓郁的文化折射是深刻隽永的，永不褪色的。

让我们一起穿越时间的迷雾，探寻永恒的、至善的宝藏，为上海这座城市生生不息、持续繁荣而努力。

（作者汤世芬为上海博物馆党委书记）

2022年6月28日

认识五个新城

"中心辐射、两翼齐飞、新城发力、南北转型",这是未来五年上海市域空间发展的新格局。其中,五个新城建设被摆在了突出位置。从聚落到城镇,从史前文明到今天的国际化大都市,上海五个新城的发展之路折射出怎样的历史地理变迁?

2021年,澎湃新闻携手上海博物馆,走进青浦、松江、嘉定、奉贤、南汇五个新城,拍摄五集系列纪录片,挖掘历史留给五个新城的文化瑰宝,探寻上海的文化之根与文明之源,激活生根于这座城市的城市精神与城市品格。

扫描二维码,观看《魔都与新城》系列纪录片预告片

考古人如何认识五个新城与上海历史变迁

陈杰 / 上海博物馆副馆长

"五个新城"是上海地区考古遗址富集地

为什么要把"五个新城"与上海的历史变迁放在一起来谈？一个重要的原因就是，"五个新城"是上海地区考古遗址富集地。上海地区目前发现有40多处考古遗址，时间大致从新石器时代到明清时期。考古遗址聚集的区域主要位于上海西部，这里正是五个新城，特别是青浦新城、松江新城的规划区域。为什么考古遗址大多集聚于上海西部地区？这与上海特殊的地貌环境有着密切关系。上海地处长江三角洲东缘，随着海岸线的向东迁移，其土地面积不断向东扩展。在上海有一条冈身线，它大致经嘉定外冈，穿越闵行的马桥，向南延伸至奉贤的柘林，根据地理学研究，它大致为距今4 000年前的海岸线。以此为分界，其东部地区是距今4 000年以后才逐渐形成的，所以上海地区遗址，特别是新石器时代遗址都聚集在上海西部地区。这些遗址的发现和研究，为我们认识上海乃至长三角历史提供了非常重要的材料。

下面试举几例略作说明。比如崧泽遗址，它位于青浦新城区域内，遗址发现于1957年，20世纪60年代和70年代曾经做过多次的考古发掘，根据当时崧泽遗址考古发掘成果，考古学界提出了"崧泽文化"的考古学文化命名。崧泽文化的工艺水平已经十分高超，体现在当时各类器物的制作中。比如崧泽文化的陶罐，上腹部刻画一周竹编纹，纹饰连贯、灵动，富有动感。崧泽文化的陶壶，其巧妙之处在于陶壶分为内外两层，陶壶的内层起到实际的功能作用，而陶壶的外层主要是为了装饰效果，在器身腹部和圈足部位饰以圆孔和弧边三角形组成的镂孔与阴刻的弦纹。这件陶壶的发现，说明崧泽文化的先民已经摆脱陶器制作功能

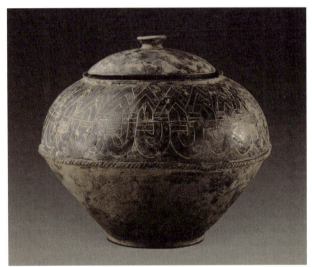

◀ 崧泽遗址出土的陶罐

▼ 崧泽遗址出土的陶壶

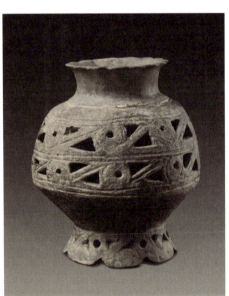
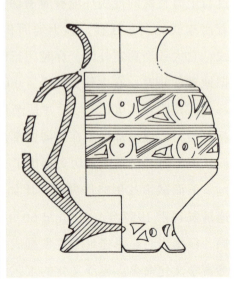

上的单一需求，开始了独立的艺术创作。

青浦区的福泉山遗址，也是上海重要的考古遗址，至今我们仍在该遗址开展考古工作。早在 80 年代，考古学者曾经多次发掘福泉山遗址，当时关注和发掘的重点是名为"福泉山"的土墩。发掘显示，所谓的土墩，是新石器时代人工堆筑而成的专用墓地，墓地上发现了随葬大量玉器的良渚文化权贵墓葬，为推动太湖地区史前文化研究提供了重要材料。

目光再转向松江新城，这里有个重要遗址——广富林遗址，它是上海地区迄今发掘面积最大的考古遗址。从 1999 年开始，考古学者在这里持续进行了十余年的考古发掘工作，发现了大量的房屋、墓葬、灰坑、水井等遗迹，出土了大量的陶器、石器、玉器等遗物，为我们了解过去人类各种生活提供了非常重要的依据。

考古发现所展现的上海历史

上海拥有丰厚的地下文化遗产，从这些考古遗址中，我们能看到什么？习近平总书记在 2020 年就考古工作做了专题讲话，指出考古成果"延伸了历史轴线，增强了历史信度，丰富了历史内涵，活化了历史场景"，点明了考古对于认识历史的意义。下文将围绕上海考古成果就前两点意义略作阐述。

首先，考古发现把上海地区的历史延伸至距今 6 000 年前。文献中关于上海早期的历史记载极少，更勿论缺乏文字资料的史前时期，因此，考古资料成为认识上海早期历史最重要的资料。经过 70 余年的考古工作，根据上海考古发现，基本可以确认上海地区史前时期的文化谱系：从马家浜文化，经崧泽文化、良渚文化、广富林文化，发展到相当于中原夏商时期的马桥文化。

距今 6 000 年左右，随着长江三角洲的逐渐形成，太湖西部的人群逐渐向东迁移，来到今天的上海地区，构成了上海最早的一批先民。崧泽遗址、福泉山遗址等都出土了一些马家浜文化时期先民的用具,包括日常用品陶釜、陶罐等,也有一些装饰用品,如作为耳饰的玉玦,用于束发的骨簪等。除了当时先民使用的物品外,在崧泽遗址还发现了相当于马家浜文化晚期的早期人类遗骸。从马家浜文化时期的人类头骨这件残缺的遗骸中,考古学者可以获取许多信息:头骨的主人是一名25—30岁的青年男子,生前他患有龋齿的疾病。根据出土的头骨我们还与吉林大学团队合作,经过三维模拟,进行了人像复原,使现代人可以直观地面对约6 000年前的"上海第一人"。

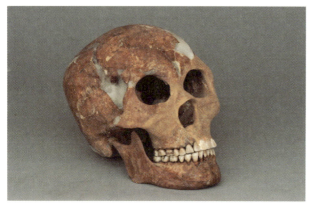

◀ 马家浜文化时期的人类头骨

▼ "上海第一人"三维复原像(吉林大学制作)

考古的另一个重要作用是增加历史的信度，也即"证经补史"的功能。以青浦区青龙镇遗址考古工作为例，根据文献记载，唐宋时期的青龙镇有一个非常重要的寺院叫隆平寺。文献记载，寺中建有隆平塔，该塔既有宗教功能又有航标塔的作用，建塔时曾埋藏有舍利。2014年，根据文献记载的线索结合考古勘探，考古工作者确认了隆平寺塔的位置，并进行了考古发掘。发掘显示，隆平寺塔为八角形的砖石结构，塔心室下埋藏有地宫，地宫中填满了当时供奉的物品，除了阿育王塔、大量钱币外，就是四重宝函，由外而内分别为木函、铁函、木贴金函和银

▲ 隆平寺塔塔基航拍图

函，银函内供奉释迦牟尼涅槃像，在铁函中还发现了一个小铜瓶，内有4颗实心珠，应该就是所谓的"舍利"。隆平寺塔基考古工作显示，考古发现与文献记载基本吻合，使文献中的记载真实地呈现在世人的面前，增加了历史的信度。

由考古遗存看上海文化特质

城市在不断发展，埋藏于这片土地的文化遗产成为上海历史生生不息的象征。上海城市精神中的"海纳百川、追求卓越"不仅仅是当代精神的体现，透过考古遗存隐约可见，这种文化特质是根植于上海文化脉络中的历史基因。

溯源至距今4 000年左右的广富林文化，上海地区即呈现出多元文化融合的特征。广富林文化是以松江区广富林遗址考古发现而命名的一支考古学文化。广富林文化与长江三角洲地区以往的本地传统文化不同，它的陶器制作比较粗率，纹饰比较粗犷，根据分析，大部分器形、装饰特点与现在鲁西南豫东地区的黄河流域新石器时代晚期遗存有关，而少量印纹硬陶类的器物，可能来自南方地区，甚至我们看到广富林文化的带把鬶与粤北地区石峡遗址发现的器物十分相似。同时，广富林文化也继承了一部分本地文化传统的特征，如玉琮和石犁等。

再以青龙镇遗址考古发现为例，青龙镇是上海最早的对外贸易港口，历年的考古发掘发现了大量遗存，出土了大量瓷器残片。经过分析，可知这些瓷器分属于全国不同地区的窑口，唐代有来自湖南的长沙窑，来自浙江的越窑、德清窑，还有极少量来自北方地区的瓷器。宋代的时候，有来自福建地区的建窑、义窑、东张窑等，也有来自浙江的龙泉窑和江西的景德镇窑等。为什么有大量外地的瓷器聚集于青龙镇？文献记载，青龙镇利用"控江连海"的地理优势，当时港口贸易十分繁盛，来自这些地方的瓷器产品在上海聚集，再向北部地区转运，甚至出口海外,到达现在的日本和朝鲜。由此可见,当时的上海起到了海纳百川的中枢港口的作用。

　　文物是历史文化的重要载体,见微知著,透过留存至今的考古出土品,我们可以了解当时先民的工艺水平、审美情趣和精神文化。上海所处的长三角地区从新石器时代文化开始,其器物制作即以精工细致为著,现介绍两件近年来在福泉山遗址吴家场墓地新出土的文物以飨读者。吴家场墓地是福泉山遗址又一处高等级墓地,墓地上已经发掘了多座权贵墓葬。吴家场墓地207号墓葬曾经出土了大量随葬品,有玉器、石器、陶器,其中比较特别的是两件象牙权杖,其中一件保存相对完整。象牙权杖长约1米,由镦和主体两部分组成,主体呈片状,它是利用整根象牙剖磨制成,上大下小,顶端平直,下端为突出的榫状结构,可以插入椭圆形的镦部。

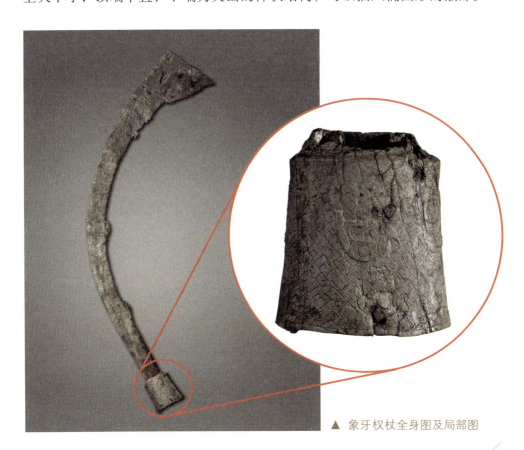

▲ 象牙权杖全身图及局部图

▲ 神人兽面纹玉琮

象牙权杖表面装饰有精美繁缛的细刻纹饰，以主体转折处为中轴线，利用浅浮雕手法细致地表现出10组神人兽面纹的主题，主题纹饰外以细密的云雷纹做地纹。镦部同样雕满了纹饰，主题是两组鸟纹和兽面纹，地纹依然是细密的云雷纹。

除了这件罕见的象牙权杖，良渚文化玉器鬼斧神工的工艺更为世人所知。吴家场墓地的204号墓葬曾经出土过一件玉琮，器物表面以浅浮雕和阴刻结合的方式雕刻出神人兽面纹，两侧还辅有鸟纹的装饰。在主体纹饰间填满各种回纹、短线纹，构成了整体器物神秘而端庄的艺术效果。仔细观察纹饰，在1厘米的空间中雕刻有数十根阴线纹，十分精细，近似于现代的微雕，令人叹为观止。当时是没有金属工具的，所以当人们端详这样的器物时，可以想见当时工匠的匠心独运和精巧工艺。

期待：保护与传承

站在历史的节点，在新的规划下，上海"五个新城"将以崭新的面貌面对世人。从以上介绍可知，"新城"不"新"，这片土地是上海历史的重要见证，其所蕴含的丰富的地下文化遗产承载了上海城市的记忆。面临即将大规模开展的新城建设，我们对于未来地下文化遗产保护，怀有更多期待。

考古遗存是历史留给我们的不可或缺的文化遗产，是城市的文化之根，是不可再生的、不可替代的资源，习总书记要求我们要像保护生命一样去保护历史文化遗产。五个新城规划面积非常大，在开发过程中会有很多基础建设项目，在建设过程中必须做好规划，强调文化遗产的重要性，做好保护工作。

当然，保护不是简单地画地为牢，而需要创新发展，活化利用。在现在的青浦新城、松江新城已经有了与考古遗址相关的文化设施，比如崧泽遗址博物馆、广富林遗址公园。在五个新城建设中，可以充分挖掘现有的考古遗址资源，在重视保护的基础上，促进历史文化遗产的活化利用。在条件成熟的情况下，可以推进建设国家考古遗址公园。如果有这样的文化项目落地，将为上海市民提供一种新的文化体验，获得更多的文化享受和文化滋养。

这样的五个新城，值得期待。

五个新城的历史文化底蕴与上海城市品格

熊月之 / 上海社会科学院研究员

我的观点可以概括为几句话：第一句话，江南地区因开放而兴盛。江南本来是落后的，开放了以后才兴盛。第二句话，上海地区因开放而繁荣。五个新城在历史上、在上海开放过程中是与上海一体化的。当代上海，这五个新城延续了上海历史上的开放传统。最后一句话，上海城市的主基调是国际性、现代性和都市性的。中国历史文化资源对于上海城市特别重要，需要大力地挖掘、梳理、研究。

五个新城中，最早的是松江。公元751年，华亭县设立。第二个是嘉定，公元1218年设县。这两个新城的出现相距400多年，两者都是从吴郡（今苏州）管理的范围里面分出来的。其中一个在吴淞江以南，一个在吴淞江以北。所以，我们讲上海历史，讲松江府的时候都是不包括嘉定的。嘉定以后，就是青浦。青浦是公元1542年设县的，但青浦的设县过程比较复杂，设了以后又撤，撤掉以后再设。原因就是青浦离松江近，撤掉以后还是归松江府管辖。奉贤和南汇都是清代才设置的。中国古代是否设县，跟人口和经济发达与否有关。江南地区设的县越来越多，是因为这个地方越来越发达。是开放促进江南不断发展起来。

开放是江南地区的共同品格。秦汉时期，江南地广人稀，经济文化落后。江南之所以成为经济发达、文化繁荣的标志，三次衣冠南渡发挥了重要作用。

第一次衣冠南渡发生在两晋时期。尤其是东晋时期，北方战乱，大批北方人越过长江来到南方。为什么称为衣冠南渡？因为北方人南渡是把整个宗族、家族一起带过来，把生产方式、生活方式、家族管理方式都带来了，最终是把北方的文化尤其是农业文化带到了南方。

第二次衣冠南渡是在唐代中期安史之乱以后。大批北方人来到南方，再一次促进了南方的发展。

第三次衣冠南渡是在南宋时期。

三次衣冠南渡，推动南方快速发展。据估计，唐代中后期，国家的赋税有十分之九出在南方。南方发达的原因在哪里？那就是北方人向南来，南北文化交融，促进了南方地区的发展。

除了三次衣冠南渡，还有与上海地区关系特别密切的另外一个开放，就是对外开放——向海上发展。

早期，中国经济文化重心在黄河流域，并不重视海上贸易的发展。唐代后期，由于陆上丝绸之路中断，人们才开始重视海上贸易发展。唐代后期，上海设县。上海这个地方资源禀赋非常特别。上海以南和上海以北沿海的海疆是不一样的，所以需要换船交接。南北水路在上海这一带交汇而发展起来。后来青龙镇逐渐淤塞，青龙港不再是个良港，十六铺、上海县、上海镇这些地方就兴起了。

南方不断发展，人口持续增长。华亭设县的时候，苏州河以南最早的时候只有9万人；到了北宋中叶，有21万人；到了17世纪，1645年时精确统计有105万人；1816年，达到249万人。开放对于整个江南的影响都是很大的。

江南文化极其灿烂，松江的唐代经幢、宋代方塔、醉白池等，反映了上海开放多元文化的特点。嘉定的孔庙、会龙潭、秋霞圃、吴兴寺、古猗园等，这些地方都保留了丰富的文化底蕴，也涌现出很多杰出人物。南汇在五个新城当中是最新的，历史遗产最少，但是也发现了重要的文化遗存。比如，方孝孺后裔辗转流落在南汇，南汇保留了很多有关方孝孺的文化遗存。

五个新城对上海的历史文脉都有重大的贡献。上海的城市品格开放、创新、包容，都与这五个地方有关系，例如，人们习称松江是上海之根，青浦是上海之祖，嘉定是文教之乡等。

近代上海崛起，优化了江南原来的开放传统，也优化了上海地区的开放传统。上海在1843年开辟为通商口岸时，人口估算最多是27万人，之后就快速增长，1949年时人口达到了546万人，成为全国超大城市。上海有很多的文化名人，这些人从哪来？很多来自上海近郊，包括松江、嘉定等五城。

比如嘉定的顾维钧，从上海一个外语培训班开始慢慢学，后来出国留学，成为一位杰出的外交家。这是上海人奋发图强、追求卓越的一个非常突出的典型；青浦的席裕福，是个很有名的买办，在新闻事业方面也有很重要的贡献；同样来自青浦的还有：夏瑞芳，上海商务印书馆的创始人之一；陆士谔、王钝根是文学家；董健吾是红色的教徒，对红色文化和中国革命贡献很大；松江的史量才，《申报》发展历程中的一位重要人物，没有史量才，《申报》就没有那么大的影响和规模，没有史量才，一部《申报》史就要重写。近代上海那么多杰出的人物，很多来自这五个新城。

群星灿烂，不胜枚举。再举几位中西文化交流方面有贡献的人物。马相伯曾经长期在松江泗泾生活，他是震旦大学、复旦大学的创始人。又如李问渔。李问渔跟马相伯一样是从徐汇公学出来的。在传播西方文化、翻译西方典籍，尤其是翻译西方哲学著作方面贡献非常大，他还曾经是震旦学院的院长。还有一些名家，比如贾步纬，原来是在上海广方言馆工作，在江南制造局当翻译的，在天文学方面贡献很大。又如潘德明，是有名的旅行家，曾经骑自行车旅游世界各地，体现了上海人创新的精神。由此可以看到，近代上海，五个新城中出了相当多的杰出人物。五个新城本身就是有丰厚的历史文化底蕴的地方。

从古至今，这五个地方延续了上海的开放传统。改革开放以后，上海高歌猛进，取得了极大的发展。嘉定、松江、青浦、奉贤，全部都是外地人口远远超过本地人口。南汇没有确切的数据，因为南汇后来并入浦东了，不再单独计算。2009年的数据显示，南汇的外来人口还不是很多。但是现在，临港新城的外来人口已经不亚于其他地方。上海常住人口有2400多万人，常住人口中户籍人口超过外来人口。但是，在几个新城里面，则是外地人口数量超过本地人口。这也符合一个特点，外地的人口流入到上海来，很多时候是先居住在上海中心城区周边。

五个新城的传统，除了看得到的、能够统计到的以外，还有一些文化现象也要重视。

五个新城的一些民间博物馆值得重视，它们体现了上海城市的一个特点。嘉定有一个字砖博物馆，砖头上面刻有文字。应该说，除了嘉定全中国没有其他任何一个地方有那么多字砖，利用砖上面的文字，就可以把整个中国通史梳理下来。一大批研究中国古代学问的人，尤其是研究经学、古文字的人，到那里看了以后大为惊喜。这有点像上海博物馆，很多藏品原来也不是上海产的，也是从其他地方收进来的。这就是上海城市的特点，尽管不是出自自己土地上的，但是那些东西是我们中国的，把这些东西收集来加以研究，弘扬中华优秀传统文化，有什么不好呢？

所以，我们研究五个新城也不要忘记了那些跟五个新城有关系的、反映上海城市品格的东西。

五个新城诞生记及未来发展之路

陈中原 / 华东师范大学终身教授
王琳杰 / 澎湃新闻记者

五个新城将重新起航,成为上海新的增长极。

今天看来,新城很"新",然而新城原住民则声称五个新城才是真正的"老城"。事实确实如此,新城在上海历史上曾有浓墨重彩。三国时期的"云间二陆",唐宋时期的青龙市镇,明清的棉布贸易,清代的盐业生产等,都出现和发生在今松江、青浦、嘉定、奉贤、南汇等地。

上海地区的考古遗址,特别是新石器时代遗址也都聚集在上海西部地区。

这与上海特殊的地貌环境有着密切关系。据考证,距今7 000—3 000年时,在太湖以东的岸线不断向外推移和海洋动力的双重作用下,上海地区的西部逐步发育出上海的古海岸线"冈身"。

这条冈身线经嘉定外冈,穿越闵行的马桥,向南延伸至奉贤的柘林。"冈身"与今天五个新城在自然地理上的形成有何关系?《魔都与新城》系列纪录片拍摄过程中,澎湃新闻专访了华东师范大学终身教授、地理学博士生导师陈中原。陈中原认为,目前城市暴雨洪涝频发,气候变暖,海平面不断上升,来自海洋的灾害也在增多,因此在五个新城的发展过程中,一定要注意人地关系,走可持续发展的道路。

澎湃新闻:上海位于长江的入海口,这一地区的古海岸环境如何?

陈中原：上海位于长江三角洲入海口，它的地貌环境是近一万年间长江从上游带来的大量泥沙在河口堆积，形成了现在的三角洲平原。在这个时间段中，随着全球气候变暖，海平面从大约−150米上升，在约7 000年前达到我们现在海平面位置。所以长江入海口的古海岸环境中蕴藏着丰富的来自海洋世界的记载。譬如，古风暴潮记录、古气候波动记录、古生物演替的记录。当然，这片土地在距今约7 000年前形成以来，也记载着我们祖先农业文明的光辉历史；闻名世界的新石器农业起源，包括河姆渡文化、崧泽文化和良渚文化，都是在这片肥沃的土地上培育出来的。因此，毫不夸张地说，长江三角洲是我们中华文明起源的重要组成部分，是中华文明起源的博物馆。

澎湃新闻：冈身就是在这样的自然条件下形成的。

陈中原：冈身最早是历史地理专业的一个术语，现在慢慢被大众所接受了。冈身是一个长条形的、高于周围两到三米、微微凸起的地形，这样的地形并不是每个历史时期都能看到。我们利用同位素的手段去检测，从西冈、中冈到东冈，测得冈身形成的年代在距今7 000—4 000年之间。这意味着距今7 000—4 000年的时候，太湖东部的岸线，包括今天的五个新城是没有的，因为那个时候土地还没有形成，当然就更没有人能生活于此。

那么这个地形是怎么形成的呢？距今7 000—4 000年之间时，太湖以东地区的岸线向东推移是缓慢的、停滞不前的，在这样的条件下，冈身得以形成。从专业上来说，是因为泥沙不够。长江口东部有冬季大潮、天文大潮，每年都有很大的台风，台风来的时候，在平均的海平面上浪高可以高到3—5米，所以，在海洋动力条件下，粗的颗粒、泥沙和冲上岸来的海水中的贝壳螺壳堆在上面，在内外部的共同作用下，形成了冈身。

冈身其实不只上海有，苏北也曾经有冈身，苏北的冈身是从废黄

▲ 1959年外冈冈身全景

▲ 冈身遗迹——马鞍山，2012年摄

河而来的，不是长江口的冈身。上海的冈身是属于长江的，也不只奉贤这一条。

澎湃新闻：五个新城所在区域随着冈身向东推移先后成陆，具体成陆情况是怎样的？

陈中原：冈身就是在距今7 000—4 000年形成的。距今4 000年以后，冈身以东开始大面积接受了长江来的泥沙，快速地向东推移，一直推到现在的海岸线，这样的历史也就两三千年，也就是说五个新城的出现是和冈身向东推移的速度密切相连的。

长江三角洲、太湖东部的土地都是长江供应的，没有长江泥沙，就没有上海，就没有目前的五个新城。正是由于长江的泥沙不断喂养土地，才有了今天冈身以东的大片土地，才有松江、嘉定、青浦、奉贤、南汇这五个新城。五个新城中，北部的松江和嘉定出现得比较早，南汇出现得比较晚。因为海岸线推移得慢，冈身那个时候地形比较高，所以人群聚集在松江和嘉定比南汇要早。

奉贤柘林这一带，出现倒是比南汇要早，为什么呢？因为冈身向南延伸的时候，这个地方地势比较高，适合居住。南汇都是大面积海滩，不能住人，所以规模发展不起来。

澎湃新闻：受不同自然地理禀赋影响，五个新城过去分别有怎样的生产生活？

陈中原："靠山吃山，靠水吃水"这个道理在冈身以东这片土地上发挥得淋漓尽致。五个新城过去的发展历程就是当地人依靠山水、依靠地貌发展产业来提高自己生存条件的一个过程。东南西北五个新城，每个新城都有自己的特点，体现了地理学上资源环境哺育当地社会文化发展的一个理念。

冈身东部受潮水灌溉，潮涨潮落，而且这里的土地都是盐渍的，所以不能从事稻米农耕，于是这里的人们就以捕鱼、晒盐为主。盐是天然的，不需要投入很多，只要围垦一块土地，海水涨上来的时候涌入盐民围垦的土地，退潮的时候通过排水沟把它排出去，日复一日，月复一月，年复一年，盐水涌上来再排出去，就形成了白花花的结晶的盐巴。把盐巴采下来，经过简单的冶炼过程，去掉一些杂质，就成为可以食用的盐了。

历史上，南部的奉贤和南汇有比较多的盐场。宋代以后，南汇有了大片土地可以让人居住、围垦，当时人们以晒盐、捕鱼为主。从地理学角度来说，当时南汇向大海推进最快，水系较为发达，航道被冲刷得比较深，形成很多颇具规模的天然港口。

青浦，在冈身边缘后面。因为冈身挡住了东部的海水入侵，泥沙淤积量少，所以，青浦可以种粮食，以稻米为主。松江和嘉定介于青浦和南汇之间，同时地势较高，所以以种植为主。

渔业和农业越来越繁荣，这是与土地不断往东生长密切联系在一起的。随着海岸线推移，五个新城逐渐发展起来。唐朝以后才慢慢有盐民，从小村庄开始，发展到小镇、城市，生活在这里的人们开始从事农业、渔业，宋代以后上海地区发展很快，明清时候最盛。

澎湃新闻：今天奉贤和南汇还保留了盐业生产的痕迹。比如奉贤当地仍然有关于盐的谚语歌谣，南汇的地名中仍然保留了"一团""二团"，围绕盐业生产，这两地的行政管理和人们的生活是怎样的？

陈中原：长江泥沙不往北部走，而是向东南扩展，到一定程度就受到外面海洋动力的抑制，扩展不出去了。所以，奉贤柘林这个地方受到台风、风暴潮影响，就长不出去，而南汇是可以一直朝东南方向走的。有了土地，老百姓聚集到这个地方来。南汇水系又最发达，在海平面运动下形成了潮沟，又形成了天然良港，裁弯取直后又变成河道。河道可以一直通到太湖，可以连接到黄浦江和吴淞江，甚至可以和长江、内陆的河口联系起来。所以人在南汇这边聚集最多，社团就这样发展起来，形成了一个社交中心圈，随后管理中心也逐渐移到了以南汇为中心的区域。

奉贤也有这样的过程，但是奉贤的地理条件远远不如南汇，所以，南汇以盐为产业的社会活动更加繁荣，当时是叫下沙盐场。当时南汇的盐场是和南部的奉贤连在一起的，一直扩展到金山卫，所以说下沙盐场以南汇为中心，并向东南扩散。

最开始官方也没有去好好调节和管理盐业，当形成一定规模后，尤其是在宋以后至明清，这里形成了很大的盐业生产规模，才有所谓的建制管理，所以也形成了南汇地区一些以"灶、团、墩"来命名的系列地名。比如一团、二团、三灶、五灶、六灶，这些都是在宋朝以后形成的具有特色的地名。

澎湃新闻：随着盐场逐渐衰落，南汇也逐渐萧条。这一经济地理变迁背后呈现了怎样的人地关系？

陈中原：南汇盐场衰落主要有两个原因：一方面是先民们为了保护人身、财产安全，在南汇东部也筑起了不同规模的大堤，这些大堤从某种意义上来说，挡住了盐水的入侵。盐水入侵量少了，南汇的土地就淡水化了，再也不是一个理想的晒盐场地了，所以南汇盐场就慢慢消失了。另一方面，随着土地向东淤长加快，南汇基本上变成腹地，盐巴晒不成了，捕鱼捕不成了，慢慢就被遗忘了。可以看到，一个地区的发展过程是和土地、地理条件、水沙、气候、水文条件联系在一起的。

关于人地关系，我们先民朴素的生活精神，最早是从与大自然的斗争过程中获得的。我们的先民都是农民，农民为了生存不怕苦、不怕累。

与自然斗争，对古代上海地区的人民来说，就是防潮水、防台风、防内涝。从古至今上海地域的自然灾害，最大的就是台风和内涝。为什么会出现内涝？海平面是一直微微上升的，比它毗邻的陆地要高。这里的土地本来是井字形的，纵浦横塘，排水畅通。但是由于过去不遵守大自然规律，只顾一些商业的蝇头小利，大规模进行围垦，填沟、填水道，导致大面积的水排不出去。所以在上海地区，南汇、奉贤等地的自然灾害最严重，除了台风之外就是内涝。

总之，海平面上升是不以人的意志为转移的，但这不完全是自然规律，人类活动也起到了不可忽视的影响。

至于目前紧张的人地关系，主要是由于20世纪以来我国人口快速发展造成的。同时，改革开放带来的红利，使得人们追求快速的经济回报，忽视了人口资源环境的可持续发展，导致环境污染、清洁水资源短缺、城市暴雨洪涝频发、气候变暖、海平面不断上升，来自海洋的灾害也在增多，所有这些威胁，都需要我们从政策修订、加强教育、规范生活行为等方面加以应对，尤其需要采取低碳生活方式。这样人类才有可能走上一条可持续发展的道路。

新城发展需注重自然生态文化遗产的传承与更新

王建革 / 复旦大学历史地理研究中心教授

上海五个新城有着丰富的自然文化遗产资源，同时涉及国家的发展战略。

东部的奉贤、南汇涉及钱塘江北岸的国家大湾区建设，嘉定、松江和青浦涉及长三角核心区的发展。这里值得关注的生态文化资源是中国特色的水乡溢流体系与圩田农业，包括东部冈身高地和西部低地，沿江沿海的潮水和出太湖清水形成的潮水与清水互动。

与其他大河三角洲不同的是，以太湖——吴淞江、黄浦江为主体，支流密布于苏、松、常、杭、嘉、湖诸地区，形成大面积溢流体系，这是长期水利建设与水环境互动的产物。

明代以前，太湖出水集中于吴淞江，低地形成了高大的圩岸体系，低地在高圩岸抬高水位的基础上，输入吴淞江，冲涤浑潮，形成了动态的水流平衡。江南运河修建以后，江南运河截断了吴淞江的水流，吴淞江排水入海的能力和冲刷淤泥的能力都出现下降。随着吴淞江受淤，黄浦江体系兴起，溢流的格局有变，总体的溢流则基本上不变。

黄浦江东岸的南汇与奉贤一带的冈身高地和感潮河道为自然形成，海塘是人工的产物。海塘之修筑在于控制潮水过度地进入河流。潮灾之时，潮溢江壅，势不可御。为了保护沿海农田，人们建筑了海塘。江南海塘全长五百多里。

明代中叶以前南汇嘴海岸呈弧形转折，明中叶以后南汇嘴沙嘴南突，南汇、奉贤一带海岸持续外涨，随着新涨滩地的增加和开垦，官方在这里大量修筑海塘。这一时期，长江主泓道在北支，宝山一带海岸线持续外涨，数条海塘先后修筑。

18世纪以后，长江主泓道经南支入海，宝山一段内坍严重，这里便常有海塘的兴修。与海塘、圩田关系最密切的地方主要在上海滨海平原区的川沙、南汇、奉贤等区域内，盐场、民田、圩塘把干流、支流、入海口等连接在一起，构成了复杂的水系网络，数条海塘之间的夹塘内有盐田和农田演替。

海塘各有建筑风格，有坦水（海塘附属工程，位于海塘迎水面，防止海塘基础被冲刷）的各种工程，也有护滩的各种工程。有条石坦水和块石坦水，坦水可以有多层，还有各样的桩石坝工，包括子塘、护塘坝、护滩坝、拦水坝和挑水石坝，等等。这些工程，都有一定的文化遗产价值。历史上的海塘经历了从土塘到石塘的变迁。清中叶海塘有新有旧，塘边有植树，规模甚大。

海塘的历史自明代以来是非常清楚的。当时的海塘建筑形态各异，现在，陆域古塘仍有残存，明代翰海塘在川沙黄家湾一带有遗存。尽管南汇和奉贤段的遗存已成为公路的一部分，仍应合理开发利用。这一地区还有万历年间的钦公塘，奉贤有雍正年间的外护土塘，南汇有乾隆年间的钦公塘前面的小护塘、光绪年间的李公塘、民国年间的袁公塘，等等，有的是补前代之坍坏，有的是淤涨后重新形成的向前推进的海塘，这些都可以成为生态文化遗产。

现在列入国家主塘的清代海塘便有金山主塘、江东土塘和宝山西塘。1949年以后，修建的规模更大，全线已达2—3重，局部达到4重。修于1949年以后南汇、奉贤等地的人民塘和自然淤涨后重新修建的团结胜利塘，以及盐场海塘和胡桥海塘，现在都在持续地发挥作用，也有一定的文化遗产价值。明清两代的夹塘资源很多，这样的地区也有滩涂和植被，可以建成培育生物多样性的基地。建议相关部门整合资源，选择有景观旅游价值的区域，对夹塘区域内的海塘、滩涂、植被和盐场遗存一并加以开发。

南汇、奉贤和松江许多地区是传统的圩田区。西部低洼地区有高大圩岸与低地的结合，需要干流疏导进行排水。长期以来，高地与低地之间形成溢流体系下高田与低田的互动。五代时期，低地与高地形成了潮水动力与太湖清水动力下合理的塘浦圩田体系。大圩使水位抬高，压制浑潮，清水盛而高低田两得利。低地的清水不像其他地区的大河流域那样的快速排泄，涵纳于高低地之间，形成了清、静、活、缓的水流，这种水流孕育了宋以后长达千年的江南文明。

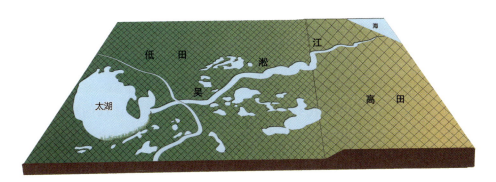

▲ 五代时期圩田体系示意图

塘浦圩田水利要求三种工作：疏河、筑圩、置闸控制潮水。从圩田到支河，从支河到干河，都是在圩岸、置闸和疏浚的基础上形成的。宋代的松江知县带领人筑圩岸，青浦地区清代有建设圩田的经验。清代知县孙峻是本地人，其《筑圩图说》包含大量圩岸与沟塍的名词：最外的河岸称围岸，有的圩岸叫戗岸。外港河为上塘，溇沼河为下塘。上塘与下塘是指一块圩田的高处塘岸与低处塘岸。上塘岸与外河高地相连，下塘岸与低洼溇沼处相连。上塘岸较高，下塘岸较低。潮水到来时，要将下塘阙口堵塞，"外潮骤涨，即有塘岸捍御，试问下塘阙口不塞，必外潮翻入淹没中塍及小高塍矣"。现在的圩田体系是在集体化时期方格化以后的小田块，现代的青浦地区有许多高低不平的梯级小圩田的组合，这都是当年大圩田分割整平后的结果，可以适当地恢复传统圩田风貌。上海五个新城传统的农业区兼有高地与低地，长期以来有利用传统的潮水引灌的习惯。奉贤的夹塘地区一直利用潮水控制咸潮。20 世纪 60 年代，地方政府引水蓄水，建沟水闸，引长江水改善部分夹塘地区的水源。同时开引水干河以调引黄浦江水，沿黄浦江并港建闸，在钦公塘和沿海增辟排水入海口门，这里的种稻是利用沟渠引淡洗咸。在松江，"浦潮倒灌而邑境之水难治，北境及南境治海之水犹易治，而濒浦支干各河之水则难治"。黄浦江感潮水系的河道治理较难，一旦淤而分流，或相互会潮，都会加剧淤塞，"濒浦支干皆为浊流，冲灌倒遏来源，且纵河病在分夺，则此强而彼弱，横河病在会潮，则朝浚而夕淤"。在这种形势下，所疏河流一般不直，以免加强潮势，集体化以前，一直这样。

顾翰在写于 1870 年左右的《松江竹枝词》中有描述夜间戽水灌溉的诗句："一句残月潮初上，曲港咿哑踏水车。"

1953 年 8 月 5 日，水稻专家陈永康的互助组在夜间引潮灌溉："一个月没有下雨了，旱情显得严重起来。汤洪浜河床浅，日潮已不进港，只有夜潮才进港。而目前正是水稻需水的关键时刻，田里不能缺水。因此和永康、伯林商量，发动组员，晚上推车上水抗旱，还在外浜架一部脚踏水车，组织青年踏车上水。从晚上 11 点多钟开始和大家一道轮流推车，一直到凌晨三四点钟，潮水退了才休息。"

现代的机械化和明暗管排灌已使传统的潮灌消失。为使传统水乡生态文化得到人们的认识，应该对此内容进行传统遗产建设，在特定的地点，恢复河道排灌系统。然后，增加弯曲，减少硬化河岸，多种杨柳和传统树种，恢复传统河岸风情，这种措施可以在更多的区域开展。

古代的水利专家发现河道自然弯曲于自然生态方面有益。宋代的单锷非常重视吴淞江弯曲。古人以弯曲的河道为水利的便利，也具有美学价值，现代的线型河道多为排水之便，便于机械化耕作，利于排水却不利于蓄水，不利于水流涵养，不利于土壤和水生植物对水流的净化。弯曲不但利于避潮，也利于蓄水，这是沿海一带防潮蓄水的技术。清代的娄江一带的民众对河道弯曲有此认识，"凡水不曲患易尽，甚曲又患难泄"。

太湖—河网—潮水的溢流体系孕育了江南发达的农业和手工业。松江地区有着中国经典的传统精耕细作。松江的种植品种与传统的种植技术体系在唐宋时期达到了一个很高的水平。元代王祯的《农书》、明代徐光启的《农政全书》、清代姜皋的《浦泖农咨》都对其有描述。古代农业的发达，表现在品种系统上，是非常复杂丰富的稻作品种体系。徐光启《农政全书》中记载：五月而种，九月而熟，谓之"红莲"，其粒

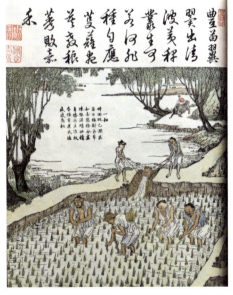

▲《耕织图》中描绘的插秧情景。图片来自康熙《御制耕织图》，华东师范大学出版社2011年据佩文斋本影印出版，原图藏华东师范大学图书馆

▲《耕织图》中的弯曲的河道与圩岸。图片来自康熙《御制耕织图》，华东师范大学出版社2011年据佩文斋本影印出版，原图藏华东师范大学图书馆

尖、色红而性硬。四月而种，七月而熟，曰"金城稻"，是惟高仰之所种，松江谓之"赤米"，乃谷之下品，其粒长而色斑。五月而种，九月而熟，松江谓之"胜红莲"。性硬而皮茎俱白，谓之"穇种稻"。其粒大、色白、秆软而有芒，谓之"雪里拣"。其粒白、无芒而秆矮，五月而种，九月而熟，谓之"师姑秔"，《湖州录》云："言其无芒也。"四明谓之"矮白"，其粒赤而稃芒白，五月初而种，八月而熟，谓之"早白稻"，松江谓之"小白"，四明谓之"细白"。九月而熟谓之"晚白"，又谓"芦花白"，松江谓之"大白"。其三月而种，六月而熟，谓之"麦争场"，其再蒔而晚熟者，谓之"乌口稻"。在松江，色黑而能水与寒，又谓之"冷水结"，是为稻之下品。其粒白而大，四月而种，八月而熟，谓之"中秋稻"。在松江，八月望而熟者，谓之"早中秋"，又谓之"闪西风"。其粒白而谷紫，五月而种，九月而熟，谓之"紫芒稻"。其秀最易，谓之"下马看"，又谓之"三朝齐"，《湖州录》云："言其齐熟也。"

　　这种品种体系，各种早、中、晚稻有不同种植时间和相应的技术体系，恢复这些品种，有益于丰富传统生态农业的价值，使现代生态农业更加丰富。现代的绿色环保农业靠绿肥和有机肥，传统品种更加适合这种种植方式。陈永康的三黑三黄的稻作技术和他选育的"老来青"品种，都代表着这个地区千百年来的农业传统。陈永康的家乡是松江华阳桥乡，这一地区在灌溉方面也有潮水顶托灌溉的传统。在这一区域可以恢复潮水顶托灌溉和精耕细作的农业文化遗产，以此展示中国传统农业的精细和田园风光。

整合滨海区历史资源，拓展"新江南文化"内涵

鲍俊林 / 复旦大学历史地理研究中心青年副研究员

"江南文化"是长三角地区的共有基因、精神纽带，是上海文化的根源，也是目前上海市着力打造的三大文化品牌之一。《上海文化发展报告（2016）》指出上海应打造"新江南文化"，积极引导长三角区域文化向一体化方向整合发展。"新江南文化"这一概念在不断丰富。

2021年4月公布的《奉贤新城"十四五"规划建设行动方案》中也强调了要发展"新江南文化"，随后奉贤区又通过了《中共上海市奉贤区委关于打响城市软实力品牌塑造"新江南文化"的意见》，旨在将"新江南文化"提升到新高度。

一般而言，文化的本质含义是指人类的生存方式，即一个地区的文化特质归根到底取决于该地区特定的地理环境所塑造的生存方式。上海及其新城的"新江南文化"如何彰显个性，如何在新城建设过程中，更好地融合到上海的"新江南文化"发展进程之中，这需要全面地从本地自然环境与长期开发及其人地关系演变的历史去探索。深入理解江南的沿海社会的发展机制，对明确区域文化特色与差异性、深化"新江南文化"的历史内涵、促进长三角地区江南文化的融合发展具有重要意义。

一、上海地貌：滨海区与湖荡区的自然地理特征

"江南文化"是一个相对宽泛的概念，其形成和发展经历了长期的人地互动的历史过程。从地理学意义上看，长江三角洲与"江南"在地域上基本重合，但需要注意的是，江南地区在内部又包括滨海平原区、湖荡平原区、山地丘陵区等不同的地理区域。整体上，以太湖为中心，西部主要属于山地丘陵区，太湖周边属于湖荡平原区，太湖东部属于滨海平原区。

历史地看，太湖周边特别是东侧的湖荡平原区属于"江南文化"形成发展的关键核心区，在地理、政治与经济上，可以说长期以来是"江南"概念的核心地带。很大程度上，"江南水乡"及其文化景观主要源自太湖东侧低洼地带的湖荡平原形成的水文与人类开发景观，甚至人们对"水乡"一词，首先联想到的也往往是这一区域的"江南水乡"，这导致源自此处的"江南水乡"成为"江南文化"极具代表性的符号化特征之一，并向周边扩散，产生影响。

在上海市域的范围内，大部分属于滨海平原区、少部分为湖荡平原区。依据五大新城的自然环境与地理特征，奉贤、南汇属于滨海平原区，嘉定属于滨江平原区，青浦、松江属于湖荡平原区。

上海市域范围并非自西向东、自内陆向沿海逐渐低下，相反，整体地势自东向西略微呈倾斜状；西侧的太湖周边地区最为低洼，形成了碟形洼地，上海整体上即位于碟形洼地东侧的长江口冲积平原上，包括滨海区与湖荡区两类地理环境。

其中，距今约7 000—3 000年形成的冈身地带，是上海地貌分布差异形成的一个关键因素。自嘉定到奉贤分布有一条南北走向的冈身，以冈身为分界，东西两侧分布着不同的地理环境。根据海陆相对位置差异、地质地貌及自然资源特征的一致性，五个新城之中，青浦与松江在冈身以西的湖荡低地区域，奉贤、南汇、嘉定均在冈身以东的高乡地

带。同时，相对而言，奉贤、浦东（南汇）都是滨海高乡，位于吴淞江以北的嘉定则属于滨江高乡地带。

冈身以西是上海最早成陆的地区，在五六千年以前即已形成，历史悠久，属于太湖平原的湖荡地区，或湖沼平原，表现为典型的河湖纵横交错的微地貌特征，同时在历史时期人地互动过程中，形成了典型的"江南水乡"景观。

冈身以东主要是最近两千多年形成的，是经过长江、海潮的相互作用、泥沙沉积，加上波浪、潮汐、河流、沿岸流的综合作用沉积形成的滨海平原，平均地面高程一般高于冈身以西湖荡区约1米。冈身以东在历史上长期表现为淤涨型滨海湖沼平原，易受潮浸影响，地势低平。特别是浦东东部、南汇、奉贤等地，多在最近一千年内形成，至今边滩仍在外涨。因此相比较而言，上海东南部滨海区（奉贤、浦东地区）都是非常年轻的大陆，历史时期上海东南部滨海地带长期处于动态的岸线变迁过程中。自嘉定至奉贤南桥一线，属距今约3 000年的海岸线，川沙—南汇—柘林一线为11世纪的海岸线。距今1 700—1 000年，浦东中部地区成陆，到北宋初年，海岸线大致在里护塘以西附近。川沙—南汇（惠南）—大团—奉城—柘林一线，是里护塘的分布线，即为11—12世纪的海岸线。

江海交汇、滨海岸线的动态变化，带来丰富的滩涂资源，分布有大量开敞式的潮滩、盐沼湿地、芦苇荡地及沙荡。海涂的淤涨淤高、土壤淡化、形成稳定的可开发空间后，逐渐吸引了周边地区人们不断向海迁移开发，改造局部微环境、应对海岸风险，形成了本地独特的传统生计形态、滨海文化及其人地关系，这也是观察江南沿海社会发展演变的关键区域。

二、"穷海荒涂"到"新江南"：海涂历史开发与人地关系

1. 盐业开发

与冈身西侧的湖荡低地的圩田开发不同，冈身以东的滨海滩涂开

发具有自己的特色。这里属于江海交汇地带，在长期与海斗争、向海迁移开发、努力适应海涂环境的过程中，从最初滨海荒涂到沿海特大城市的形成，经历了长期的历史开发与人地关系演变过程。整体上，到10世纪以前，上海东部主要表现为滨海潮滩与盐沼湿地特征，开阔平坦、人烟稀少；自海向陆，分别平行分布了宽阔的光滩、盐蒿草滩以及大量草荡。

此后，伴随中国古代经济重心南移，东部滨海荒涂也开始迎来新的人类开发阶段。特别是自宋元以来，海涂开发逐渐加快，包括制盐发展、水系改造、海塘建设、围垦种植、聚落迁居等。

濒海滩涂盐地资源丰富、咸潮通达，制盐往往成为古代滨海滩涂开发的先锋产业。随着明清时期上海地区古代滨海盐业开发的重要性不断提高，明代松江府三县（华亭、上海、青浦），在清初也进行了行政区划调整，析华亭县置奉贤县，析上海县置南汇县。顾炎武在《天下郡国利病书》中这样描述上海县："沿海皆浅滩，物产不逮闽浙百一，俗号穷海，独盐利为饶。"到清末的光绪《南汇县志》中仍然这样描述："（南汇）沿海皆浅沙，海艘不能泊，故商贾不通，向赖煮盐之利。"在川沙、南汇、大团、奉城、柘林沿线，长期是上海古代成盐岸线，沿岸多有港汊，通潮汐，便于煎盐，分布着多个盐场，主要包括青村盐场（青村镇）、袁浦（柘林镇）、下沙头场（下沙镇）。宋元时期这一区域就有较大规模的海盐生产，下沙盐场的生产活动就为元代《熬波图》所详细记载。明代这里属于两浙盐场的松江分司，包括浦东、袁浦、青村、下沙头场、下沙二场、下沙三场等6场。清初两浙松江分司仍管辖浦东、袁浦、青村及下沙头、二、三场等6场，年认销盐6 035万引。

康熙年间下沙一场设盐灶222座，雍正三年（1725）移灶团聚，存149座；乾隆初年团灶皆废，唯一团存107座，后因沙涨泓淤，咸潮渐远，亦多停歇。至乾隆末仅报煎31灶；嘉庆年间尚存22灶，道光年间遂俱停煎。康熙年间下沙二场尚存灶舍15处，明代下沙三场已不产盐。

光绪《重修华亭县志》记载，下沙头场"在南汇县古鹤沙镇也……东南逼近海塘，塘外沙地遥远，旧有泐道十一处，引潮入内，土旺卤足，产盐极广。近因涨沙渐高，泐道淤塞，灶丁贪种花豆，产盐大减于前，故是场以疏瀹泐道为最要"。

青村场历史悠久，宋代即设盐场。嘉庆《松江府志》记载，青村场"海塘外延袤八十余里皆煎盐灶舍"。伴随长江口淡水下移、咸潮后退，滨海盐场自北向南，成盐岸线逐渐向南迁移萎缩。宋元之际南汇境内盐场在下沙一带，"邑人获利最厚"。后东南地涨，盐场也随之逐渐向东南迁移，"利亦渐薄"。道光以来，"盐灶停煎，盐利净绝"。滨海盐场从川沙、南汇、奉贤逐渐向南向北退缩，清末民初这些旧盐场均已裁废，只剩袁浦盐场。

滨海区的地名、河道水网、古镇等人文要素大多与历史上的盐业开发有关，市场繁荣，商贾往来，许多因盐业而形成的集镇，例如新场、六团、三灶、六灶、盐仓、下沙、四团、青村等乡镇，特别是南汇到川沙沿岸从南到北均匀分布有一团到九团，地名也沿用至今。

制盐必有运盐河渠，东部滨海区主要运盐河包括南桥塘、四灶港、五灶港、六灶港、七灶港、八灶港等。

奉贤区历史上运盐河有两条，"一自王家墩至叶家行折而西达金汇塘，名旧运盐河，长十五里；一自高桥盐仓庙经梁店，至湾周折而西为叶家行，北由南邑蒲达泾，通大闸港，长二十有二里，名新运盐河"，主要是青村、袁浦两场的运盐通道。奉贤区南桥塘即为历史上奉贤县最大的干河，横亘东西，"为盐艘往来所必经"。

2. 修建海塘

如果说冈身是西侧湖荡区开发的天然保护堤，那么冈身东侧的滨海区开发的保护堤就只能由人类自己兴筑了，这是东部滨海区历史开发的一个显著特征。滨海滩涂易受海潮侵袭影响，潮汐往来，人类时刻面临生存风险，加上风暴潮、潮位变化常引起海岸坍塌与海潮深入，因此，滨海筑塘成为基本的防灾措施。经过明清时期的发展，江南海塘成为中国沿海海塘的重要组成部分。江南海塘是清代对太仓至金山沿岸江塘、海塘的统称，总计592里。华亭海塘即是清代江南海塘的重要组成部分。

江南海塘经历了从散塘到统塘、土塘（柴塘）、石塘，再到现代海塘的长期演变过程，从只具备单一的挡潮功能到拥有挡潮、促垦等综合功能的转变。相应地，滨海滩涂开发也经历了从盐业区到农业区的演变过程，其背后的驱动力主要在于海涂持续扩张、生态要素演替以及人类的海塘兴筑活动。

自海向陆，淤涨型滩涂传统开发在空间上呈现了平行分异特征，即海堤以外渔业、制盐，海堤以内农作开发的整体特征，并且伴随海涂生态要素的自然演替，近海淤涨滩涂逐渐从宜盐带转为宜垦带。

海塘兴筑在与海争地中发挥了重要作用。在逐渐向海迁移开发的过程中，海塘、盐场渐次向海迁移，推动了盐业、农业开发不断向海扩张。随着海塘阻隔潮侵、土壤淡化、人类改造，以往的滨海盐沼与赤卤之地逐渐演变为水网密布、适宜垦种的塘内土地，同时随着新塘兴筑，塘外盐业区也转变为塘内农业区。在空间分布上，一般表现为：内石塘、外土塘，摊晒灰场分布在外土塘的外侧濒海沙荡。在土塘与石塘之间，则是灶团屋舍分布区域，石塘以内才是居民、城镇聚落的集中分布区。

整体上，10世纪以前滨海滩涂主要分布着大量盐沼湿地，开阔平坦、人烟稀少，宋元以来海涂逐渐开发，传统开发主要表现为对海涂生态要素自然演替的"被动遵循"状态，即人类开发活动向海迁移的速度与海涂淤涨、自然演替的速度之间，维持了一种平衡状态，这种人地关系一直持续到清末民初。

20世纪中叶到20世纪末，伴随上海的工业化与城市化的快速发展,人类显著加大了滨海围垦力度,在围填海过程中日益超过了海涂自然淤涨与演替速度,表现为一种"主动背离"的人地关系,即海涂的自然属性不再是资源开发利用的制约条件。进入 21 世纪以来,伴随对滨海开发生态化的重视,特别是 2018 年国家发改委发布了对新增围填海项目的禁令,滨海开发"主动遵循"海涂生态特征成为新阶段的人地关系。

三、讲好滨海人地互动故事,拓展"新江南文化"历史内涵

奉贤、南汇作为江南文化的重要滨海板块,历史上的人地互动具有滨海特色。深入理解滨海区地理环境变迁与历史开发的关系,发掘地方文化特色及其历史脉络,有助于提炼"江南文化"的滨海模式,深化"新江南文化"的历史内涵,也能避免"江南文化"的刻板化。

从"穷海荒涂"的盐业区,到农业区、工业区,再到生态化的"新江南",经历了一个长期的人地互动过程。在这个过程中,人们不断认识海涂环境、适应海涂环境、抵御潮灾危害、向海迁移集聚,不断调节与海洋的关系,特别是历史盐作文化、海塘文化及其人地关系,历史时期滨海开发与人地互动的故事,丰富了江南文化的内涵,也是拓展"新江南文化"的重要历史资源。发掘滨海区的历史文化资源,不仅能反映历史时期中国沿海荡地开发的人文景观变化,也有助于探索潮滩环境与传统开发,以及环境适应实践的变化,对深刻理解江南沿海社会发展演变具有重要意义。

奉贤与南汇作为上海的关键滨海区,是拓展上海"新江南文化"历史内涵的关键区域与重要支撑。对于上海文化产业发展、新城战略规划而言,"新江南文化"应讲好本地故事,不能忽视江南文化景观中存在湖荡区与滨海区的差异性,只有突出滨海区历史人地互动的特色,才能更好地深化"新江南文化"的历史内涵、促进长三角本土文化的融合发展。

四、滨海开发的生态化应遵循海岸演化规律

长江口地区，江海交汇，奉贤、南汇新城作为上海东南开发的重镇，历史上长期在与海岸风险作斗争。面对气候变化与海平面上升的威胁，以及伴随长江口滨海湿地前缘的淤蚀转变趋势，战略规划与滨海开发中应采取"主动遵循"模式，不断提高应对未来气候变化风险的综合能力。今天的滨海开发已经脱离了对土壤自然属性的依赖，在理性思考人海关系的基础上，科学规划利用滨海地理空间资源、宝贵的岸线资源变得十分重要。抵御海岸风险是滨海区人类开发历史的重要部分。当前面对全球变暖与海平面上升引发的重大风险，加强沿海防潮工程建设是中国应对气候变化的重点行动之一。2017年国家发展改革委、水利部联合编制《全国海堤建设方案》，力争用10年左右的时间完善沿海地区防潮减灾体系，计划重点岸段初步建成生态海堤，其中上海地区便是重点岸段之一。特别是在目前推进长三角一体化发展战略进入密集施工期的关键时刻，生态海堤建设的统一规划对保护该区域的人口与财产至关重要。奉贤、南汇正是上海地区综合防潮工程建设的重点岸段。

滨海的差异化开发与"主动遵循"海岸演化规律的适应趋势，是滨海人地关系演变的体现。目前南汇新城建设确定了工业化、奉贤新城则确定了生态化的整体方向，两者在基础设施投入、人口分布、生态产业比重等方面，都有所区别，但也仍然延续了长期以来生产要素向海迁移的趋势。面临可持续发展挑战、气候变化风险以及海平面上升影响，应科学规划生产要素向海迁移集聚的规模与密度，在海涂创新生产生活中进一步丰富"新江南文化"。

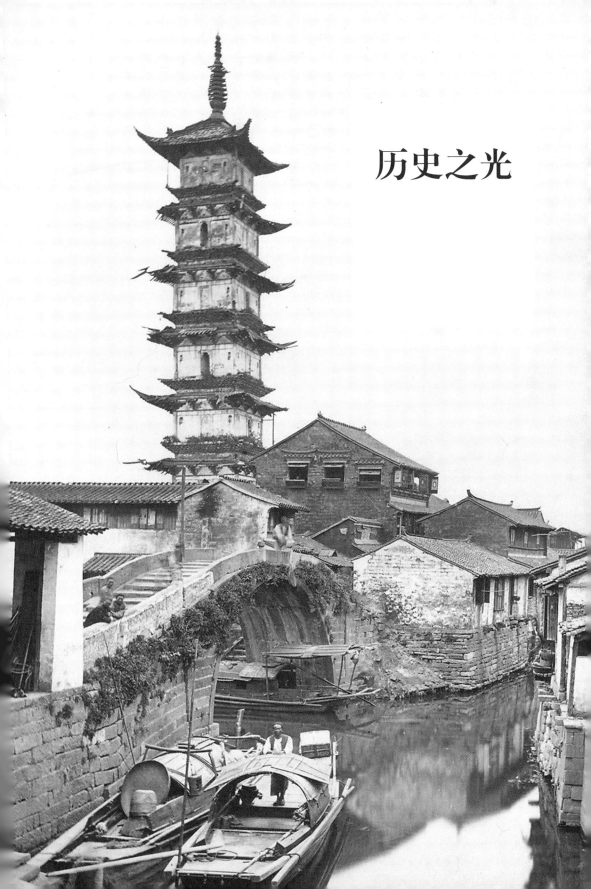

历史之光

2021年初，澎湃新闻与考古专家通力合作，从青浦的福泉山、青龙港到松江的广富林，追寻上海的文化之根与文明之源；从嘉定的竹刻、文人画，到奉贤的海国长城和南汇的盐业兴衰，探究五个新城发展之路折射出的历史地理变迁，把新城建设与上海的城市文脉相结合，传承弘扬上海"海纳百川、追求卓越、开明睿智、大气谦和"的城市精神。

青浦 从千年古港到上海之门

这里有"上海第一稻""上海第一人""上海第一村"。

这里曾发掘出引起考古界关注的"象牙权杖"。

在学者的视野里,新石器时代晚期,这里曾经存在着一个"福泉山古国"。

"上海第一人"到底长什么样?是男人还是女人?缘何要来到上海?

"象牙权杖"的发掘为什么引起考古界关注?当时是谁在使用这个权杖?他有着怎样的身份和地位?

《魔都与新城》系列纪录片《青浦(上):申城初曙》,回望6 000年前的上海,讲述文物和古遗存背后的故事,探寻上海的文化之根与文明之源,激活生根于这座城市的城市精神与城市品格。

扫描二维码,观看《魔都与新城》系列纪录片《青浦(上):申城初曙》

青龙港被证实是上海地区最早的贸易港口，港口贸易促进了商业兴盛，也促进了市镇兴起。

唐宋时期的青龙镇被称为"东南巨镇"，海上贸易商贾的集聚之地和货物中转地，"往来通货，贸易兴盛"。考古发现的唐宋佛塔、铸造作坊、水井、灰坑、墓葬、炉灶等遗迹，反映出当时青龙镇人口繁盛、贸易发达的情形。

到了南宋末年，由于吴淞江和一些支流河道的淤塞，青龙镇的港口功能逐渐走向衰落。而吴淞江南面的上海镇却以其特有的港口优势悄然而起，继续书写上海港口史的辉煌。

青龙镇因何而起？又为何消失？从唐宋到今天，上海的港口有着怎样的变迁？

《魔都与新城》系列纪录片《青浦（下）：港城共荣》，以一件出土于青龙镇遗址的长沙窑褐釉腰鼓切入，展现青龙港昔日的繁盛。

扫描二维码，观看《魔都与新城》系列纪录片《青浦（下）：港城共荣》

古代上海的文明之光

周云 / 上海博物馆馆员

冈身是上海的古海岸线,大约从1万年前到距今六七千年前,随着位于上海西侧的冈身不断东移,最后才形成了上海现在的地理环境。从分布图上来看,越往西遗址的密集度越高。现代黄浦江沿岸的上海城区,当时还杳无人烟,所以说史前的"市中心"在哪里?最繁华、最高度发达的地区,就集中在今天的青浦到松江区域。

上海真正开展科学考古是从20世纪70年代后期开始的,当时进行过一次全上海的系统性普查,大多数地下遗存都是在那个时候被首次发现的。上海最早的考古学文化是马家浜文化,接下来是崧泽文化,此后是良渚文化,在良渚文化以外,在松江区近年来又发现并命名了广富林文化,也发现了钱山漾遗存,我们称之为钱山漾文化,最后是青铜时代的开端——马桥文化。

青浦,是上海的文明之光。上海的古文化遗址(特指地下遗存类),有40多处,而青浦区的遗址数量就有13处,所以青浦实际上是一个文物大区,也是我们研究上海考古学的重镇。

一、崧泽遗址:136座墓葬的发现

首先重点介绍崧泽遗址,下图是20世纪60年代崧泽遗址最早的一张照片，它是在一个假山墩上面，位于崧泽村，按考古学上关于首次发现的最小地名原则，考古学工作者就把这个考古学文化命名为崧泽文化了。1957年上海市文管会在青浦县进行调查的时候，就看到了长约90米，宽、高各约4米的一个假山墩，他们在地面上就采集到了很多陶片，特别是泥制的红陶。1958年又挖掘到了一些石器。六七十年代，崧泽遗址陆陆续续经过了三次大规模发掘，第四次发掘则是2004年。假山墩实际上面积是不大的，现存只有1 000多平方米，限于五六千年前古代人类的活动范围与能力，其实遗址的规模已经不小了。在假山墩上面发现了很多马家浜的遗存，主要是墓葬，也有崧泽墓葬。崧泽遗址首次确定了新石器文化命名的一种新类型，也首次明确了上海在马家浜文化和良渚文化之间，其实还有一个考古学文化，它是环太湖地区的本土文化。虽然我们限于发掘情况，现在还不知道马家浜文化从何而来，但是从马家浜、崧泽到良渚，这样的一个传承有序的新石器文化序列的变化，现在基本是毋庸置疑的。

在崧泽遗址当中我们发现了136座墓葬，随葬器物其实在马家浜和崧泽时期都是相差无几的，也比较简单，那个时候的社会面貌可能是比较原始的，遵循平均分配，在随葬品中没有明显的贫富差别。

▼ 崧泽遗址旧照

当时，经过对大约 50 个人体骨骼个体的分析，除了两座合葬墓是女性和儿童的合葬之外，女性的随葬品反而比男性的平均要多出 4—5 件，社会形态可能更偏向于母系社会形态。

无论马家浜人也好，崧泽人也好，有随葬陶器的，也有随葬少部分石器的，主要是以工具类为主，装饰类的较少。比较特殊的是陶釜，这是马家浜时代最早的一种炊具，那个时候鼎还没有被发明，当时的人烹煮食物，可能是在地下挖一个深坑，然后把陶釜固定在地面，下面点火燃烧加热食材。

进入崧泽文化时期，明显可以发现生产技术有显著提高，一方面陶器有了一些精美的造型，另一方面是器物上多了很多彩绘。从现存崧泽文化的一些遗物来看，崧泽先民很具有创造性，所有的陶器几乎没有非

▶ 马家浜文化陶釜

▼ 陶釜加热食物方式示意图

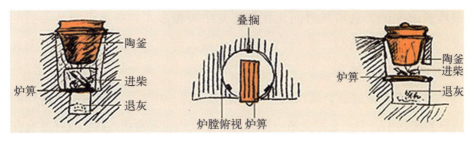

常同质的类型，比如说有仿生竹子一般的器型，有做成象鼻形开口的实用器，也有很精美的彩陶以及镂空的陶器，所以崧泽先民不仅制造技术增长，而且审美情趣也非常高，这是很有江南特色的，因地制宜汲取生活中的灵感再加以创作生产。

上海至今为止发现的最早的水稻也是在崧泽遗址被首次发现的，有些长有些短，有些细有些粗，这是因为水稻进化及栽种的技术问题。经过科学分析，还是以粳稻为主的，并没有籼米，跟我们现在吃的东北大米属于一种稻。

二、福泉山遗址：见证一个古国的崛起

象牙权杖也好，玉琮也好，都是福泉山遗址出土的，可以说它贡献了上海史前，特别是新石器时代晚期最精彩最高峰的篇章。

福泉山被誉为"东方土著金字塔"。因为它远远望去有点像一座翻覆的船，所以叫覆船山，但是当地人认为寓意特别不好，所以就把它改名为福泉山。但我们后来才知道这个"山"并不是一个自然的山包。

良渚文化分布于新石器时代的长江下游地区，现在在长江下游的两岸，考古工作者已经发现了100多处包含有良渚文化的遗址。

刚刚说到福泉山被发现不是一个天然的山包，而是一个人工的土墩，这种青膏泥、草裹泥互相层叠的建筑技术用作土筑，最早是在福泉山遗址被发现的。经过全面科学的考古发现和解剖，确认福泉山8米多的现存高台，全部都是由良渚先民在崧泽先民所活动的一个低洼面上慢慢堆筑起来的，且堆筑时间比我们想象中短很多，它极有可能是一到两次之后就一次性成型。此后另一个家族或人群，过了若干年在此之上又进行了一次堆筑埋葬。

在良渚古城渐渐衰落以后，地方上原来的一些势力，如福泉山这样的古国就崛起了，原来它跟良渚古城的关系应该就非常密切，我们现在所有在

古代上海的文明之光 | **历史之光**

▲ 福泉山遗址发掘现场

▲ 神像兽面纹玉琮（福泉山遗址吴家场墓地出土）

▲ 神像兽面纹玉琮（福泉山遗址福泉山墓地出土）

福泉山大遗址里面发现的高等级墓葬中一些以玉器为代表的礼器，直接来源或者制造技术就可能传承于良渚古城。而崧泽文化中的石斧工具演变到这时，就变成了一种绝对的权力象征，可能代表着世俗王权。而琮等器物则代表对神的祭祀的权力，上面有像眼睛一样的飞鸟纹。

▲ 玉琮飞鸟纹细部（吴家场墓地 M204 出土）

/045

2008年，在福泉山墓地以北约200米处新发现了一个人工台地，叫作吴家场，虽然看上去地势比较低，但是发掘后明确了这是一个面积2 000多平方米的高等级贵族墓地，其中在一座墓葬里发现了两根象牙权杖。顺着整根象牙打磨、削薄之后，镦部是象牙的牙根，而插入镦部的榫口是象牙的牙尖，是象牙截断后做成的倒插装置。镦部有两组飞鸟纹，权杖上的神人纹饰级别非常高，这种纹饰一般出现在代表良渚文化最高权力的墓葬中，现在在整个中国的良渚文明发现中也非常少见。它象征着最高等级的礼器随葬，是很特殊的器物。

三、青龙镇遗址：出土了数万件或完整或残破的瓷器

周代至汉代的时候上海地区已经出现了城镇萌芽的影子，周代的上海已是吴越属地，楚灭越之后又为楚相春申君的封地，也就是上海简称"申"的由来。

那时上海地区虽然出现了陆逊等东吴大贵族，但是同时期的考古遗迹发现得很少。唐代天宝十年（751）设立了华亭县，也就是现在上海松江区和青浦区的一部分，是最早的县级建制。唐宋元时期上海地区依托襟江带海的地理优势，经过贸易发展变得十分繁华，成为重要的江南市镇之一，其中佼佼者就是青龙镇。

青龙镇是上海城镇发展史上非常重要的一环，以前是只见其名，不见真身，经过考古发掘，最后基本还原了唐宋时期青龙镇的基本格局，它也是当时海上丝绸之路重要的始发港之一。

青龙镇遗址中比较重要的是被评为2016年度十大考古发现的青龙镇隆平寺塔。塔的本体在明代就已经坍塌损毁了，我们发现的实际上是它最早的宋代塔基。如果复原隆平寺塔可以发现它就是中国古代传统楼阁式的塔，很多塔砖上面有铭文，这些砖是百姓自发捐赠的。塔基的发现确认了青龙镇北寺——隆平寺的位置，它是很重要的一个地标。青龙

▲ 青龙塔，2015 年摄

镇有隆福寺（今称青龙寺）现存的青龙塔，据当时的典籍记载，青龙塔和隆平寺塔一南一北，划定了唐宋青龙镇的地理位置和范围。另外，根据隆平寺塔铭文记载，它当时还为一些海外和国内入港的商船，起到航标塔的作用。

青龙镇遗址中出土了数万件或完整或残破的瓷器，其中有一些很稀有的器物，比如唐代长沙窑的腰鼓，在故宫中也藏有一件类似的器物。青龙镇出土瓷器源自湖南、福建、浙江、江苏、江西等地的各窑口，除了遗址本身是上海城镇发展的重要一环，这些大量出土的贸易瓷进一步佐证青龙镇就是古代海上丝绸之路的一个重要始发站和中转贸易站：国内的瓷器在这里被重新打包，然后运往现在的韩国和日本等地。

从青龙港到洋山港的变迁，看上海的母亲河之争

戴鞍钢 / 复旦大学历史系教授
王琳杰 / 澎湃新闻记者

以港兴市是上海城市发展的传统。今天的洋山港在上海国际航运中心建设过程中发挥了"主力军"作用。近代上海的崛起也首先得益于港口开发和口岸贸易的有力推动。往前再回溯一千年，港口也曾是上海地区城市发展的重要驱动。

经文献与考古发现共同确证，青龙港是上海地区最早的对外贸易港口。青龙港所在的青龙镇，从唐代中晚期至南宋末年延绵了500余年。后随着吴淞江的淤塞，上海地区的港口又陆续发生变化。

《魔都与新城》系列纪录片拍摄过程中，澎湃新闻记者专访复旦大学历史系教授、博士生导师戴鞍钢，讲述上海港口的变迁之路。戴鞍钢表示，上海港是一个典型的内河型海港，利弊明显。上海港的发育成长，经历了扬长避短、因时制宜的演变过程，并和太湖流域其他港口的盛衰兴替息息相关。

澎湃新闻：青龙港在唐代对外贸易中的地位如何？

戴鞍钢：青龙镇和青龙港的地位十分重要。青龙镇遗址的发现曾被列为全国十大考古发现之一。考古发现的一些贸易品，比如瓷器遗存，不仅来自江南，还来自江南以外的其他地区，可见青龙镇的地位非常重要。所以，古代上海地区是和东北亚乃至更远地区开展经济文化交流的

一个重要枢纽。

第一，青龙港的发现可以证实上海港口起源很早。过去有人对上海有一个误解，认为上海是从小渔村发展到大城市，上海的起点就是近代的事，这是一种错觉。上海的港口其实起源很早，青龙港就是例证。

第二，任何一个物产相对发达的地区，都要有一个出海港。所以江南地区的出海口，就太湖流域来说，当时就是青龙港。

第三，港口和贸易是相关的。海上丝绸之路是古代中国与外国交通贸易和文化交往的海上通道。现在很多人认为海上丝绸之路比较多是往南去的，其实，海上丝绸之路是多线路的。就青龙港来说，除了朝南到东南亚地区之外，还有向北到东北亚地区的，比如琉球、日本、朝鲜。

第四，随着港口兴盛，青龙港的商贸也变得更加兴盛。港口有集散功能，集散功能当然是商贸跟进，青龙港和青龙镇是同时繁荣的。

第五，经济和贸易交流必然带来文化的交流。从青龙镇遗址考古发现可以看出当时的盛景。青龙镇的发现将上海的古代和近代的文明呈现出来，大家对上海有了进一步的认识，使我们对上海历史上和太湖地区、国内其他地区的关系，以及和东北亚的关系有了全新的认识。

澎湃新闻：继青龙港后的千余年，上海港又发生了哪些变迁？

戴鞍钢：青龙镇现在已经被一片原野覆盖，看不出港口的模样。由于地理环境的变化，青龙镇逐渐淡出历史视野。

从上海地图上可以看到，冈身以东地区慢慢向大海推进。嘉定有一个地方叫外冈，这个地名就是冈身历史遗存的一个印记。

随着长江三角洲向东扩展，港口开始了逐步东移的过程。上海一直是向东涨的。南汇的临港地区很多土地都是泥沙淤积而成的，而且还在继续朝东涨。青龙港渐渐遇到了泥沙淤积的问题。随着冈身向东推移，同时吴淞江也逐渐淤塞，青龙镇港口慢慢失去了原来的优势，出入港口的那些海船再要顺着吴淞江上溯到青龙港越来越不方便，青龙镇的港口功能逐渐走向了衰落。所以需要就近寻找更合适的停泊地点，位于吴淞江南面的上海镇以其特有的港口优势悄然而起。

明嘉靖《上海县志》载："迨宋末，该地人烟浩穰，海舶辐辏，即其地立市舶提举司及榷货场，为上海镇。"可见在南宋末上海已经设立市舶机构，说明青龙港的地位已由上海港取代。到了元末明初，受吴淞江泥沙淤积的影响，上海港的航道逐渐淤浅，来往海船纷纷转趋浏河港。

浏河港在明代和清前期仍保持一定程度的繁荣，明永乐年间郑和数次下西洋均从这里起航。但受潮汐影响，浏河港亦有泥沙淤积的问题，海船遂相继转往邻近的上海十六铺码头。

从唐宋的青龙镇到宋末元初上海镇，再到元末明初的浏河港，直至明清的十六铺，这是一个历史变迁的过程。这也告诉我们，考察港口历史变迁过程，要注意到人地关系和人与自然的关系。

澎湃新闻：能否谈谈上海港口变迁背后长三角地理环境的变化？青龙镇的衰落给我们带来哪些启示？

戴鞍钢：上海港的成长，是不断自我扬长避短、因时制宜的演变过程，并和太湖流域其他港口的盛衰兴替息息相关。

上海的港口我们多强调其先天优势，背靠长江，面向太平洋。上海港位于中国海岸线的中段，长江口南北两侧海底的地貌形态差异很大。上海港又是内河型海港，少受海潮和风浪的影响，避风条件好，水位落差小，且地处温带，为终年不冻港，可四季通航，所以成为中国沿海南北货物往来集聚之地。

但作为内河型海港，也存在先天不足之处，就近代而言，吴淞口内外淤沙和黄浦江航道狭浅便是障碍。海船进上海港，颇费周折，要先经过长江口，再经过吴淞口，然后再进入上海港。所以，青龙港慢慢地从历史淡出了，这说明了港口的先天优势是不能一劳永逸的。

上海港的发展，与长江三角洲内部的环境变迁有着密切的关系。上海港位居长江口，面对太平洋，地理区位占优，但水文状况不尽理想。每年有大量泥沙随长江下泄，并在长江口淤积。虽有长江口拦门沙挡道，但当时进港船只多在万吨以下，若不触礁搁浅，尚无大碍；铜沙浅滩处航标的设置，减少了过往船只搁浅的危险，因此长江口拦门沙对港口的发展尚不构成严重危险，突出的问题是吴淞口内外沙的阻碍。

实际上，我们提到青龙港是吴淞江，十六铺是黄浦江。现在很多人在讨论谁是上海的母亲河？对此有不同的看法，有的人认为是吴淞江，有的人认为是黄浦江。其实这个问题还是应该放到历史的长河中去看。我个人认为，在明清之前，吴淞江是上海的母亲河，因为吴淞江的水深和水面的宽阔度远远胜过黄浦江。当时太湖流域的出海口是吴淞江。沧海桑田，地理环境产生变化，吴淞江慢慢淤塞，那么就要寻找一个更为理想的出海通道，所以黄浦江的开发就被提上议事日程。慢慢地，黄浦江取代了吴淞江的地位。

澎湃新闻：今天，上海要建设成为国际航运中心，洋山港很重要，能否谈谈洋山港布局的情况和重要性？

戴鞍钢：近代上海作为长江流域乃至全国经济中心城市的崛起，首先得益于港口开发和口岸贸易对城市发展的有力推动。进入21世纪，上海建设了洋山深水港。洋山港对当代上海的发展至关重要。

第一，海运业的发展，越来越追求大吨位，对水深的要求越来越高。洋山港工程上马之前，上海港碰到的挑战有：第一，韩国的釜山港；第二，日本的横滨港；第三，中国台湾地区的高雄港。这三个港口对上海的港口挑战是实实在在的。如果上海没有一个深水港的话，那么很可能变成一个支线港。大吨位的船只是不可能到每个港口去停泊的，有一个转驳的过程，所以要有一个主线港和支线港。打个比方，大吨位的船，可以停泊在釜山港，然后转驳到上海。这种局面对上海的发展非常不利，特别对上海乃至中国融入世界经济发展格局非常不利。解决深水港的问题，尽管代价很大，但是，当时的上海必须要做出解答。

可见，上海港的发展轨迹是跟着水深走的。随着贸易发展，海船的吨位越来越大，对港口水深的要求也越来越高。从青龙镇到十六铺、从十六铺到外滩、从外滩到北外滩、从北外滩到浦东、从浦东到外高桥、从外高桥到洋山港，轨迹非常清楚，就是跟着水深走。

当代以洋山深水港为中心的上海组合港，这是在整个国家利益的背景下调整港口布局的合理分工的一步大棋。如果没有洋山港的新建，上海港在整个中国，乃至整个东亚地区的地位和功能，将会受到严峻的挑战。

澎湃新闻：港口的发展不能仅靠自然水文地理条件，对上海港未来发展您有何建议？

戴鞍钢：在上海港口的历史发展进程中，我们应该充分注意到上海地区的人们克服自然条件束缚的积极主动的进取心。历史上的江南地区，也并不是只有上海港，可以和上海港一比的，还有乍浦港（一般指嘉兴港）和浏河港（郑和七下西洋的起锚地，位于江苏苏州太仓市浏河镇），当时是三足鼎立的港口态势。但是慢慢地，上海就超越了其他港口。关键因素是上海地区的人们充分注意到港口对上海地区发展的重要性，不断与时俱进，充分发挥主观能动性，开拓创新发展，所以上海港能一直站在历史发展潮流的前列。这是历史给我们的启示，也是上海港未来发展要始终坚持和弘扬的。

上海的"北上""东进""西拓"与青浦新城的崛起

李天纲 / 复旦大学哲学学院教授

上海的城市发展如何从东到西？青浦新城崛起以后，又会有什么样的意义？

20 世纪的上海一直是往西发展的，沿南京路一直往西，有一条"西拓"路线，这是上海的一条黄金发展线，青浦新城就处在这条黄金发展线上。但 19 世纪的上海有另外一条发展线索。19 世纪，上海从黄浦江畔的十六铺、外滩开始，沿江而下，到达吴淞口，再到长江、东海这一路的发展线索，可以称为"北上"。到了 20 世纪，上海的市政发展方向才是向西拓展的。当然，上海市区也一直有冲动，想跨过黄浦江去发展，开发浦东，那是"东进"，但在 20 世纪 90 年代以前都不成功。此外，还有一个比较微弱的势头，即往南发展，到金山卫和杭州湾，建设"东方大港"，这个"南下"设想在 20 世纪 70 年代的金山石化和 21 世纪的临港才有项目得以落地实施。

生长于斯 60 多年，研究上海城市历史 40 多年，下文是我的一些研究结果，用来分析这样一个"四面八方"的城市发展过程。

一、以港兴市：19 世纪的原初动力推动"北上"

上海是一个"以港兴市"的城市。1991 年，为纪念上海建城 700

周年，我在《新闻报》上写了一篇《"以港兴市"700年》，提出这个说法。青浦的青龙镇，也是三国时期作为港口兴起的，青浦的"青"字就是从青龙镇的"青"而来的。元代、明代的海运，出海港口在太仓、嘉定之间的浏河港。这一时期，今天上海城市北部范围内的娄塘镇、黄渡镇、罗店镇、南翔镇就比南部的市镇更繁荣。青浦的朱家角镇也处在从嘉兴、湖州、苏州到上海的港口要道上，因此也非常繁荣。上海西部地区曾经有"三泾不如一角"的说法，"三泾"是指枫泾、朱泾、泗泾，"一角"就是指朱家角。每个城市都有自己发展的原动力，可以认为是一种城市DNA，城市DNA决定一个城市的气质。上海城市的起源，最强的动力是港口建造。1843年上海作为"五口通商"城市开埠以后，港口建设就推动着这个城市往北发展。

近代上海起源于上海县。《南京条约》商定只开放上海县，可以设立租界。元代至元二十八年（1291），上海设县，县治在后来的十六铺。再往前追溯是宋代的上海镇，当时作为一个沿海港口，是关权所在地，即征收海关关税的地方。港口推动城市发展，上海的地位越来越高。元代至元年间设县，明代嘉靖年间为了防御海上入侵的倭寇，建起了城墙。清代黄浦滩涨出去了，一大片繁华的港区贸易都被划在城墙外面，称"十六铺"。城墙内的市区反而稍空旷，多衙门、园林、庙宇，用江南县城的称呼，称为"城厢镇"，清代人称"邑治"。到清末城北外滩一带的租界市面兴起，称"北市"，相应的老上海城厢内外就是今天老上海人还记得的"南市"。

"南市"，是老上海的老市区，徐光启生活的万历年间已经相当繁荣，"太卿坊大街"的布市、米市，有很大的生意。南门一带，是万历年间的"南京路"。万历年间上海建造城墙的时候，为了安全和防御，把十六铺的港区留在了外面，所以上海最早的港口、贸易、零售业、手工业、娱乐业场所都是在十六铺的东门外。

清乾隆年间，"海禁"废除，上海开放；道光年间，中外"五口通商",十六铺作为沿海最北部的外贸港口,更加兴旺起来。明清时上海已经非常繁荣,人称"南吴壮县""东南之会"。清代的上海城里并不是最繁荣的地方,当初说"五方杂处",万商云集,主要是说十六铺。城厢镇和十六铺之间有市政功能上的分野,商业和居住功能并不混淆,"城中慕苏、扬之余风",城里富裕、恬静、安逸,读书人多,生活质量高。十六铺的外地富商反而是把城里当市郊,到城里造房子。如闽商郁泰峰的"宜嘉堂",就建在乔家浜上,从十六铺到城里,一舟相连。当时的上海,市面仍然次于苏州、扬州,但"以(海)港兴市",苏、杭未有,这是上海作为明清传统城市的特征。

发达的商业集中在十六铺。十六铺是上海的起源,是"以港兴市"的起点。非常遗憾,十六铺已在城市的更新改造中全部被拆光了。以后,再有人说上海是个小渔村,我们很难举证反驳了。从明清起,上海就是江南巨镇,有"东南之都会,江海之通津"的美誉。雍正八年(1730),苏松太兵备道移治上海县,上海突破了县治的规模,部分功能升级到地级市。苏州、松江、太仓三府厅合署在上海办公,正是因为这个港口功能。苏松太兵备道要来做海防,征收海关税、海船的税、海运潮粮税、盐税,等等,所以,乾隆年间的上海已经是一个通都大邑。

如果说清代乾隆时的十六铺是上海繁华中心的话,那么明代万历年间的商业中心则是在南门一带。除了东门外十六铺的港区,明代上海的商业集中在南门大道,就是今天的光启南路太卿坊,北面连接光启路,通往县衙门、文庙、校场。万历年间松江府经济全国鼎盛,"苏松熟,天下足",苏、松二府田赋最重,交了全中国一大半的税。明中叶以后还流行一句话,松江府"衣被天下",上海地区的棉纺织业占据了全国市场的一大半。苏州昆山的顾炎武在《日知录》中算了笔账,松江的赋税交得比苏州还要多。

鸦片战争以后,上海开埠,出现了租界。这是上海第二次开埠,是对世界的开埠。英、美侨民选择在上海县城北面设立租界,当时的英国领事巴富尔是有远见的。外滩虽是一块滩涂，但它扼住了黄浦江的下游，港区前景非常开阔。英租界的外滩就叫"外滩"，2005年起名叫"外滩源"；美租界的外滩，随后就叫"北外滩""东外滩"；再后来，法租界的外滩也改称"外滩"，叫"南外滩"。但是，老上海人怎么也难以改口，把十六铺叫南外滩，太别扭了。到了20世纪，上海有了黄浦的外滩、虹口的北外滩、杨浦的东外滩、南市的南外滩。我们把上海沿江各区的"诸外滩"串起来，一路往黄浦江的下游，一直到吴淞口，这就是上海沿黄浦江发展的"北上"路线。五口通商以后的现代上海，最初的发展主线就是这一条，说到底它还是沿着十六铺的顺江航道路线。从地形上看，也可以把从外滩到虹口港、提篮桥、杨树浦这一条美租界的沿江路线称为"东进"。但是一方面，黄浦江拐过了复兴岛，在军工路一带就"北上"了；另一方面，上海人一直有个浦东梦，同一条江，为什么不能两岸共同发展？租界工部局、华界地方政府都有这个想法，问题是谁来开发？这里面有两界、三界的竞争。综合考虑，我还是把跨黄浦江发展的趋势称为"东进"，把美租界在上海北部突破《南京条约》的《租地章程》限制，向宝山境内的江湾、殷行、吴淞发展，称为"北上"。

　　城市的起源，最初的动力很重要。孟德斯鸠在《罗马盛衰原因论》中提到，罗马最初是罗马人堆放战利品的地方，后来才发展出殖民地形态的奴隶贸易，以及平民、贵族的各项城市功能。现代北京的起源，其实是辽金民族的南进，奠定了元朝的大都，是北方民族南下的第一座城市，也是日后镇南或者御北的要塞。军事功能是它的起源，以后的城市功能发展，都和这些早期因素相关。上海是"以港兴市"，它的发展路径也是被早期功能确立的，这就是先造码头，再建仓库，然后搞批发贸易。有了批发贸易，又搞零售商业；市场打开后，又发展就地加工，于是开设工厂；最后因为城市功能越来越综合，它的房地产业也一步一步地发展起来。

19世纪上海的"北上"路线，从海上联系了欧洲、美洲和日本、朝鲜、东南亚。清政府把上海拿出来，向欧美开埠，意味着全球最后一个重要港口的发现。16世纪以来已经有三百年历史的"大航海"终于有了一个终点，1833年英国"阿美士德号"的航海调查，发现了上海和北中国"新大陆"，并要求列入清朝开埠名单的意义正在于此。"北上"发展的外滩及其延伸区域，奠定了上海作为现代国际城市的基础。鸦片战争期间，英国的军舰、商船停靠在吴淞口和舟山群岛的时候，他们就看好吴淞口沿岸的停靠条件，但是因为宝山县不开放，只能到上海贸易。于是有些快件就用小船登岸，然后用快马沿着军工路送到外滩。到了19世纪后半叶，欧美的航船都从帆船换成了铁甲船，吨位越来越重，船只越来越多。黄浦江的岸线不够长，吃水不够深，迫切需要寻找深水港。这就逼着上海港到黄浦江下游、长江口，乃至东海边发展。深水港的问题，一直困扰上海。到了20世纪80年代，黄浦江的岸线上造满了码头，此外就是和航运相关的造船、修船、仓储、煤炭、油料企业。从上港一区造到上港十区，密密麻麻，几乎没有任何空地。这样的情况，直到20世纪90年代建造外高桥码头，21世纪初建造洋山深水港，问题才得以解决。从租界出发的近代上海人，为了扩展和世界各地的联系渠道，不断"北上"。这是一条对外贸易的线索，也是一条上海走向海洋、拥抱世界的线索。"北上"的过程中，有时候遇到的是阻力。1873年，苏松太道和上海县商量，给美国总领事熙华德划了一条界线，规定侨民"北上"租地时不得超越此线。租界方面称这条线为"熙华德线"，这条线沿武进路，一直延伸到杨树浦的黄浦江边。但是在"北上"过程中，中外之间也有合作、融通和妥协。1903年，上海地方政府就批准了英、美租界合并以后的公共租界往闸北方向修了一条江湾路，不但突破了"熙华德线"，还深入宝山县境内，这被称为"越界筑路"。从外交和政治角度评判"越界筑路"，总是负面评价居多。其实，从市政和社会发展角度看，情况有所不同。首先，"越界筑路"是中外双方协商的结果，是解决市政拥挤的有效方案，和迅速膨胀的商业、产业和事业相比，租界面积实在太小了；其次，它反映了租界侨商和华商的共同利益，筑路以后工部局收税，华商也得到了更多商业利益。最后，租界在税收、消防、治安、路政管理上有制度优势，贸易零售、工商业、金融房地产业的效率和利润远远超过华界，"越界筑路"的土地的收购出价，远远高于闸北商人和地方政府。有不少记载称，土地持有人更愿意将地卖给工部局。

19世纪对上海的"北上"开发，留下了虹口港、提篮桥、杨树浦、江湾镇、吴淞镇等北部上海的丰富历史，可惜七八十年北上海的现代化经营，在20世纪30年代的两次淞沪抗战中大部分都被炸毁。留下来的是租界一部分，即北四川路、黄浦路领馆区一带，以及提篮桥、杨树浦沿江一带的企事业机构，集中在杨树浦路、平凉路、长阳路的细长地带。这个地区是上海早期市政的精华。19世纪的上海，它的商业、居住、文化、娱乐事业，都是沿着北四川路往北发展，这是一条生活路线；它的港口、工业、公用事业都沿着黄浦江往东拓展，这是一条生产路线。所谓"海派文化"，早期就是在虹口地区形成的。乍浦路、海宁路一带密集分布的影院，是中国电影事业的发祥地；虹口地区的中小戏院，也是越剧、沪剧、淮剧、京剧、话剧的演出场所。福州路当然是"海派"开风气之地，但这些文艺演出普及到平民中间，形成成功的商业模式，那是在虹口。因此可以说，虹口北上海地区，是"海派文化"的发祥地。

二、各业繁盛：20世纪的继发活力启动"西拓"

在拙著《南京路：东方全球主义的诞生》中，我曾经提出在20世纪30年代"海派文化"成型之前，19世纪的上海与全球多个城市，如伦敦、纽约、孟买、加尔各答、波士顿、芝加哥、旧金山、西雅图、悉尼、奥克兰、中国香港等分享了"维多利亚时代"（1837—1901）的全球文化的观点。维多利亚时代是世界工业化、城市化凯歌高奏的时期，"进步主义"和乐观精神洋溢。这一时期的市政发展，奠定了上海海派文化的底色和基础，讲"海派"不能忽视这一时期。除了"一·二八""八一三"时被战火波及的吴淞、江湾、殷行、闸北之外，虹口北四川路、提篮桥的码头、杨树浦的工厂，这一时期的遗产很多都保存到20世纪末。从英国式的红砖住宅、办公楼，仿文艺复兴式的大楼，从保留下来的工部局公用事业企业如自来水厂、煤气厂、发电厂，其规模和式样，都可以证明上海的"维多利亚文化"在全球城市中是最丰富的。就产业而言，当时就有"杨树浦奇迹"的说法。上海的港口仓储、外贸功能落地了以后，马上就地转化发展制造业。上海和中国最早的产业，如船坞、烟草、面粉、棉布、火柴、石油等商品，都是先进口销售，然后就有外贸商人投资产业，就地生产。怡和洋行原来是做贸易的，后来在虹口、杨树浦投资兴建码头、仓库、卷烟厂、纱厂，甚至在1874年还投资建设"淞沪铁路"。

  侨商资本带头，国资、民资企业跟进，上海的产业功能也兴起了，城市的功能一下子强大很多。如果说19世纪的上海"北上"是被港口功能驱动的话，那么20世纪上海的市政动力则来自其越来越强的产业功能。不可否认，房地产业表面上是推动市政发展的强大动因，但是，房地产业的繁荣，要靠整个城市基本实力的支撑。20世纪30年代，上海房地产价格已经是苏州、杭州的三五倍，生活品价格比天津、汉口高一倍，工资则高了不到一倍。梅兰芳从北京南下巡演，上海福州路天蟾舞台的票价是三元，天津劝业场是两元，北京天桥只有一元。消费水平这么高，大家还是要来上海，为什么？因为，一是安全（由法制、警务、财务、商务、文化等诸种因素影响），内地太乱，上海可以避险；二是产业发达，打工有机会，做老板也容易，所谓"冒险家的乐园"。所以，一个城市要维持房地产业和生活方式的高品质，首先需要制度保障。但是市政繁荣的直接因素是产业，没有产业支撑，房地产业就是空中楼阁。

我们发现，过去上海的产业基础非常雄厚。20世纪60年代，人们认为上海的产业是轻工业，不及东北重工业。什么是轻工业？轻工业的特点是产品门类多，分工细，产业链长，集成能力强，综合面广，说"综合性产业"才是恰当的。上海的产业都是按照外贸—批发—零售—加工—制造的顺序发展起来的，是随着市场自然生长出来的。东北是在1905年日俄战争以后才开发的，东北的煤、铁、木材产业只是日本重工业的一部分，不是全套产业。武汉、天津也有一些产业部门，但上海产业的整体性是最强的。到20世纪初，上海已经是一个综合性的产业城市，产品在江浙地区和长江流域有稳定的市场。问题随之出现了，当上海从一个港口贸易型的城市转型为生产、贸易、商业并重的城市，房地产需求就不是沿黄浦江、苏州河就能满足的，它对西部腹地的土地需求越来越大。在文献纪录片《外滩》《大上海》中，都表达了这个意思，如果说外滩像一张弓，像一座横排的大客厅，是上海拥抱世界的象征，那么和它垂直的南京路，就是一支箭，像一条生命线，通往了广阔、富裕的江浙腹地。正是有了对外、对内的双重城市发展动因，20世纪初的上海开始"西拓"。

当上海变成了一个综合性的产业城市，它的扩展动力更加强大。我曾经计算过，上海公共租界面积在1843年到1893年的50年间，从最初的黄浦外滩这一块为基础增加了41.7倍，年均增长率是7.8%。法租界、华界也都在不断扩张，三界合起来，市政规模的扩展速度不亚于20世纪90年代以后的这一波"城市化"。由于公共租界治理良好，商业繁荣，20世纪的市区扩展最终是以南京路为轴线，一路向西发展：先是越过西藏路，与静安寺路（今南京西路）连接；30年代前后，又接上了愚园路，又从愚园路连接到虹桥路，正好就是一条正西方向的"西拓"路线。

19世纪的时候，静安寺路是一条乡间小道，是中外居民踏青、郊游的地方。沿静安寺路有不少花园别墅，张园、愚园，还有多国侨民的乡村俱乐部都建在路边，那里地价比较便宜，风景宜人。当时虹口、杨树浦的地价还在往上涨，建筑容积度很高。虹口是海派文化的发祥地，是先进文化的策源地，文化名人的聚集地。20世纪以后，南京路以西兴起，当然不只是南京路，二马路、三马路、四马路都一路往西，但南京路不受跑马厅（今人民公园、人民广场）的阻断，沿着它的西端，往静安寺去了。上海的"西拓"造就了一位传奇人物——犹太裔房地产大亨哈同。哈同的房地产策略不追涨本租界和虹口，而是"人弃我取"。大家跟随"北上"势头，西区地价相对便宜的时候，哈同就在南京路以西积累了连片的地皮，一直到静安寺路，土地储备多到用不完，索性建起一座爱俪园（哈同花园），如今上海展览中心地皮当年也是哈同的。

愚园路、虹桥路都是越界筑路的产物，租界当局出面，在华界土地上修建马路，租界当局和商人有土地开发权、租赁权、招商权、管理权、经营权，但仅限于马路两侧。外商租地，要与华人地主个别谈判，还要用华人名义顶租。20世纪大规模的越界筑路集中在沪西，高强度的房地产开发也从东区、北区转向西区。从虹口—提篮桥—杨树浦，到南京路—静安寺路—愚园路—虹桥路，上海市政建设从"北上"转为"西拓"的势头非常明显。商人们非常敏锐地察觉到这个变化，1915年，粤籍悉尼侨商郭乐投资建造永安公司百货大楼，选址面临抉择：是在广东人聚集的虹口，还是到仍显郊外风光的南京路西头？他派人在两处测算人流，站在路口计数，用黄豆代筹，发现从静安寺、法华镇、徐家汇、真如镇等方向，也就是从西头进入南京路的人流越来越多。永安与南京路主人哈同果断签约，选择在浙江路口建造一幢大厦，非常成功。位于南京路东头的英资"四大百货"（福利、惠罗、泰兴、汇司），因为"新四大百货"（先施、永安、新新、大新）在西面崛起，就慢慢衰落下去了。

上海市政的"北上"冲动在20世纪初平复下来，还有一个原因是黄浦江的治理。一个重要事件是《辛丑条约》附约《改良黄浦江水道之规程》签署后，清政府允许上海成立浚浦局，以解决黄浦江通航问题。受黄浦江上两块"铁板沙""江心沙"的影响，巨轮常常搁浅，只能停在吴淞口候潮入港，或者通过接驳。1905年，浚浦局建立，疏浚黄浦江，挖出的泥沙堆成了复兴岛。黄浦江畅通了，万吨轮直驱外虹桥码头，几十年里一直要获取吴淞口的冲动暂时平息。后来，黄浦江不断疏浚深挖，整个20世纪中，上海的远洋港口一直留在黄浦江的市区段，外滩、北外滩、东外滩、南外滩，一直到龙华的煤炭码头，黄浦江左岸码头停靠的万吨轮密密麻麻。港口功能给"浦西"的市政动力一直持续。

当时，600年的老上海，50年的新上海，积累起来的港口、金融、工业、商业的功能在东区、北区；南京路以西，静安寺路、愚园路等西区一带的主要功能就是居住。平民住宅是里弄、新村，高收入者建公寓、别墅，形成了20世纪30年代风格的新式住宅区。20世纪交通设施的进步，也给"西拓"提供了条件。1908年，静安寺路到外滩、徐家汇到外滩都开通了有轨电车，一般市民不乘专车（马车）、私家车也可以便捷出行。如此"西拓"，上海西区的腹地越来越深，而且没有局限。还有一种观点认为，上海"西拓"的主要原因是公共租界、法租界和华界的分治，租界在北、南两个方向被华界压住了，"北上"和"南下"都不可能，只能"西拓"。

从20世纪30年代的上海市区地图看，情况确实是这样。鸦片战争以后，上海市政发展的主体是租界，其引领工业化、城市化的能力更强。但是，华界的闸北、南市也不差，华人实业家非常有开拓能力，事业发展得也很好。陆伯鸿等人办闸北水电公司、南市电厂、华商电车公司，还有沪宁、沪杭两条铁路的北站、南站，令两租界的公用事业投资进不了华界。上海公共租界、法租界、华界，各有一套，这样租界市政就只能往西拓展。上海的交通，东西向有好几条通道，如南京路、北京路、延安路、淮海路、复兴路、建国路，南北向的通道就很少，只有一条西藏路，还不能联通闸北、租界和南市。"北上"不得，"南下"就更难了。

三、浦东 vs 虹桥：摆动于"东进"与"西拓"之间

20世纪初的上海，还存在一种市政建设冲动，就是要跨江发展。也就是说，早在90年代开发浦东的近一百年之前，上海人就有一种"东进"的理想。这种理想主要存在于上海的华人商业群体中。

有实力的租界工部局也想开发浦东，无奈"北上"都这么难，何况跨江"东进"。上海英侨企业耶松船厂1865年创建于虹口，虹口太拥挤了，就迁到了浦东陆家嘴，也就是后来的上海船厂的前身。英商马勒船厂原来也在杨树浦复兴岛上，1937年在对岸庆宁寺（高庙）上川铁路终点站建造新船厂。受中外体制的限制，外侨只能开发浦东沿江岸线，除了开辟为码头、仓库、船坞之外，川沙、奉贤、南汇的土地、劳动力和市场腹地都要由华人来经营。所以，川沙人黄炎培大力提倡"开发浦东"，就是想要振兴浦东，赶上浦西的飞速发展。

1918年，孙中山规划中华民国实业建设，撰写《建国方略》。当时他人在上海，是以现代上海的市政制度作模范，想象出一个新中国。他在"东方大港"中想象着"开发浦东"，他说："依我计划，当更延长浚浦局所已开成之水道，又扩张黄浦江右岸之弯曲部，由高桥合流点开一新河，直贯浦东，在龙华铁路接轨处上流第二转弯复与黄浦江正流会。"孙中山的计划是说在浦东开一条新黄浦江，接上龙华港河，直通高桥镇，作为主流河道，建立新港、新码头、新工厂。然后，把外滩的江面"填塞之，以作广马路及商店地也"，成就一个"新黄浦滩"。他想把黄浦江最繁忙的诸外滩地带填平了拿来作新市区的房地产开发，既夺了外

商的"利权",又均了租界的地价,华界自然就发展起来了!孙中山这么想,上海的华人也都有"东进"的理想,建大桥,造隧道,上海人都曾经计划过。晚清民国时期来自朱家角镇的作家陆士谔在1910年写的小说《新中国》中,就曾梦想"开发浦东",在浦东开一场世博会。

所以,上海市政发展格局中存在一个"东进"和"西拓"的张力。20世纪初,"西拓"是潜滋暗长,不知不觉,由投资界一步步投入引导的大趋势;"东进"是广为宣传,由文人、学者、政治家们合力鼓吹,而投入甚少的梦想。之所以说是梦想,不是由于经济实力和技术条件不行。20世纪初的上海,已经具备了"开发浦东"的市政建设实力。1907年,苏州河上就建造了外白渡桥,资金、技术不是问题。华商的江南造船厂在1918年就建造了万吨轮,还出口美国。马相伯的外甥朱志尧家里开设的求新造船厂、南市发电厂,也都有实力参与浦东开发。条件不充分的是地方和中央的关系,以及租界和华界的体制差异。上海市区跨江发展,在宝山、川沙境内,采用哪一种市政制度来治理?上海当时有公共租界、法租界、华界三种体制,一市三制,这需要谈判。香港在港岛、九龙和新界也是三种体制,新界的开发也是到20世纪70年代才开始的。南市、闸北、公共租界、法租界都说了不算,需要江苏省政府来协调(当时上海直属江苏省),此外还涉及国际保护条约。所以,除了议论、想象和计划之外,中央政府让大家坐下来协商谈判的机会都没有给。在租界之外,再搞一个"大上海",当时是江苏省政府一直考虑的。1898年,两江总督刘坤一听从张謇等人建议,为了堵住租界逐渐往北推进的市政建设,保留开发权,就搞了吴淞镇"自开埠"。"自开埠"相当于19世纪的浦东开发,土地批租,利权自握。也就是主动开放,把港口、路政、警政、税政都掌握在清政府手上。这场"自开埠"实施不久,黄浦江疏浚工程成功了,一些外资企业又回去了,清朝就拿来练水师。20世纪以后,作为工业区、大学校园区,上海很多大学,包括复旦大学都起源于吴淞镇。1928年,中华民国政府又想搞"大上海",仍然发展江湾五角场。五角场"民、国、市、政、府"的马路体系很宏大,它的市政规模是延续了19世纪北上的势头,从北面镇住租界,发展江苏省自己的"大上海"。无奈上海市区的自然延伸势头,已经从"北上"转为"西拓"。当然,吴淞、江湾、五角场、殷行的建设成就,最终还是毁于抗日战争和解放战争的战火中,本文讲市政,先不考虑政治、军事因素。

1928年,南京国民政府试图建设一个"大上海",除五角场新市区之外,还把高桥、高行、陆行、洋泾、塘桥、杨思等沿黄浦江乡镇并入"上海特别市",实施开发。到了1958年,中央政府陆续把旧松江府全境内的七县(上海、松江、青浦、金山、川沙、奉贤、南汇)和苏州府三县(宝山、嘉定、崇明)归入上海直辖市,这便是中华人民共和国版本的"大上海"。1958年到1961年期间,还曾经设立过"浦东县",意图也是要"开发浦东"。然而,这一时期上海已经不是远东金融中心,大量工厂在抗日战争和解放战争中遭受损失,随后又是大批"内迁""支内",留下来的人力、物力和财力再要搞大规模的跨江开发,就力不从心了。直到80年代,上海的"东进"还是在发展,但规模和质量都相当有限,乃至于有"宁要浦西一张床,不要浦东一间房"的说法。

20世纪90年代上海改革开放之初,虹桥开发区先行先试。因为从发展趋势即所谓城市"文脉"来说,20世纪30年代"西拓"到达的边界虹桥地区条件更加优越一些。这里的公共交通、道路设施、各种社区都是现成的,离虹桥国际机场近,花园别墅多,招商容易。然而,1993年"浦东开发开放"被确定为中央战略之后,上海有机会再次"东进",实现百年梦想。尤其是陆家嘴,只要隧道、大桥一通,市面唾手可得,于是上海与中央达成的共识还是"东进"。实际上,上海的浦东开发开放和虹桥开发,一直是竞争与携手的关系,并行不悖。虹桥、古北、漕河泾的开发异常成功,虹桥西面青浦境内的徐泾别墅区,也是20世纪

90年代就开始建造了。再往西的赵巷工业开发区，也是从90年代起步的。从虹桥与浦东的情况看，青浦地区承接上海的"西拓"势头，90年代以后一直是存在的。

除了"北上""西拓"和"东进"之外，上海城市发展的文脉中还有没有一条"南下"路线？历史上明确以南汇、奉贤、金山为目标的"南下"运动，确实没有。上海南部的几个县，原来都是宋、元、明、清围垦而成的米、棉、盐产区，这一地区有来上海经商、从业的，但近代上海的产业扩张还没有到达那里。1958年，上海在南部远郊黄浦江边建设"闵行一条街"江川路，搞机电工业"四大金刚"，那还是在上海县境内，与奉贤县一江之隔。"文革"期间，"抓革命，促生产"，市区一些工厂帮助的郊区"社队（乡镇）企业"，和浦东沿江的一些产业，有向南汇、奉贤、金山扩展的趋势，所以上海南境的市场经济，在江浙地区起步是很早的，但后来浦东开发开放以后，产业和市政发展反而不如苏州、无锡、湖州等邻近的县市。上海市政建设的"南下"战略，不缺大项目，缺的是活力激发。1972年，中央安排了金山石化项目，建设了金山卫工业区。1996年，上海建造洋山深水港，形成了如今的临港工业区。此外，浦东国际机场、迪士尼国际旅游度假区等都是偏南部的大项目。这些大手笔固然产生了巨大的"南下"效应，但相比稳步推进的"西拓"，以及江浙地区众多成功的专业产业园区，上海南境区县缺乏市场经济活力。21世纪以来，上海市政府努力建设的临港重大装备建造基地，在目前上海产业大量转移到江浙地区的情况下，是维持"上海制造"的最大希望。近几年大飞机、航空发动机、风电、核电、海洋产业、微电子产业，都在临港集中布局。但是，这些中央和市级大工程产生的地方活力还不足，20世纪90年代初期川沙、南汇、奉贤的民营经济发展带来的市面繁荣反而衰退了。笔者在奉贤区看见的"东方美谷"项目，给人以意外的惊喜，这是一个自下而上建立起来的全国领先的新产业。位置偏南的奉贤做得很好，境内的民企、外企和地方国企从护肤品生产开始，打造出一个集研发、生产、销售、服务、金融于一体的全产业链，并往美容、健康、养生、理疗、运动、度假等综合性产业方向延伸，产业前景还会有时尚、设计、休闲、餐饮等"海派"生活方式消费。上海历史上的房地产业繁荣，是因为有综合性的强势产业作支撑。失去产业基础的房地产繁荣是空中楼阁，传统的产业优势流失后，如果金融、服务、旅游、教育、医疗、文化事业的发展不足以支撑2 400万人口的就业和生活，对城市发展非常不利。"五个新城"建设的重要意义，在于上海市区的产业转移，应该就近让新城来承担。如果仍然沿袭房地产开发思路，只管土地批发，只搞住宅建设，将来会出大问题。上海如果把南部的杭州湾作为产业后方，像奉贤"东方美谷"一样，至少像江浙县级市一样，每个县市都有自己的优势产业，则"南下"也是一条有希望的路线。

四、青浦新城的崛起与青东、青西的关系

上海市政府提出要建设嘉定、青浦、松江、奉贤、南汇"五个新城"为独立综合性节点城市，是一次正确的决断。这个方案的关键在于"综合性节点城市"，这个表述改变了以前把郊县作为农业县，为市区提供粮食、副食品供应；后来又把郊区用作土地储备，以备建立开发区、住宅区的做法。如果我们纵观上海"以港兴市"，依靠当初独有而强大的港口功能，逐渐发展为贸易、商业、产业、金融、文化、教育、科技型的"综合性城市"的历程，就会理解实业的建立和保持，对于像上海这样人口规模的超级城市的重要性。当上海还处于产业流失阶段，过量的房地产投资虽然能维持相应的增长，但超额的居住人口，必然使上海成为一个消费性城市。20世纪二三十年代以前，上海的人口是自然增长的，即一直靠产业发展导入；40年代，因为战争影响，产业受损的同时难民涌入，人口与就业失去平衡，市区出现了恶性膨胀的棚户区；

50年代以后，政府是通过人口和产业的同时迁出，即所谓"内迁"，来解决上海的市政发展困境；改革开放以后，上海城市人口和市政规模同时膨胀，而旧产业被不断舍弃，新产业增长滞后，依赖房地产拉动，这种情况在上海市政发展历史上是第一次出现。如何解决这个新的困境，是"五个新城"建设面临的重大课题。

"五个新城"目标的提出，一定意义上是过去20年政策的延续和发展。2000年，上海提出"一城九镇"的目标建设，松江新城，和临港新片区、安亭镇、浦江镇、高桥镇、枫泾镇、奉城镇、罗店镇、陈家镇、朱家角镇，被纳入了规划建设。嘉定和松江有比较好的科技、汽车和新产业基础，临港也有较大空间安排全新产业。嘉定区在2014年提出将本区建成"长三角综合性节点城市"，在上海的西北部与江苏的昆山、太仓之间，成为一个独立城市，即不但要有自己的优势产业，还要有一套独立于市区的设施。这个思路是有根据的，上海的产业转移，大部分是往西走，落户到了江苏的昆山、吴江、太仓、常熟，浙江的嘉善、嘉兴、湖州等地，更远的还到了无锡、江阴、常州、丹阳等地，上海郊区的好多地方反而成为产业洼地，经济、市政，乃至文化、教育也就发展不起来。既然上海和苏州、杭州之间可以兴起那么多的优势产业城市，上海四面八方的郊区当然也应该可以承接较大体量的优势产业，进而形成"五个新城"。既然上海西北角的嘉定、西南角的松江，都能够保持和发展优势产业，那正西方向的青浦，自然更有理由成为"五个新城"中的新秀，在上海与苏州之间成为一座不亚于昆山、吴江的独立城市。

在上海所有区县中，除了崇明岛，青浦在东西方向上最为狭长，因而分成青东和青西两部分。青浦新城处于青东和青西之间，应该属于"青中"。青浦的东、中、西，各有非常优越的环境和条件。青东的徐泾、蟠龙、赵巷，位于虹桥长三角交通枢纽和中央商务区的西缘，已经跨在了"大虹桥"上；"三通一达"的物流业巨头总部，北斗科技产业园,以及一大批科创、文创企业落户,经济起飞之势已经初步呈现。青东的崛起是一个自然而然的过程,别的新城可能要加紧开发,而青东可以"躺赢"。

相比青东,青西则是完全不同的情况。青西的朱家角、金泽、练塘、商榻、西岑、白鹤等镇,是大上海范围内的水源保护区,三四十年来为上海人民的饮用水安全牺牲发展,保护环境。然而,暂时的放弃和牺牲终于获得更加长期的回报,一直靠领取转移支付来维持运营的青西地区,因为保存着江南地区最好的田园风光、明清古镇和优良的农舍、农家菜,现在成为发展旅游、度假、会务、研学、论坛等轻型产业的最佳场所。华为看中青西地区同时连接大虹桥和江苏、浙江的地理优势,以及优美的环境,把研发总部建在西岑,也是这个原因。其实,青西地区自身就有着丰富的文化资源,青西是上海市政府为保护水源而保留下来的一个传统文化区域,这一特色会给青浦带来无限的机会,成为当代江南文化和海派文化的展示区域。

青浦新城可以作为青东、青西的一个连接点。在"五个新城"中,青浦这样明晰的东、中、西区的区域特色是独一无二的,应该在战略规划中善加利用。青东发展现代商务、科技、金融、文创,青西发展文旅事业,新城在中部引入江浙和市区的高端制造业,形成上海西部嘉定、青浦、松江组合成的纵向产业带,留住上海的产业。正如前文所说的,青浦在"南京路—静安寺路—愚园路—虹桥路"的上海黄金发展主轴线上,318国道、G50沪渝高速、地铁17号线,连接起青东、新城和青西,仍然是上海发展的主轴线。青浦新城的地理位置优越:西北方向的嘉定只通往江苏,西南方向的松江只通往浙江,只有青浦可以左脚踏入浙江,右脚踏入江苏,左右逢源。江、浙、皖、沪四省市联席会议把长三角一体化示范区划在青浦、吴江、昆山和嘉兴之间,正说明青浦的枢纽地位。20世纪60年代,嘉定发展了汽车产业;90年代,松江开发区的新兴产业发展一直没有松懈。恰逢"五个新城"的发展机遇,相信

"青浦新城"在"五个新城"中间能够发挥自己独特的优势，做出延续上海的产业、市政和社会发展的关键性贡献。

明清时期，青浦的朱家角镇就是进入上海的一条通道。万历年间，松江府生产了全中国百分之七八十的棉布，被称为"衣被天下"。苏州、常州、湖州、嘉兴是江南水稻高产区，北运漕粮的输出地。青浦地区各市镇形成了布市、米市两大交易市场，素来具有商业传统。朱家角的淀浦河上，原来就有上海地区最主要的漕河码头，河边有江南最大的纺织品市场。朱家角市面繁荣，人称"三泾不如一角"，即江南巨镇枫泾、朱泾、泗泾，市面都不如朱家角。漕河繁荣，从青西朱家角，一直延续到青东七宝，这就是上海地区在江南文化时期的一条东西主轴线。19、20世纪以来，上海出现的新文明从黄浦江边的十六铺"以港兴市"开始，自东向西，从七宝到朱家角，又是一条现代经济、社会、文化制度向江南各地输出的供给线。朱家角镇上至今仍有招商局码头、马家电厂、碾米厂、消防、邮政、报馆、印刷厂的遗迹，让人认识到上海和江南的"早期现代化"。

上海在19、20世纪的强势发展，消化了欧美文化，为江浙地区输送出现代产业、现代制度和海派文化。如今，江苏、浙江地区的产业支撑，又使得上海文化得江南文化的援助，并在青浦地区进行融合。当代江南文化和海派文化的交汇与融合，还会带动整个长三角经济、社会和文化发展。今天也不仅是海派文化带动江南了，20年前是上海带动长三角，而今天是长三角推动上海。

上海在努力发展港口、金融、贸易、科技、教育、医疗等产业功能，目前在全国具有优势的还有生活方式。不能小看上海的生活方式，这就是城市"软实力"。目前，上海的医疗走在全国前列，高等教育也不错。许多生活方式被打上"海派"标记，新天地、武康庭、田子坊、吴江路，有很多人来游玩打卡。但是，像上海这样人口规模的超级大城市，没有一个综合性的产业体系来支撑，是不能维持繁荣的。

上海应该想一想：我们目前拥有什么？我们需要保持的有哪些？我们还有哪些可以输出给江苏、浙江等长三角地区城市，而我们又需要从江南发达的产业经济中得到一些什么？在这一系列问题上，青浦新城真的将体现出"综合性节点城市"的特点。上海的未来，要看"五个新城"的下一步发展，而青浦新城是最有可能创新发展的城市。希望青浦新城能够真正建立一个综合性的产业集群，支撑起21世纪的海派文化和江南文化。青浦新城通向广阔的江浙腹地，上海可以借助江南的坚实依靠，再一次向外发力，走向世界，接纳全球。20世纪30年代在南京路成功上演的"东方全球主义"，应该在它的延长线上，得以延续和恢复，并且有新的表现样式。

青浦大事记

约 6 000 年前

20 世纪 60 年代至 21 世纪初考古发掘，在崧泽遗址、福泉山遗址发现新石器时代马家浜文化遗存，包括人工培植的粳稻和籼稻谷粒及草茎、迄今所知中国最早的两口水井、"上海第一人"等。

约 5 000 年前

20 世纪 60 年代至 21 世纪初考古发掘，在崧泽遗址、福泉山遗址、寺前村遗址和金山坟遗址发现崧泽文化遗存，主要包括石斧、石锛、玉璜、玉玲等玉石器以及上百座墓葬。

约 4 000 年前

20 世纪 60 年代至 21 世纪初考古发掘，在崧泽遗址、福泉山遗址发现良渚文化遗存。福泉山遗址出土玉制斧、钺、琮等大量礼器，发现高等级贵族大墓。

春秋战国（前770—前221）

春秋初，境属吴国，战国初属越国，后期属楚国。

20世纪60—90年代在福泉山遗址发现楚文化墓葬，出土物丰富，有楚式鼎、方壶、玉璧等。

秦（前221—前206）

秦始皇统一全国后，置会稽郡，境属会稽郡由拳县。

汉（前206—公元220）

汉时，境初属荆国，后属吴国，景帝前元三年（前154）属娄县。

东晋（317—420）

咸和年间（326—334）

虞潭在吴淞江南岸筑沪渎垒。隆安四年（400）袁山松重加修建。

南朝梁（502—557）

天监六年（507）

吴郡分置信义郡，娄县改置信义县，境属信义郡信义县。

大同元年（535）

析信义县置昆山县，县境属昆山县。

唐（618—907）

天宝二年（743）

建青龙寺。

天宝五年（746）

置青龙镇（今旧青浦镇）。天宝年间（742—756）青龙港形成，为苏州通海门户和上海地区最早的港口。

天宝十年（751）

置华亭县，县境属华亭县。

长庆年间（821—824）

复建青龙寺塔。

北宋（960—1127）

淳化二年（991）

华亭县青龙镇设立，并派镇监。

景祐年间（1034—1038）

青龙镇设文官理镇事。政和年间改名通惠镇。南宋绍兴初复名青龙镇。

元丰五年（1082）

《隆平寺经藏记》称："青龙镇瞰淞江口，据沪渎之口，岛夷、闽、粤、交、广之途所自出，风樯浪舶，朝夕上下，富商、巨贾、豪宗、右姓之所会。"

南宋（1127—1279）

绍兴元年（1131）

青龙港被称为江南第一贸易港，在青龙镇设市舶务。

建炎四年（1130）

金兵渡江南下，韩世忠在青龙镇至海口一带布防固守。

景定年间（1260—1264）

在金泽镇北栅建万安桥，为上海现存最早的拱形石桥。

咸淳三年（1267）

在金泽镇市河建普济桥。

元（1206—1368）

至元二十九年（1292）

置上海县，县境东部属上海县。

泰定元年至三年（1324—1326）

邑人任仁发浚淀山湖，浚治吴淞旧江大盈浦，并置赵浦、潘家族等石闸。

至元年间（1335—1340）

在金泽镇南市梢建迎祥桥，为砖、木、石组合的六柱五孔梁式石桥。

明（1368—1644）

嘉靖二十一年（1542）

华亭县分出修竹、华亭两乡，上海县分出新江、北亭、海隅三乡，建置青浦县，县治设青龙镇。

嘉靖三十二年（1553）

县撤，县境仍归华亭、上海两县。

隆庆五年（1571）

慈门寺僧性潮，募款在朱家角镇修建放生桥。全长72米，是上海地区最大的五孔石拱古桥之一。

万历元年（1573）

复建青浦县。知县石继芳以旧县治青龙镇地处偏僻，迁治于唐行镇（今青浦城区）。翌年，开始筑城墙，万历五年（1577）工竣。

崇祯十三年（1640）

建关王庙于朱家角西之淀峰。

清（1616—1911）

乾隆八年（1743）

建万寿塔，此为上海最年轻的古塔。

乾隆十年（1745）

是年开始，在今青浦镇城隍庙东建园林，三十二年（1767）、四十九年（1784）两次扩建，规模初具，取名"灵园"，即今曲水园。

光绪二十三年（1897）

2月11日，青浦人夏瑞芳在上海创办商务印书馆。

宣统二年（1910）

10月27日，青浦第一份报纸《青浦报》创刊发行。

宣统三年（1911）

10月，江苏丹徒人马幼眉（锡九）在朱家角创办光华电灯公司，为青浦最早的电业公司。

中华民国（1912—1949）

1925年

朱家角镇开设朱泰昌印刷烟纸店，为青浦印刷业之始。

1927年

中共江苏省委派陈云到青浦领导农民运动，恢复党组织，成立农民协会。11月建立中共青浦县委员会，陈云为首任县委书记。

1937年

11月11日，日军入县城，青浦沦陷。

1945 年

8月15日，日本宣布无条件投降，伪青浦县政府告终。

1948 年

4月4日，中国红十字会青浦分会医院成立。

1949 年

5月14日，青浦解放。

中华人民共和国（1949年10月1日成立）

1958 年

11月21日，青浦县由江苏省划归上海市管辖。

淀山湖中捞出许多铁矿石，群众称之为"狗屎铁"，其中发现有新石器时代的石刀、石矛、石犁等。

1963 年

青浦发现骆驼墩、福泉山、金山坟古文化遗址。

1973 年

7月，青枫公路青浦至练塘段通车。结束了练塘至青浦交通仅依靠水路的历史。

1987 年

10月，上海淀山湖风景区大观园工程在青浦县金泽公社竣工。

1991 年

2 月，朱家角镇被列为上海市首批历史文化名镇之一。

1992 年

7 月 20 日，青浦县蒸淀乡富民私营经济开发区建立并启动，这是华东地区首家私营经济开发区。

1994 年

4 月 23 日，中纺科技产业城在青浦兴建，为全国首个行业高科技园区。

1995 年

10 月 23 日，青浦县被评为第三届中国综合实力百强县（市）。

1996 年

1 月 30 日，青浦县被评为全国农民收入先进县。

1997 年

12 月 19 日，青浦县朱家角镇境内高 30 米的泖塔按原貌修葺一新。该塔建于唐乾符年间（874—879），被世界航标协会宣布为世界航标遗产。

1999 年

9 月 16 日，国务院批复上海市人民政府同意撤销青浦县，设立青浦区。

2000 年

6月6日，陈云故居暨青浦革命历史纪念馆在青浦区练塘镇开馆。

2008 年

6月7日，青浦区吴歌被国务院列入第一批国家级非物质文化遗产扩展项目名录。

2021 年

上海提出"十四五"规划，加快推进嘉定、青浦、松江、奉贤、南汇"五个新城"规划建设。

（以上信息由青浦区博物馆整理）

松江
市镇的繁荣：上海市镇古今考

距今约 4 000 年前的新石器时代晚期，广富林已经是上海最重要的史前聚落之一，也逐步展现出城镇的雏形。广富林遗址保存了自崧泽文化晚期至明清时期的完整年代序列，松江因此被誉为"上海之根"。

据考证，来自不同地区的考古学文化在广富林碰撞、融合。其中，陶鬶就体现了黄河流域龙山文化和本土文化的结合，被证实是跨文化融合的产物。这里还发现了铸造技术高超的青铜尊，也说明当时的松江地区手工业已十分发达。

不同历史时期，松江地区的手工业发展水平都居于全国前列。明清时期，松江成为棉纺织中心，农户家家纺纱，户户织布。棉纺织业发展程度极盛，"衣被天下，虽苏杭不及也"。当时产生了专业的交易机构——牙行，成为市镇经济结构的中枢，人流、物流通达。当时的松江棉布不仅运输到全国各地，而且还出口到海外，贸易颇为繁荣。

松江土布的盛名延续到今天。虽然现在人们已经鲜少使用松江土布，但是，它仍旧承载着松江地区的历史记忆和文化美学。

"十四五"规划中,松江新城的定位和功能进一步明晰,将坚持"科创、人文、生态"的价值取向,充分运用历史文化资源,加强G60科创走廊战略引领作用,打造科技创新策源与高端产业引领的科创之城,建成绵厚历史与新时代文明交相辉映的人文之城,人与自然和谐共生的生态之城。

扫描二维码,观看《魔都与新城》系列纪录片《松江:市镇新生》

从广富林出土器物看上海之根

黄翔 / 上海博物馆考古研究部副主任

考古视角是指以出土文物的情况，根据考古发现来追溯历史的视角。考古发掘完成之后考古工作者要对发掘出土的文物进行分析比对，对当时人们的生活器物、社会环境、生存状态产生认识。

俗话说："先有松江府，后有上海滩。"到广富林遗址工作后，我了解到这句俗语的后半句："先有广富林，后有松江府。"史书记载，公元219年，东吴名将陆逊以功封华亭侯。这是华亭这个名字在上海历史上第一次出现，唐、宋、元、明、清，再到民国，一直到1958年，松江才正式划归上海，成为上海的一部分。

一、广富林遗址承载上海六千年历史

公元219年以前松江是什么样子的？这要从广富林遗址开始说起。

广富林遗址是目前上海地区考古发掘面积最大的一个遗址，也是遗存最丰富、历史脉络最完整的。因此，对广富林的研究比其他遗址更深入。目前，广富林遗址的学界知名度非常高，公众关注度也很高。更重要的是，我们开创了一种多单位合作发掘的新考古方式，这对于这种聚落类的遗址连续考古发掘是非常有创新意义的。

广富林遗址包含了上海六千年历史。最早可以上溯到崧泽文化，

▲ 广富林遗址崧泽文化墓地全景（2015年航拍图）

但是广富林遗址的崧泽文化属于崧泽文化晚期，后面一直延续了良渚文化、广富林文化，周、汉、唐、宋、元、明、清上海的几乎整部历史，都在广富林遗址可以看到。距今六千年前的广富林属于崧泽文化晚期，考古工作者在广富林遗址发现的崧泽文化堆积主要是以墓葬为主。

在航拍图中可以看到这些长方形的小框就是当时先民埋葬先人的一种墓葬形式。可以看到，北侧的墓葬明显体量较小，骨骼也较小，这个墓葬的主人应该是儿童；南侧的墓葬体量相对较大，骨骼也较大，应该是成人墓。另外还可以发现，崧泽文化晚期先民的埋葬方式就有了很明显的分区，儿童和成人有各自的墓葬区。右侧图片展示的是崧泽文化的一些随葬器物。

▲ 崧泽文化扁腹陶壶　　▲ 崧泽文化带星形盖球腹陶罐

崧泽文化出土的陶器有一个显著特点，就是有些器物的造型比较夸张。有些造型很写实，比如这件扁腹陶壶，它采用的形象就是鳖的造型。也有的会采用比较夸张的造型，比如说像这个六角星形盖的陶罐。这件器物与良渚文化那种精致、规则的造型完全不同。从崧泽文化看，先民的艺术风格比较夸张，有一种很率性的艺术天分。

5 000年前的广富林属于良渚文化时期，考古工作者发现了一个先民的大工程——良渚文化土台，并一直在琢磨这个土台到底是什么。最初，考古工作者只是发现了一堆花花绿绿的土，然后对这些土进行了区分，大致可以发现一个条带状的堆积。每个堆积的结构形式也不一样，红色区域是草铺泥，黄色区域是草裹泥砖。层层堆砌，由不同的堆积形成了条带状堆积，呈曲尺形。其中，最重要的两层堆积是红烧土，是由专门的红烧土块堆积而成的。这是对整个土台进行的解剖结果。

土台的外围结构是草铺泥的结构。5 000年前的草铺泥土上，形成了一层一层的堆积。

草裹泥砖是什么样子的呢？在遗址现场我们能看到的是一种颜色不同的方形土块，斑斑驳驳。对于这个土层进行仔细清理之后，可以发现

▲ 良渚文化土台的重圈结构

◀ 土台基槽剖面

它呈规则的长方形形状，长度约为 40—50 厘米，宽度是 15—30 厘米，现存的厚度是 8 厘米左右。因为受到挤压和变形，本来的尺寸可能跟现在略有差异。

在现场，我们发现了类似工地上脚手片的遗迹。这类有机质的植物残骸距今5 000年左右，还保存得非常好。根据现场图片，可以看到它可能是斜插在土里面的。恰巧就在一个断面上，一个沟槽状的堆积里面，又发现了类似的有机质残骸。通过解剖也发现了这种交错编织的痕迹，由此判断，这些脚手片其实是插在深槽中间的，呈现纵横经纬的结构。

有了这个判断后，考古工作者又在整个发掘现场有意识地去寻找这样的迹象，并发现其实这

▲ 土台基槽内的木柱痕迹

样的迹象到处都有，只是之前没有注意到这一点。这些脚手片很完整地插在了沟槽中间。脚手片是由芦苇编织形成的，但芦苇的硬度不是特别高，如果插在沟槽中间，强度可能不够。当时我们就产生了一个疑问，是不是有别的强度比较高的建筑构件支撑它？当时我们首先想到木头，就在现场寻找木头的痕迹线索。但木质材料经过数千年历史长河很难保存下来，我们只发现了这些圆圈痕迹，这些圆圈是当时插木头的柱坑。我们初步可以判断，它是以脚手片为主体，以木头进行加固形成的结构。

沟槽也很有意思，沟槽的数量非常多。沟槽基本上都是东北偏西南走向的，还有部分是垂直走向。最初我们实在搞不清沟槽的用处，后来我们对所有的沟槽都进行了测绘，然后再根据考古地层学的方法，对沟槽进行分类。我们发现，土台应该是从西南角逐渐向东向北扩建的。通过这些沟槽，可以还原当时土台堆筑的方式。

我们只发现了土台的一小部分。土台到底有多大？很遗憾，我们当年的发掘面积只有那么一些，但是追溯以往发掘的情况，我们发现，2013年拍摄的照片中也出现了这种细长的沟槽状遗迹，在北侧也发现了这样的趋势性的沟槽状遗迹。这样的沟槽大体上围成了一个长方形区域。大家会问，为什么2013年发掘时没有发现这样的迹象？其实考古就是这样的，很多迹象已经呈现在考古人员面前了，但你没有想到怎么去解读它，所以就会错过。恰好我们在2015年发现了这个线索，然后再回溯之前的迹象，就把这个线索完全抓住了，随后就发现了广富林遗址最重要的土台。

我们初步判断，这个土台应该是建在洼地之上的，在短期内一次性完成。主体是由泥砖和外面的草铺泥进行围护。从发掘区域来看，它应该是从西南角向东北角、从中心向四周逐渐扩建的。根据2013年与2015年的发掘情况可以推测，这个土台的面积在6 000平方米以上，堆积高度不低于4米。24 000方的土方量以当时的生产力水平，是一个重

▲ 广富林文化湖边建筑遗存全景

▲ 广富林文化湖边建筑遗存俯瞰

大工程。由此可见，广富林遗址在当时是一个很重要的地点，所以当时的先民才会投入巨大的人力去完成这样一个浩大工程。

四千年前广富林先民又有哪些建造遗迹呢？上图是我们2013年在遗址北部发现的一处湖边建筑遗存的航拍照片。照片上面有密密麻麻的小点，这些是现场发现的陶片、石器等残片。还有一些圆柱形的黑色深点，那是4 000多年前的木桩。大量木桩存在于湖边建筑里面，有些木桩只露出一点点，而埋在土底下的有3米多深，这些木桩现在要挖出来是非常困难的。我们运用了一个老办法，即对所有木桩进行测绘，以便搞清楚木桩到底代表什么样的建筑。测绘完成后发现，这是湖岸线的一个大体边界，有一些粗的木桩形成了两排结构。初步判断，这可能就是当时的一个栈桥，是广富林先民利用淡水湖资源时留下来的遗迹。

我们还发现了广富林先民居住的房子，松江区政府很有魄力，把这个房子直接整体保护，现在大家可以在广富林遗址公园中看到它。其中，有一间保存最好的房子，它是东西两间排房，整个房子占地面积有100多平方米。它还有很大一部分是户外活动面。这是南方地区地面式建筑保存比较好的一个例子，因为保存情况比较好，所以实施了整体搬迁。

二、兼容并包的广富林文化

对于上海的历史文化来说，广富林文化是非常重要的一个环节。关于广富林文化的形成，学术界认为，这里的先民来自北方，迁移到南方地区跟长江下游本地人结合之后，形成了这一文化。

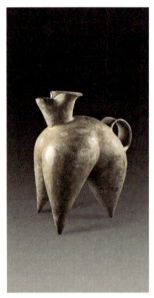

▲ 不同文化的陶鬶

恰巧我们在出土器物上也发现了这样的证据。上图左边这件是良渚文化遗址发现的水器陶鬶，中间这两件都是广富林文化的陶鬶，右边的是山东龙山文化的陶鬶。可以看到，龙山文化的陶鬶跟广富林文化的陶鬹很相似，差别在于口部上翘的流不一样，器耳的形状也不一样，但是这件器耳的形状又跟良渚文化的有一点类似，只是变窄了。再看广富林文化出土的陶鬹，它的口部的加工方式是一样的，就是一个圆柱形，经捏制后形成了这样一个流。这两件都是广富林文化典型的陶鬹样式。两件陶鬹集合了南北方文化因素的特点，是南北方文化融合的一个产物。

广富林文化的发现还有另外一个重要意义，它填补了长江下游地区史前文明的文化序列。过去，我们认为良渚文化晚期到马桥文化中间这一段是有缺环的，这部分的缺环一直没有找到代表性的器物和代表性文化。广富林文化的发现填补了这样的空白。

▲ 鼎形器及其细部

我们可以再通过鼎来解读这一点。上图这两件鼎形器，准确的名称是甗（yǎn），是一种蒸煮器，它的形状跟鼎很类似。它的腹部有注水口，是用以蒸煮食物的一种器具，它的形状跟中间广富林文化的这件鼎，从外形上来说很相似。右边这件是典型的马桥文化的陶鼎，广富林文化跟马桥文化的相似度体现在哪里？马桥文化的陶鼎最明显的特征就是舌状的鼎足，如果把鼎足下面的两个边卷起来，似乎就形成了广富林文化的鼎足。当然这是反过来解读，如果按照时代顺序，广富林文化这

▲ 周代水井

▲ 汉代水井

种卷边的鼎足，捋平之后就形成了马桥文化的舌状鼎足结构，这可能也是时代演变的一个链条。

约两三千年前，广富林又是什么样的面貌呢？这一时期是从西周到汉代的历史时段，也最接近公元219年。广富林遗址发现了大量的这一阶段的遗存。以上两图是两口水井的照片。左图是东周时期的水井，井圈是石头垒砌的，井筒井身是用整根树干掏空的。右图是典型的汉代时期水井，井壁是陶作的，高度在30厘米左右，一层一层垒起来而形成的。

在广富林遗址发现的大量水井，其中这个时期的水井占比要将近三分之一，数量非常大。人类生活离不开水，大量的水井就反映出当时的人口规模比较大。

上海考古出土了三件青铜器，一件是现在上海博物馆展出的青铜尊，它没有确切的出土单位，所以在科学研究上面缺少一些信息。另外两件出土的青铜尊都是在广富林遗址发现的，这表明了什么？青铜礼器是有一定使用级别的，结合发现的大量水井，从器物学的角度又证明当时这里已经形成了非常大的规模，甚至有了一定等级的聚落。

怎么理解上海之根？它包含两层含义，一个是历史的根脉，最直接的表现就是广富林遗址；另外一个是城市的文脉，代表就是松江城。整个松江城都是城市历史脉络的一个载体。松江承载了上海六千年历史的绝大部分，而松江的绝大部分历史又在广富林集中成长和表现出来。

从棉布和文人画看海派文化之根

陈江 / 华东师范大学历史学系教授

任何一个地区最新的发展，其实都建立在传统基础之上，可以说，传统为新的发展提供了社会、经济、文化方面的丰富资源和珍贵的历史经验。如果一个地方的发展没有历史和文化，那就是没有灵魂的。基于这一理念，本文从三个方面讲一讲有关松江的历史与文化。

一、松江的历史沿革和地理位置

第一个问题，从历史沿革和地理位置的角度谈松江的发展，以及与整个上海地区的关系。

从古地图上来看，先秦时期，整个上海地区先属吴，越灭吴后属越，楚灭越后属楚。秦始皇统一六国后，于东南一带设置会稽郡，在郡之下的二十多个县中有娄县、由拳县、海盐县，而现今上海地区，大约就在上述三个县的范围内，西汉时也没有发生太大变化。东汉时有所改变，中央政府划出原会稽郡的一部分，即今苏南、浙北的一块地盘，另设吴郡，上海地区转归吴郡的管辖。值得注意的是，当时吴郡的地域范围与后来习称的江南地区的核心区域，即环太湖流域的苏州、松江、常州、嘉兴、湖州是重合的，所以现今的上海地区毫无疑问属于江南的核心区域。

到了唐代,中央政府于天宝十载(751)设华亭县,上海地区始有独立建制的行政区域,唐玄宗时华亭县归吴郡管理,郡县制改州县制后,吴郡改名苏州,上海地区又归苏州管辖。五代及两宋时期,上海地区转归秀州管辖,南宋时秀州升为嘉兴府,即今浙江嘉兴,这是一个比较重要的变化。

下一个重要时期为元朝。1277年华亭县升级为华亭府,次年改名松江府,后来又分出两个县:华亭县、上海县,由此确立了上海最早的一府两县行政区划格局。明代,划出华亭县和上海县的一部分区域,设立青浦县,行政格局变为一府三县。清代,又先后设置南汇、奉贤、金山、川沙诸县,从华亭中则划出了娄县,形成一府八县的格局。到了民国时期,松江府的行政区划被撤销,原先的各个县都归江苏省管辖,娄县并入华亭县,华亭县改名为松江县,而松江区的前身就是松江县。

新中国成立之后,上海直辖市除了管辖原先松江府下属的几个县,还加上在清代属于太仓州的三个县:嘉定、宝山和崇明,所以到了1958年,整个上海直辖市就形成一市十县的格局。后来上海市属下的所有县都改成区,而市区行政区划又做了调整,所以2016年以来,形成今天上海一市十六区的格局。

松江无疑是今天整个上海历史最悠久、文化资源最丰富的一个区域。西晋时,出生于松江老城一带的著名文学家陆机、陆云,即以"云间二陆"闻名遐迩,而"云间"作为富有历史文化内涵的地望为人熟知,迄今至少已有1 700多年。而以唐代设立华亭县的公元751年起算,至今也将近1 300年。如果以上海开埠为界,也就是说在19世纪40年代以前,从华亭设县之后的1 100多年中,松江老城一带作为整个上海区域性的政治、文化中心,始终没有发生过变化。

松江地处吴越、江浙之间,松江既属江南的核心区域,又是沟通吴越的非常重要的交通枢纽。就后来所说的江南文化而言,基本上是大同小异的,但现今研究江南文化的学者又多承认,同属江南的古代吴越、后世江浙之间，文化上确实还存在一些差别。大体而言，吴地文化受中原影响多一些，而苏州一带更显精致、典雅，相对内敛一些。生成于浙江的越地文化，可能因为靠山近海，文化上似乎多几分勇悍，多几分务实，相对外向一些。而上海恰恰处在吴越、江浙之间，历史上行政区划的归属也在两地间摆动，所以能够兼取吴越的长处，历史上的松江人可能比苏州人多几分冒险精神，又比浙江人更含蓄一点。显然，兼容并包、海纳百川的文化精神在松江一带是很有历史渊源的，所以在上海滩上能够发展出成为中国近代文化标志的海派文化，与松江的历史文化资源是很有关系的。

时至今日，长三角一体化的联动发展规划中，中央提出是以上海为龙头，而经上海去沟通江浙以及安徽一部分地区，松江正好也处在一个非常重要的地理位置上，依然可以起到地理上的枢纽作用。

二、松江历史上的产业结构和手工业

第二个问题，我们来回顾一下松江的产业结构，以及手工业上的一些特点。

松江历史上最重要的产业结构变化，就是在传统农业粮食种植基础上发展出了棉花种植和棉布纺织。从历史记载可以发现，棉花种植大约在南宋晚期，就已经从海南、福建、广东一带传到江南地区，而最早落地就在松江。江南一带最重要的植棉地区，包括今天常熟、太仓一带，棉种最早都从松江引进，松江可以说是棉花引进史上最重要的一个地方，而且对整个江南的棉花种植和棉布纺织起了扩展和推进作用。到了明代，松江已经成为当时全国的棉纺织业中心，松江所产的棉布，不仅产量高，而且质量非常好，行销全国各地，所以当时就有"吾松以棉布衣被天下"的说法。从18世纪到19世纪前20年，松江的棉布还远销海外，一直运往英国、美国以及南美的一些国家，很受当地的欢迎。

▲ 徐光启《农政全书》中的棉纺织工具——木棉线架

棉布不仅产量高，行销全国，一定程度上替代了粮食生产，而且松江布之精美也是遐迩闻名的。松江棉布轻、美、精、软，深受人们的喜爱，一些著名的品种还成为贡品。松江布主要有云布、绫布等品种，李绍文的《云间杂识》记载："近来云布有极精者，花样既新，色亦娇媚，每匹价至三金，四方争购。"当时的棉布什么价格？一般的白棉布一匹价格是一钱五分到两钱，而最精美的松江云布一匹可以卖到三两银子，是普通棉布的近20倍。贡品三绫布，据陆容的《菽园杂记》记载："尝闻尚衣缝人云：上近体衣俱松江三绫布所制。本朝家法如此。"所谓"本朝家法如此"，就是说从明初太祖以来一直如此。当时进贡给皇帝的松江所产三绫布价格甚至可以达到一匹一百两银子，所以到了明中期以后，皇帝也觉得太奢侈了，就下令不让进贡了。

松江棉纺织业的迅速发展和高度繁荣，给我们两个非常重要的启示。第一个启示，松江是怎么会发展棉布产业的？明初以来，松江被迫缴纳非常沉重的赋税，仅靠粮食生产难以完税，再加上松江有一些地区不适合种水稻，怎么办？面临这样的不利局面，松江人善于变化，以开放的心态，果断引入了外来的棉花，因地制宜、因时制宜，对原本单一化的粮食生产的产业结构进行了调整，大力推进棉花种植和棉布纺织，成功扭转了不利局面，使松江成为全国经济最发达的地区之一。这和松江人勇于变化，而且以开放的心态来接受外来事物很有关系。松江和江南其他地方一样,都属于"往来纷繁,五方杂处"的地区,外来人口很多,因而江南文化中的一些文化精神和文化性格,诸如包容开放、勇于革新、与时俱进、顺势而变等,在松江的历史进展、社会生产的方方面面也都有非常典型的体现。

第二个启示,松江棉布行销全国,靠的不仅是产量高,关键还在于质量好。松江人能够洞悉市场,顺应市场,勇于改革,勇于变化,不断推陈出新,创造出新的花色品种,更由于松江人在手工艺制作过程中体现出了一贯的精益求精的精神,所以生产的棉布深受人们的喜爱与欢迎,经久不衰。松江人在手工工艺上的精益求精,不仅表现在棉布的织造上,包括衣冠服饰、日用器皿等手工艺品制作,都展现出松江能工巧匠的巧妙构思和精湛技艺。他们的产品除了实用性,还具有一定的艺术欣赏价值。明清时期,人们都喜爱一个地方产品,称之为"苏样"或者"吴样",即苏州的产品,即实用又时髦,而且构思非常精巧,被人们看作是手工艺产品最高水平的代表作。但实际上,"苏松"是连称的,松江地区手工艺制品的精美程度不亚于苏州。明代宣德年间,任江南巡抚的周忱就曾讲过:"天下之民出其乡则无所容其身,苏松之民出其乡则足以售其巧。……苏松奇技工巧者多,所至之处,屠沽贩卖,莫不能之。"可见,松江手工艺制品的精美以及松江人精益求精的精神,是有历史传统的。

三、松江历史上的艺术文化

最后一个问题,讲一讲松江地区艺术文化的成就与特点。

众所周知,中国传统文化的中心最初在中原地区,经历了晋、唐、宋三次"衣冠南渡",到了南宋,中国传统文化中心已经完全转移到江南。故南宋以来,和苏州并称的松江,同样也是人文荟萃的文化高地。现仅以绘画艺术为例,略作说明。中国绘画艺术中的文人画,自元、明以来，实际上已经成为集诗、书、画、印于一体的综合性的艺术样式，被视为文人应当具有的各项才艺，往往在文人画中集中地体现出来，所以世人也常常以此作为一个标志，来评判某人是不是称得上是位高雅的文人。

文人画的起源比较晚。中国传统的绘画，在新石器时代的彩绘陶器和先秦时期墓室帛画、壁画中就出现了。我们今天所看到的文人画，兴起于宋代，而且与当时占主导地位的院体画无法抗衡，更不能相提并论。到了元代，经过"元四家"的倡导，文人画的影响有所扩大，但主要还是流行于江南一带，这个状况一直到明代中期吴门画派的崛起，才出现了一些改观。以沈周、文徵明等人为首的苏州画家，他们所创造的文人画样式，以及所倡导的理论，不仅在江南地区有很大的影响，甚至一定程度上扩展到全国。而到了明代晚期，吴门画派衰落了，文人画的创作中心转移到了松江。

松江最著名的文人画代表画家，是董其昌、陈继儒等，他们不仅是松江画派的中坚人物，而且成为全国文人画的领袖人物。他们在理论上提出的所谓"南北宗论"，尽管今天看来是有争议的，但在当时影响是非常大的。大家都非常推崇并接受这个理论，从而形成全国范围的影响；而且他们身体力行，创作了大量具有楷模意义的文人画作品。自董其昌之后，文人画终于成为一统天下、独领风骚的绘画形式。这一点

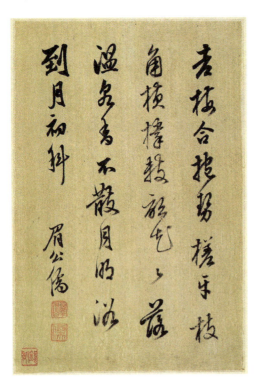

▲ 陈继儒的书法墨迹

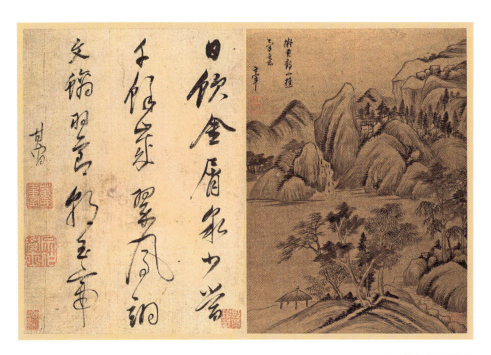

▲ 董其昌书画册

和松江地区所取得的文化成就是有密切关系的。当时受董其昌的影响，松江地区还形成了一些绘画支派，比如以赵左为首的苏松画派，以沈士充为首的云间画派，以顾正谊为首的华亭画派，都分布在松江这一带，形成了非常大的影响。

从清代一直到近现代，整个画坛都受到文人画的影响，所继承、发扬的传统，主要源于元四家、吴门画派、松江画派这一条发展线索。清初康熙皇帝远在北京城，一手字也学董其昌，可见董氏在书画界、文化界之影响。董其昌、陈继儒的理论和实践在整个清代都有极大的影响，一脉相承，一直传到今天。进入近代以后，活跃于上海的一批画家，在继承传统文人画的基础上，融入了西方绘画的优点，并且切合了近代工商市民的艺术品位和审美情趣，在物象描绘、笔墨表现和色彩运用上，进行了大胆的探索，形成了独树一帜的海上画派。海上画派为中国绘画的发展树立了新的里程碑，也体现了海派文化的形成。近代中国的文化发展进程，从传统文化向近现代文化发展转型的过程中，海派文化是一个非常重要的典型文化类型。"海派"这个名称最早就起源于艺术门类，有两种说法，其中一说就认为其来源于海上画派，后来逐渐扩展为整个文化类型或文化特征的一个代名词，即"海派文化"。

今天总结海派文化的一些基本特点，诸如兼容并蓄、融汇中西、顺时而变、勇于创新、贯通古今、超越传统等。如果将江南文化和松江文化的特点与其做个比较，可以发现，其中有不少是相通的。海派文化中几位最重要的代表性画家，如吴昌硕，在色彩的运用、物象的勾勒上，就是在继承传统的基础上，融入了近现代的元素，从而创出令人瞩目的新成就。从大文化的观念看，从松江画派发展出海上画派，正折射出古代的江南文化、松郡文化向近现代的海派文化演进的历史路径和历史轨迹。由此可见，总结松江的历史经验，吸收历史上的文化资源，对今天的松江新城和整个上海地区的建设，以及促进长三角地区的一体化联动，都具有非常深刻的启示。

松江大事记

约6 000—4 000年前

境内的九峰一带（今小昆山镇汤村庙、姚家圈、佘山镇平原村、广富林村等地）已有先民耕耘劳作，繁衍生息。

商代至西周（约公元前16世纪—前771）

境为吴越文化范畴。今广富林、平原村、姚家圈、钟贾山、北竿山等古文化遗址，陆续发现有原始瓷、印纹几何纹硬陶等商周时期的典型器物。

春秋时期（前770—前476）

境属吴国，在凤凰山行郊祀后遗留青铜棘刺纹尊（1962年出土，现藏上海博物馆）。

汉（前206—公元220）

建安二十四年（219）

孙权封陆逊为华亭侯。次年，又进封陆逊为娄侯。

西晋（265—317）

太康元年（280）

吴亡。陆机、陆云兄弟退居乡里小昆山之北，读书十年。慨吴之亡，陆机作《辨亡论》，又作《文赋》。

唐（618—907）

天宝十年（751）

吴郡太守赵居贞奏割昆山南境、嘉兴东境、海盐北境立华亭县。南宋绍熙《云间志·城社》："是唐之置县，固有城矣。"

大中十三年（859）

在华亭县治西一百五十步建陀罗尼经幢。

五代（907—960）

后汉乾祐二年（949）

华亭人镇东将军司空张瑷之子仁，捐宅建寺。初名"兴国长寿"，后改称兴圣教寺。

北宋（960—1127）

熙宁至元祐年间（1068~1094）

在兴圣教寺内建兴圣教寺塔（方塔）。

南宋（1127—1279）

绍熙四年（1193）

杨潜等编纂的《云间志》（三卷）问世。

元（1206—1368）

至元十四年（1277）

特升为华亭府，下辖华亭一县，府、县同治。

至元十五年（1278）

改华亭府为松江府。

至正年间（1341—1368）

在松江城西景家堰建伊斯兰教清真寺。

明（1268—1644）

洪武三年（1370）

在松江府城隍庙前，建砖刻照壁。

洪武二十一年（1388）

华亭人曹昭撰写文物鉴定学专著《格古要论》三卷。

正统四年（1439）

杨政在松江重刻章草《急就章》碑，世称"松江《急就章》碑"。

清（1616—1911）

顺治十三年（1656）

分华亭县枫泾、胥浦及集贤、华亭、修竹、新江四乡之半，建娄县。

顺治至康熙年间（1644—1722）

工部主事华亭人顾大申在明代旧园址上建私园，名"醉白池"。

雍正二年（1724）

总督查弼纳，割华亭县云间、白沙二乡之半建奉贤县；割娄县胥浦一乡及枫泾、集贤、仙山、修竹四乡之半建金山县；割上海长人一乡建南汇县；割青浦县北亭、新江二乡建福泉县。

乾隆八年（1743）

福泉县裁并入青浦县。

乾隆年间（1736—1777）

松江人物画家徐璋作《云间邦彦画像》。

同治二年（1863）

法国天主教传教士利用《中法北京条约》特权在西佘山买地。同治十三年（1871），在该山顶建造天主堂。

光绪二十六年（1900）

佘山天文台建筑落成。次年，设备安装完毕。蔡尚质为佘山天文台首任台长。

中华民国（1912—1949）

1912 年

1月1日，撤销松江府，华亭、娄两县合并为华亭县。

1914 年

1月，华亭县改名松江县。

1925 年

在佘山之顶重建天主教堂新堂，1935年11月完工，世称"佘山天主堂"。

1928 年

1月11日，松江地区共产党人陈云、吴志喜、袁世钊、陆龙飞等，领导震撼沪杭的枫泾农民武装暴动，惩除恶霸七人。枫泾暴动指挥所设在新浜大方庵内。

1933 年

在佘山建地磁台，用于观测地震。

1937 年

8月至11月间，侵华日军飞机对松江县城多次轰炸，投弹数百枚，旧城内大部分古建筑、民居皆被炸毁。唐代经幢、宋代兴圣教寺塔、元代云间第一楼、明代砖刻照壁等幸存。同年，松江县图书馆毁于战火，馆内收藏殆尽，唯《董其昌书松江府城隍神制》《云间邦彦图册》幸存，新中国成立后移交南京博物馆收藏。

中华人民共和国（1949 年 10 月 1 日成立）

1952 年

徐家汇地震台迁至佘山，与原金山地磁台合并建成佘山地震基准台。

1958 年

11月21日，松江县划归上海市。

1963 年

10月，经上海市人民委员会批准，对松江唐经幢进行修复，1964年11月完工。

1974 年

上海市文物保管委员会批准发掘兴圣教寺塔地宫。发掘出释迦牟尼涅槃鎏金卧佛像、坐佛像、银匣、象牙化石等文物。

1975 年

松江县兴圣教寺塔修缮工程开工，1977 年竣工。

1984 年

1月18日，经松江县人民政府批准，松江县博物馆成立。10月1日举行开馆仪式。

1989 年

9月19日，由松江县人民政府协办、松江县博物馆参办的董其昌国际学术研讨会在松江县红楼宾馆召开。

1994 年

1月22—24日，上海市文物管理委员会、西林塔修缮办公室组织文物专业人员对西林塔地宫进行发掘。共清理地宫文物近500件。

1995 年

12月21日，上海市文物管理委员会、松江县博物馆在李塔地宫内发掘出宋代铸铁鎏金阿育王塔和元代至明代天顺元年（1457）文物60余件。

1998 年

7月25日，松江撤县建区。

1999 年

11月2日，经国家文物局批准，上海市文物管理委员会考古部开始对广富林古文化遗址进行科学考古发掘。

2006 年

6月15日—16日，"环太湖地区新石器时代末期暨广富林遗存学术研讨会"在松江召开，广富林遗存被命名为"广富林文化"。

2009 年

4 月 10 日，程十发 88 周年诞辰日，程十发艺术馆正式开馆。

2016 年

5 月 24 日，松江提出沿 G60 高速公路构建产城融合的科创走廊。

2018 年

12 月 25 日，董其昌书画艺术博物馆开馆。

2019 年

7 月 12 日，打响"上海文化"品牌推进会暨"江南文化"学术研讨会在松江广富林文化遗址和华东师范大学隆重举行。人文松江创作研究院挂牌成立。

2021 年

上海提出"十四五"规划，加快推进嘉定、青浦、松江、奉贤、南汇"五个新城"规划建设。

（以上信息由松江区博物馆整理）

嘉定 从以文化人到以产兴城

"金罗店，银南翔，铜真如，铁大场，教化嘉定，食娄塘，武举出在徐家行。"这首流传已久的民谣道出了嘉定"教化"的美誉和特色。

建县800余年来，嘉定文教兴盛，人文荟萃，邑风醇厚。明代书院、社学渐兴；清末，义塾、私塾遍及乡镇，涌现出大批文人名士。宋末元初的书画家赵孟頫和元代诗人杨维桢一度寓居嘉定，明代作家归有光、清代史学家钱大昕都是嘉定名人。

崇文重教的传统在嘉定今天的文化景观中仍有显现。这里保留了较为完整的古老塔庙、园林和街巷，如孔庙、法华塔、秋霞圃、古猗园等有形遗存。还有颇具特色的民俗和民间工艺，被这里人们以一种"活"的方式延续着。比如，这里的人们经常早上五六点聚在一起喝早老酒，闲话家常。

最能体现江南文人意趣的，则是嘉定竹刻。竹刻艺术的精华不仅在雕琢之精细，更在审美的演进。保留下来的嘉定古建筑同样如此，也承载并彰显着嘉定重礼崇文、以文化人的传统。

有形的遗存、器物或许最直观地呈现文脉绵延，而这背后一代代匠人文士与时俱进的潜心工艺铸就了嘉定的文化品格。

扫描二维码，观看《魔都与新城》系列纪录片《嘉定：以文化人》

嘉定出土文物展现浓郁文化气息

何继英 / 上海博物馆研究馆员

嘉定区地处上海西北部，南宋嘉定十年（1217）建县，地名以帝王年号命名，这是比较少见的，而它当时设置的依仁、循义、服礼、乐智、守信五乡又以"仁义礼智信"定名。在建县之初即兴建了嘉定孔庙。宋元时因地方士子中举较少，人文不盛，所以募款造法华塔，又名"文峰塔"，以期振兴乡里文风。

嘉定是上海文物大区。20世纪50年代至今，经过文物考古工作者的不懈努力，嘉定采集到新石器时代遗物，发现了自战国以来各个时期的遗址、墓葬，地面古建筑得到妥善保护和修缮。

南翔寺、古猗园、嘉定孔庙、秋霞圃和出土的楚国郢爰、唐宋元明清墓志碑刻、古籍、墨书文字、文房四宝、书画折扇、金银玉器等，散发出浓郁的文化气息，映射出嘉定的发展繁盛。

一、复苏中的嘉定（战国秦汉时期）

嘉定是一个很有文化底蕴的地方。1959年，考古学者在嘉定外冈发现了一座战国楚墓，主要随葬品有泥质陶"郢爰"3块，为仿楚金郢爰的明器，出土的陶器组合与楚文化高度一致。这座楚墓是嘉定及上海地区一个很重要的发现，它证明了在战国时期楚文化已经深入上海地

▲ 1959年，嘉定外冈楚墓发掘现场

◀ 陶郢爰

区，同史料记载的上海在春秋时期属吴国，后属越国，战国时属楚国，相传为春申君的封邑相吻合。

1959年、1960年，嘉定还发现了两座汉墓，这也是上海最早发现的汉墓，随葬品有陶鼎、壶、盒等，葬制与中原地区大同小异，是秦始

▲ 安亭汉代井圈出土现场　　▲ 博物馆中展出的汉代陶井

皇统一六国后到汉代一直延续中央集权制的反映。在嘉定安亭还发现了一口汉代水井，由九节泥质灰陶圈叠置而成。

二、发展中的嘉定（隋唐五代时期）

在嘉定发现的唐代遗迹主要有墓葬和石经幢。唐代墓葬发现了两处五座砖室墓，出土的两方砖墓志，记载比较简单，内容主要包括墓主人的姓氏、籍贯、事迹、生卒年月、葬地、放置墓志原因等。仅存拓片的"唐故京兆宋府君墓志盖"，边长45厘米，刻隶书和牡丹花纹。上海唐代墓志共发现7方，唯此方为1合，志盖隶书，尺寸相对也较大。这是上海发现的最早的砖室墓和墓志。

石经幢由里人莫少卿于唐咸通八年（867）和乾符二年（875）建，清咸丰六年（1856）太平天国期间遭兵火，残毁散落路畔。1959年修复古猗园时，搜集散落的经幢残块拼合，并分别立于微音阁和南亭前。

◀ 墓志盖拓片

▼ 南翔古猗园唐代石经幢

这两座经幢同松江唐大中十三年（859）石经幢一样，造型挺拔，雕刻精美，展示了唐代上海建筑艺术的高度成就。

三、崛起的嘉定（宋元时期）

在嘉定发现的宋元遗迹比较多，有墓葬、古船、水闸等。宋代的墓葬，主要为砖室石板墓，青砖砌筑，顶部盖石板，从唐代的砖室墓变成了宋代的石板砖室墓。随葬品有铁牛、瓷器、钱币、铜镜、釉陶瓶、墓志、买地券等。上海出土铁牛的墓葬都是宋墓，买地券最早也发现于宋墓中。北宋嘉祐七年（1062）乐善居士赵铸夫妇墓是上海发现的最早的宋代墓葬，志文记载了赵铸乐善好施，重点表现在灾荒年月出钱出米，"以待饿者，使苏民无流离之苦"；皇祐年间（1049—1053）疫疠（lì）肆虐，"骼胔盈路，君顺乡俗仪，敛席茔之，仍佣僧诵浮屠书，以赞其往"；平时也出钱出力，修路建桥等。

赵铸夫人墓室四壁用纸包裹的糯米浆砖块砌成，比较特殊。砌法是将糯米烧熟后捣成浆，掺入石灰、黄沙制成砖块状，再用皮纸把糯米浆块包起来，乘其未完全干透时错缝叠砌，这样便利用了它的柔韧性，填补了缝隙，使四壁牢固不渗水。这种纸张也是上海发现的年代最早的纸，是用桑皮做的，也是北宋造纸术的重要实物资料。

北宋进士孙载家族的墓地已经被破坏了，但还是发现了孙载的父亲孙俌和婶婶刘氏的墓志。墓志记载了孙俌年轻时一边农耕，一边训导乡里子弟，经过他长期的努力，使孙家发展成百余人的大家族，生活逐渐丰裕的事迹。孙俌的弟弟孙岳、儿子孙载相继学有所成，考取进士，步入仕途。经过数代人的努力，孙氏逐渐发育成嘉定历史上首个科举和文化世家。其中孙载不仅宦迹遍及陕西、浙江、广州，被称为循吏，他还钟爱先贤遗墨，曾藏有唐代王维的《雪图》，还和大书法家米芾一起鉴赏书画，并同游广州，是上海最早的收藏鉴赏家。

孙俌墓志的撰文者钱藻是北宋皇祐五年（1053）进士，历任枢密直学士、开封府知府、翰林侍读学士等。他博学多识，文辞名动一时，有文集《龙川集》。书丹者章楶是建州浦城（今属福建）人，治平二年（1065）进士，直龙图阁、知庆州、同知枢密院事等。宋元丰（1078—1085）年间，章楶任华亭盐监，因喜爱青龙镇风土人情，所以定居于此。志文隶书，数百字气韵贯通，一气呵成，毫无松懈之意，是难得的

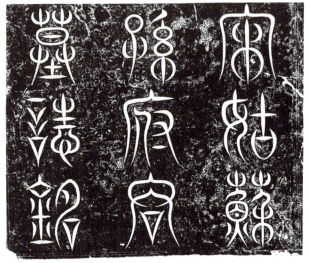

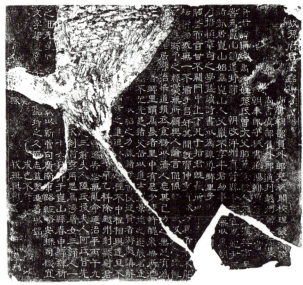

◀ 孙俌墓志铭

佳品。篆盖的韩正彦是当时的昆山县令，篆字端庄肃穆而又极富装饰意味，与北宋后期金石学、古器物收藏的兴起是密切相关的。

1959年，嘉定地区的另一个重要考古发现是南宋周知柔家族墓，在这个墓地中也出土了铁牛、铜镜、瓷盒等随葬品，还发现了六方墓志，墓志是三代人的，包括周知柔夫妻，他的长子夫妇、次子和孙媳。这些墓志记载了周知柔家族从祖父周寀，以保义郎致仕至孙子君锡，都在朝廷供职，为仕宦之家。刻写周知柔夫妇墓志的张允成是当时吴门刻工中数一数二的高手，他参加了《平江图碑》的篆刻。平江图碑高2.76米、宽1.48米，是中国古代留存至今最大、最早、最详细、最完整的城市碑刻地图，也是世界上最古老的、罕见的巨幅古代城市图。

▶ 张允成镌周知柔家族墓志

▲ 金丝龙簪

谭思通夫妇合葬墓是上海已发掘的宋墓中随葬品最丰富的一座，这是在宝山（当时属于嘉定）发现的。墓中发现了1尊陶人像，2件陶屋模型，20多件金银饰件、11件漆器及墓志铭，记载了谭思通的事迹。墓志的撰写者谭友谅为谭思通长子。书法端庄沉着，收放合度，有一种清雅静逸之气。谭友谅的妻子赵淑真的墓志也是由谭友谅撰写的。谭氏家族墓中出土的1件龙簪，是用很细的金丝编成的，内部镂空，体现出当时精湛的工艺水平。

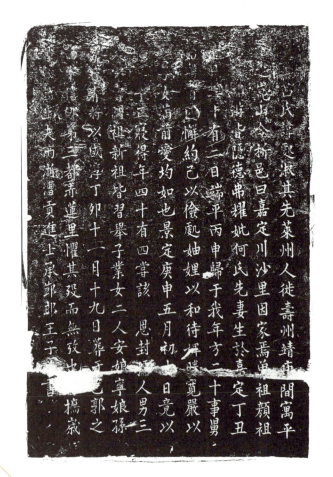

◀ 吕处淑墓志

南宋咸淳三年（1267）吕处淑的墓志，为丈夫王子昭撰文书丹。王子昭当时是嘉定县学的学正，还先后两次捐田3 000多亩，充作嘉定县学的学田，促进了家乡嘉定县学的建设和发展。嘉定的县学能走到全国的前沿，今天能成为中国科举博物馆，这些文人都为此做出了很大的贡献。

封浜宋船出土于明代以前的吴淞江古道内，位于今天的吴淞江北岸以北约216米处，为南宋时期的吴淞江远较今天宽阔提供了实证。此船的特点为船头是方形的，平底，与《宋史·兵志》上记载的"防沙平底船"吻合。当时发现的时候船是残损的，经过测算，它的总长度大概在10米以上，船上装的主要是瓦和砖。嘉定人朱清、张瑄在宋末元初就是通过沙船把江南的粮食运到了元大都北京，有一种观点认为如果不是因为朱清和张瑄组织将江南的大量粮食物资运到元大都，元代是很难维持的。

2001年发现的志丹苑元代水闸遗址，是迄今为止中国保存最好的古代水利工程之一，被评为2006年"中国十大考古新发现"之一。水闸遗址的工艺是非常考究的，石板都是用铁锭隼扣合，石板下面整个铺了一层木枋，木枋下面铺了木梁，木梁下面又是密密麻麻的木桩；木桩数量有上

▶ 封浜宋船清理现场

▲ 志丹苑元代水闸遗址

▲ 南翔寺梁井发掘现场

万根,而且每一根木桩上都有墨书文字,记载着如这是第几根、是昆山县哪个乡的谁家的,诸如此类内容说明当时的生产管理是非常严格的。

关于南翔寺遗迹。除了对南翔砖塔、万佛宝塔、普同塔加以保护修缮外,我们还对南翔寺的古井、山门和钟楼遗址进行了考古清理发掘,为研究南翔寺的历史变迁、寺院建筑提供了非常重要的实物资料。

法华塔又称文峰塔,寄托了百姓对科举入仕的深切希望。1995年、1996年,上海市文物

嘉定出土文物展现浓郁文化气息 | 历史之光

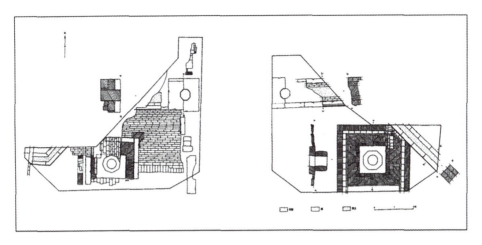

▲ 南翔寺山门、古井遗址的平面和剖面图

▶ 法华塔

▲ 玉舞女

管理委员会组织对法华塔进行了纠偏及复原修缮。复原了斗拱、腰檐、木结构底层围廊、平座栏杆以及塔顶筒瓦屋面；清理了天宫和地宫，发现里面供奉了一批珍贵文物。地宫里发现的石函、佛教造像、玉舞女、玉鱼、玉母子猴、玛瑙羊距骨、水晶蝉等，可以说每一件都是精品。

四、繁盛的嘉定（明清时期）

在嘉定还发现了多处明代望族墓地和嘉定城北水关遗址等。

1960年建上海科技大学（今上海大学嘉定校区）时发现了唐时升家族墓，从元至明，在近三百年的时间内，至少十一世的家族成员葬在前后两个墓地内，"祖今居第，前后坟茔"，且整个墓地的布局如出土的《唐氏第墓》记载"依齿次序列葬不可紊乱"。2001年在宝山杨行发现明成化十二年（1476）大兴县丞韩思聪墓，随葬品有毛笔和四书，也就是当时科举考试的必读书目《大学》《中庸》《论语》《孟子》。

1967年被村民擅自挖掘的澄桥村宣昶家族墓地，俗称宣家坟，发现明成化七年到十四年（1471—1478）的"说唱词话"和南戏一种《新编刘知远还乡白兔记》，是目前存世最早的南戏和词话说唱刊本，这在中国古代小说、戏曲和唱本发展过程的研究上是一个很重要的新发现，通过它可以看到中国古代戏曲、说唱文学和小说相继的发展过程。2009年第三次全国文物普查中，在宝山刘行发现了早年被多次破坏的兵部左侍郎张任家族墓，这是嘉定发现的等级最高的明代墓葬，考古清理出墓圹、石翁仲、石马、御碑等，充分肯定了张任的功勋。

此外还有1966年清理的宝山顾村朱守城夫妇墓，随葬文物100多件，

▲ "刘阮入天台"竹刻香筒

最有代表性的为嘉定竹刻名家朱小松透雕的"刘阮入天台"竹刻香筒，23把绘有山水、人物、花鸟的折扇，14件文房用具，包括笔筒、笔插屏、砚台、镇纸、印盒等。

2007年考古发掘清理的嘉定江桥李先芳家族墓，墓中发现了宣纸，整刀宣纸的一侧有"官"字戳记。

2009年考古发掘的北水关遗址，曾是嘉定古城四座水门之一，不仅是水利设施，同时还具有防御功能。嘉定县志记载，嘉靖年间，海上倭患猖獗，因此募民资建北水关，以抵御倭寇入侵。

▲ 北水关遗址发掘现场

嘉定：城镇兴盛与"忠节传世"

冯贤亮 / 复旦大学历史学系教授

今天嘉定的范围其实较明清时期已经变小了。嘉定的范围本来很大，向东一直到江海交界地带，到了清代以后才缩小到现在这样一个规模。嘉定县城是个圆形的城市，周边是我们现在能够看到的新兴的工业区、经济产业园。在明代，它属于苏州府，是靠近长江口的一个大县。其得名是在宋代，在南宋嘉定十年（1217）底正式建县，因此定县名为"嘉定"。

嘉定地区离太湖比较远，相对于其他一些地方，比方说嘉兴、青浦、吴江，显得偏远一些，又因为靠近江海，是原来海岸的所在地，属于沙冈地带，土壤特性不太适合大面积种植水稻。到了明清时期，这种产业格局和生活状态得到了比较大的改变。在这一个过程中，嘉定的社会经济和地方政治控制获得充分发展。在宋元明清这样一个长时段的变化进程当中，嘉定的社会生产、经济生活、文化思想等各个方面有着多样化的呈现。从小小的嘉定出发来看上海、看整个中国，其实可以更好地认识社会的整体变迁，感知时代变化的大势，理解那个时代以知识精英为代表的人群，他们的物质生活和文化追求，然后来重新认识嘉定在今天的江南地区、在长三角、在上海的地位和文化意义。

一、城镇的兴盛与生活变化

清代人画的嘉定地区图比较写意，但是大体的位置还是能够体现出来的。每一块乡区都有一个核心的中心地，按照现在的说法叫"市场中心"，比方说高桥、大场、真如、江湾、月浦、罗店和娄塘、葛隆、外冈等。这样一种建构，是从宋代以来到明代后期才慢慢形成的，它是整个地方社会在地区开发、经济发展以后，才逐渐培育出来的。这些中心地有的是基层社会、乡村生活的市场中心，有的是超地域的，影响力可能辐射到整个江南甚至全国。

对早期的地方开发来说，水稻种植是比较重要的，嘉定的地理环境主要是高地沙壤，不太适合种水稻，但也正因为这样，嘉定在民生方面有了新的开拓，那就是棉花的种植和棉纺业的兴起。这是元代以来一个很重要的变化。后来棉花种植推广以后，当地人发现棉花比较适宜这样的土壤环境，所以种植的比例一般是三七开，棉七稻三。

嘉定不以种植水稻为主，而国家赋税的征收以粮食为本，所以要花很多钱去买，也很不方便，所谓"地不产米，民苦充漕"。另外明朝时就有许多人认为，漕粮其实有很多弊端，比如粮食储存不便、运输过程中会有损耗等等。最后他们完成了折漕工作，就是不交粮食，而交纳与粮食等价的银子等。这个问题是花了很长时间才解决的。

像嘉定这样的地方，古人叫作"高乡"，而低洼地带则叫作"低乡"。"高乡"的名声完全是依赖棉花的种植和棉纺业兴盛获得的。到了晚明的嘉靖、隆庆、万历年间，这一带的商品经济活跃以后，带动了地方产业的兴盛，嘉定成了中国比较重要的一个棉纺中心。当然，宏观来说是以松江为中心，建构起整个中国非常重要的棉纺中心，嘉定也在其中。所以每到棉业兴盛期，全国各地的巨商大贾会携带大量的资本，到这里来收购原材料棉花，当然也会收购半成品棉布。这会给地方经济带来巨大的活力，也给地方民生带来了很多希望和改善。

明代万历年间的《嘉定县志》记载，地方特产，包括棉花、紫花、棉布、斜文布、药斑布、棋花布等，绝大多数都是跟棉有关，包括灯芯，也是用棉绒来做的。所以嘉定整体经济结构不是以粮食生产为中心，而是以棉纺为中心，经济结构有了一个很明显的转型。一些联动的产业也兴起了，比较重要的是蓝靛的种植和加工。蓝靛的生产地主要是在福建、两广一带，但是因为棉纺业的兴起需要这种染料，所以嘉定这一带蓝靛的种植和加工也兴盛起来。后来嘉定几个集中生产地——纪王、黄渡、诸翟、封家浜，一直到清代前期为止都是非常重要的蓝靛种植和加工中心。其中最著名的就是黄渡镇，康熙时期，官方为黄渡所产的靛青专门颁示校准靛秤，成为全国的一个标准秤，可见它的影响力。

这些产业的发展带动市场建设，形成了很多中心地。这些中心地可以展示出那个时代在嘉定地方的乡村生活当中，商品贸易活动的兴盛样貌，曾经吸引了全国各地很多商人来这里购买棉花和棉布。比较有名的三大商帮——徽商、晋商和粤商，在江南地区影响最大的主要是徽商，有很多民间的谚语跟徽商有关，例如"无徽不成镇"。没有商人群体的活动或者经营，地方市场可能兴盛不起来，有了他们，市场就变得很活跃，进而形成了一些中心地。

很多市镇确实有商人移居或定居。很多家族其实都是从徽州迁过来的，他们祖上都是徽州人，"多徽商侨寓，百货填集，甲于诸镇"，南翔镇、罗店镇都是这样腾飞的。沿着吴淞江，从上游到下游，再到长江口，这样一路下来，两边有重要的市场中心，形成了一个联动发展的态势，相互之间就构成了市场网络，互相依托，互相支持，共同发展。

这些市镇是非常重要的，在整个地方社会的发展进程中，市镇是一个重要的空间，在经济上又构成非常重要的一些纵横节点，形成网络。在城乡关系的发展进程中，市镇也扮演了非常重要的中介角色。有人说它带有城乡之间跳板的意味，形成城—镇—村落这样一种建构。

二、嘉定竹刻盛名天下

社会经济发展、物质生活繁荣以后，人的精神追求也会有新的动向。嘉定地方文化中，竹刻的兴起是非常重要的一个方面。

在明代晚期到清代，竹刻从文人文化、文人工艺，变成民间重要的工艺产品，有一个比较长的发展过程。早期的竹刻，其实是少部分人享受的精工细品。为什么嘉定竹刻会变得很有名？不仅仅是因为有一两个人带动了这种工艺，可能还有原材料的支撑作为基础。万历年间的《嘉定县志》中，物产部分介绍了各种各样的竹子，慈孝竹、护居竹、淡竹、紫竹、斑竹、石竹、水竹等。那个时代的竹刻专家，有这么多原材料的选择，也利于后来竹刻的推广。

在嘉定，竹刻兴起以后就引起了当时社会的关注。明代中后期有一个杭州人叫张瀚，他的笔记《松窗梦语》里记载："民间风俗，大都江南侈于江北，而江南之侈尤莫过于三吴……盈握之器，足以当终岁之耕；累寸之华，足以当终岁之耕织也。"南方经济发展起来以后突破了礼制的规范，江南的奢侈情况要比北方严重，而江南地区最奢侈的当以苏州为中心。所谓"盈握之器"，就是一手可以握住的东西，"足以当终岁之耕"，意思是一年赚的钱可能只买得起这样小小的一个东西；"累寸之华，足以当终岁之耕织也"，也是同样的意思。"盈握之器"和"累寸之华"中，就包括嘉定竹刻。

浙江台州人王士性的《广志绎》里面讲得更清楚："至于寸竹片石摩弄成物，动辄千文百缗。"这句话表明当时竹刻在全国成为一种顶尖的奢侈品，一般老百姓是享受不起的。嘉兴人沈德符在《万历野获编》卷二十六《玩具》中讲到折扇，他说以紫檀、象牙、乌木作扇骨的是"俗制"；只有用棕竹、毛竹为之的，才堪称"怀袖雅物"。当时轻扇面而重扇骨，竹子做的折扇比较受重视，当然也很贵。名手所制，一柄价格从一两至三两银子不等。现在的人可能对这个数字不敏感,感觉很便宜,其实不是。举一个简单的例子,明清时候衙门的胥吏一年的薪水额定一般是六两银子;明清时候很多读书人做家庭教师,如果运气好的话,一个月一般赚一两银子,一年去掉节假日,大概工作十个月,一年可以赚十两银子。所以一两到三两银子是很贵的,普通老百姓根本消费不起。

清代嘉定人金元钰《竹人录》,介绍了竹刻家的字号、里贯、世系、师承等,基本上都是嘉定人。

嘉定竹刻的代表人物是朱松邻。朱松邻、朱小松、朱三松祖孙三代习称"三朱",开启了嘉定竹刻的繁盛时代。三代人的技艺越来越精湛,到孙子辈甚至可能达到了惊乎其技的程度。朱氏祖孙三代留下来的竹刻,曾与古董玉器并重,被入贡宫廷内部,这进一步增强了嘉定竹刻的影响力和文化地位。

江南竹刻主要分为两大派,一个是金陵派,以濮仲谦为代表,影响也很大,另外一派是嘉定派,便是以朱松邻为代表。嘉定派其实超越了其他流派,形成最顶尖的竹刻技艺。所以"竹刻,嘉定人最精"这样的表达,也是毫不夸张的。清代康、乾时期的常熟人王应奎在《柳南续

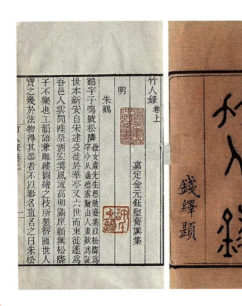

◀ 清代嘉定人金元钰所撰《竹人录》

笔》中说"嘉定竹器为他处所无""他处虽有工巧，莫能尽其传也"，意思是说其他地方可能也会有一些竹刻仿作，但是嘉定竹刻的技艺和超绝的表现，其他地方是学不来的。

民国《工商半月刊》登载的一篇《嘉定竹刻之现状》，介绍了嘉定竹刻发展至民国时期的表现。那时的嘉定竹刻，已经形成了产业化、集约化的状态，营业很发达："嘉定城内有了专营竹刻的店铺，营业发达，城内这样的店铺竟达十余家。"文中还说到光绪年间，张之洞把这些竹刻进贡到宫廷，更提高了嘉定竹刻的影响力。1840年以后，海禁已开，外国人深入中国内地，有人采购嘉定竹刻带到海外，因为数量不多，所以没有成为海外贸易的大宗货物，但是竹刻产品的市场化、工业化其实已经形成了。

三、嘉定士人忠节传世

竹子是具有文化象征意义的，它象征着坚贞、刚毅、气节。明末清初的时候，有一位竹刻名家叫侯崤曾，是抗清领袖侯峒曾的堂弟，右图就是他的竹雕作品竹根雕寿星。嘉定的精神文化有一个很重要的特征，就是"忠节传世"。现在有很多人在讨论江南文化，说江南文化很柔、很雅、很精致，这没有错，但有人因此认为江南文化缺少刚烈之气，这不太符合史实。明清交替之际嘉定人体现的刚烈之气，是很有代表性的。

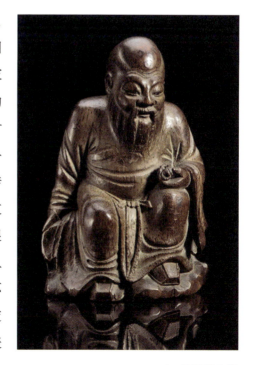

▲ 竹根雕寿星

侯氏三兄弟侯峒曾、侯岷曾、侯岐曾，他们在当时被褒称为"江南三凤"，前面两位是双胞胎，但是侯岷曾很早就去世了，所以最主要的是侯峒曾和侯岐曾两兄弟。他们为侯家生了六个儿子，被称为"侯氏六俊""江左六龙""海内六侯"，非常有声望。侯峒曾和他的两个儿子玄演、玄洁在1645年清兵攻下嘉定时殉难，玄瀞因为当时不在城内而幸免于难，侯岐曾的儿子玄洵也去世较早。清兵南下之后侯岐曾和他的另外两个儿子玄汸、玄泓和侄子玄瀞潜伏了下来，参加了地下抗清活动，影响非常大。

晚明的侯家基本上垄断了诸翟村乡间的生活和社会秩序的各个方面，是独一无二的世家大族，尽管其家族后来开始往城中发展，在嘉定城里也建了宅子、祠堂，但乡村这一套系统他们没有放弃，他们的祖坟、宅子，还有东祠、西祠两个祠堂仍保留着。东祠在今天成了关帝庙，这里原来是他们家的祠堂，清代康熙年间已成为公共的寺庙。侯家的一些女眷也非常节烈，有投水自尽的，有当尼姑的。清代曾造了一座褒扬她们的贞节坊，现在仍然保留着。

▲ 诸翟的关帝庙

▶ 诸翟的侯氏贞节坊遗存

清军进攻时，侯峒曾负责防守东门，黄淳耀防守西门，后来因为暴雨，东门首先垮塌了。清兵进城以后他们就往西门准备撤走，但侯峒曾认为不应该走，就和他的两个儿子回到城里的宅子，准备在家中的叶池投水自尽，但后来清兵杀到池边，用弯刀把他们杀害了。这段史实被称为"叶池殉国"，以这四个字为名立的碑今天还保存在嘉定城内。黄淳耀与弟弟黄渊耀也出了城，本来可以逃走，隐藏乡间活下来，但最后他们觉得不应该走，要跟嘉定共同殉难。

这样一种抵抗状态在江南地区是很有代表性的，是非常具有气节的一种表现。忠节思想的教育，其实也贯穿于家族子孙的生活中，一代一代传承下来，一直到玄孙一代，侯家已经败落了。侯玄泖后来靠开馆教书为生，在从事私塾教育的过程中，还留下了不少名言，其中他特别强调要"深入书中，书为我用，做个天地间有用的人"。这些都是地方社会生活中非常重要的思想资源。一直到抗战爆发，嘉定地方士人还把他们的故事拿出来，激励地方百姓抗击外敌入侵。

从明末以来，这些故事传承久远，清代以至民国年间的人们一直深受这些忠义故事的熏陶和感染。民国时曾任嘉定县行政局长、《嘉定县续志》总纂的黄世祚盛赞侯氏一族"其家世、其人品固以气节著称者也""诚能争自淬厉，以气节相尚"，地方士人也称颂他们"洵足为吾人立身处世之模楷"。这些都是嘉定地方很重要的文化传承和思想表现。

嘉定大事记

约 4 000 年前

2016年6月,在外冈南境马鞍山遗址及周边地域发现疑似新石器时代堆积层,并在地表采集到良渚文化鼎足残件和新石器时代陶器残片。

春秋战国(前770—前221)

1959年,在外冈冈峰村发现战国楚墓一座。

汉(前206—公元220)

20世纪50—80年代,在外冈地区发现两座汉墓,在安亭前进村双墩庙发现一口汉井。

南朝梁(502—557)

2008年,在南翔镇发现南翔寺梁朝水井2眼。

唐（618—907）

1959年，在方泰黄墙村发现唐代咸通年间墓葬一座。1963年，在安亭西北嘉泰砖瓦厂发现唐代墓葬四座。

南宋（1127—1279）

嘉定十年（1217）

十二月初九日，析昆山县春申、安亭、临江、平乐、醋塘5乡27都，建嘉定县，首任知县高衍孙。

嘉定十二年（1219）

高衍孙建嘉定孔庙。

元（1206—1368）

元贞二年（1296）

嘉定例升中州（元制5万户至10万户为中州），属江浙行省平江路管辖。

至大元年（1308）

僧道坚重修法华塔（又名金沙塔）。

延祐六年（1319）

赵孟頫在嘉定撰文并书丹《大报国圆通寺记》。

至治三年（1323）

嘉定州疏浚吴淞江，同时疏浚州境内河渠35条。

至正十八年（1358）

张士诚遣部将用砖石改建嘉定城墙，加阔城河。

明（1268—1644）

洪武二年（1369）

嘉定复为县，属苏州府。

天顺四年（1460）

知县龙晋在嘉定孔庙南堆土筑应奎山。

成化年间（1465—1487）

1966年，嘉定城东公社澄桥大队宣家坟出土明成化年间永顺堂刻印的十六种说唱词话和一种传奇，为我国现存诗赞系统说唱文字的最早刻本。

正德、嘉靖年间（1506—1566）

朱鹤以刀代笔，开创以深雕为特点的竹刻技法，为嘉定派竹刻之创始人。后传子缨，子传孙稚征，人称"嘉定三朱"。

嘉靖二十一年（1542）

归有光自昆山迁居安亭讲学13年，从学者甚众。

嘉靖三十三年（1554）

某夜，倭寇登嘉定城墙，有童子大声报警，寇被击退。童子被杀，邑人塑石童子像祀之。

万历十六年（1588）

春，嘉定知县熊密在嘉定孔庙前开凿汇龙潭。

万历三十六年（1608）

嘉定知县陈一元募款重建法华塔。

崇祯元年（1628）

嘉定知县谢三宾合刻唐时升、娄坚、程嘉燧、李流芳诗文，名《嘉定四先生集》。

清（1616—1911）

顺治二年（1645）

夏，清军三次屠嘉定城，史称"嘉定三屠"。

康熙五十二年（1713）

嘉定县王敬铭状元及第。

乾隆二十八年（1763）

嘉定秦大成状元及第。

乾隆三十年（1765）

知县杜念曾在原应奎书院内增建讲堂，为纪念知县陆陇其惠政，更名为当湖书院。

嘉庆二年（1797）

钱大昕的史学巨著《廿二史考异》一百卷刊印成书。

道光八年（1828）

在嘉定安亭归有光讲学处建震川书院。

同治元年（1862）

嘉定县徐郙状元及第。

同治十一年（1872）

七月初八日，嘉定县牛尚周赴美国留学，时年11岁，为清末第一批留美幼童之一。

同治年间（1862—1874）

黄明贤始创南翔小笼馒头，以其质优味美著称于市，遂成本县传统名点。

光绪四年（1878）

四月，嘉定知县程其珏重修《嘉定县志》。

中华民国（1912—1949）

1919年

1月28日，嘉定人顾维钧在巴黎和会上就山东问题作缜密细致、畅快淋漓的精彩发言，有力地批驳了日本的无理要求。

1924 年

戴思恭召集各市乡集资重葺法华塔。同年 8 月工竣。

1932 年

1 月 28 日，淞沪抗战爆发。3 月 2 日，嘉定陷落。5 月 5 日，国民政府与日军签订《淞沪停战协定》，9 日，日军撤离嘉定。

1935 年

1 月，上海北站至南翔站双轨铁路铺设竣工。

1937 年

11 月 12 日，日军攻占嘉定城。

嘉定特色名酒郁金香，在莱比锡博览会获金质奖。

1948 年

5 月 3 日，嘉定县公立普济医院（今为嘉定区中心医院）建成开诊。

1949 年

5 月 13 日，嘉定解放。

中华人民共和国（1949 年 10 月 1 日成立）

1951 年

嘉定马陆乡石冈村成立竹器生产合作社，为本县第一个手工业生产合作社。

1957 年

3月，南翔镇集资修缮古猗园，当年10月1日竣工开放。

1958 年

1月17日，经国务院批准，嘉定县划归上海市管辖。

10月，嘉定县博物馆成立，馆址设于城内原秦家花园。1961年易址孔庙。

1966 年

外冈徐秦村钱大昕墓出土清钱坫篆额、王昶撰文、伊秉绶书丹的钱大昕墓志铭。

1978 年

2月，嘉定封浜出土南宋年间木船一艘，在上海属首次。

1979 年

6月1日，嘉定汇龙潭公园第一期扩建工程竣工开放。

10月，在清河路新公房建设工地（今嘉定区供电局前）发现北宋赵铸夫妇墓，清理出土铁牛、陶器、钱币、墓志、皮纸等随葬品12件（组）。

1981 年

4月，秋霞圃第一期修复工程开始，翌年10月竣工。1983年2月13日对外开放。

1988 年

10月31日，沪嘉高速公路建成通车。

12月7日，南翔寺砖塔修复工程竣工。

1989年

嘉定县级财政收入名列全国第一。

1991年

嘉定镇、南翔镇与松江县的松江镇、青浦县的朱家角被列为上海市历史文化名镇。

1992年

10月11日，国务院发文，同意撤销嘉定县，设立嘉定区。1993年4月10日，正式撤县建区。

1996年

法华塔纠编、修葺工程中发现元代地宫、明代地宫各1个，明代天宫1个，清理出金元时期玉器，元代石函、铜薰炉、青瓷舍利盒、石贴金菩萨坐像、寿山石居士像，明代铜鎏金阿弥陀佛像、德化窑白釉观音像、古籍、钱币等文物近百件（组）。

1999年

1月28日，顾维钧生平陈列室在法华塔院开馆。
6月26日，陆俨少艺术院建成开放。

2001年

上海国际汽车城建设在安亭全面启动。

2006年

2月，上海中国科举博物馆在嘉定孔庙开馆。

5月，嘉定竹刻被国务院列入首批国家级非物质文化遗产保护名录。

2007 年

6月，嘉定道教音乐作为上海道教音乐分支被国务院列入国家级非物质文化遗产保护名录。

12月28日，嘉定竹刻博物馆开馆。

2008 年

6月，徐行草编被国务院列入国家级非物质文化遗产保护名录。

2013 年

6月26日，嘉定博物馆、图书馆、文化馆新馆建成开放。

10月24日，韩天衡美术馆建成开放。

2014 年

5月，"南翔小笼馒头制作技艺"被国务院公布为国家级非物质文化遗产代表性项目。

2021 年

上海提出"十四五"规划，加快推进嘉定、青浦、松江、奉贤、南汇"五个新城"规划建设。

（以上信息由嘉定区博物馆整理）

奉贤

从贤者之地到江南水乡

约4 000年前,随着古冈身的停驻,古奉贤地区便先于它西部的大片土地早早成陆,成为当时上海地区的"沙嘴"。东南濒海、西北枕陆的地形,既为奉贤带来了渔盐之利,也带来了风潮之弊,勤劳坚毅的奉贤人民在这样一片土地上,开拓创新,书写历史。奉贤的土地上,不乏贤人烈女。

"千秋风气开吴会,六艺渊源祖杏坛",言偃的故事至今仍为人们所传诵。他作为孔门"七十二贤人"之一,学成后归来吴地,宣教化、开民风,东南海域之地便是他的重要一站。也正由于当地人民对他的敬重,这里便得名"奉贤"。

"三女共一丘,此憾亦难平。"王安石的这首《次韵唐彦猷华亭十咏三女岗》,写的便是奉贤的三女岗。这里葬有吴王夫差的三个女儿,她们在国破后回到位于古奉贤的祖居,谋求东山再起,遗憾的是,她们出师未捷,香消玉殒,谱写了一曲巾帼不让须眉的慷慨悲歌。

奉贤的土地上,更不乏匠心艺韵。

为了防范狂风肆虐,海潮侵袭,奉贤人民历朝历代都修筑海塘。海塘的筑造,从唐代开始,到新中国成立后仍有修建。而海塘的形制,从最初土塘、柴塘,到后来的竹笼石塘、鱼鳞石塘等,不断改良,成为奉贤人民保障自身安全的坚固屏障。

滚灯也是由海塘演化出的民间艺术。滚灯传入奉贤后,经历了不少改良。通过铁船销,滚灯表演不仅可以用手滚,更可以用嘴衔,达到灯随人转、人灯合一的飘逸之境。而无论表演者如何上下翻飞,灯中之烛都稳坐钓鱼台。犹如坚韧的奉贤人民,任凭周遭惊涛骇浪,内心岿然不动,始终充满着光亮。

过去的奉贤,晒盐巴、筑海塘,尊贤人、诵诗文,与海相争,与寇相抗。而今天的奉贤,拥有一系列产业、文化、生态地标后,是否能够乘势而起?

扫描二维码,观看《魔都与新城》系列纪录片《奉贤:海国长城》

四千年前，"奉贤第一人"如何生活

郑秀文 / 上海博物馆文博馆员

上海，伴随着冈身这一早期海岸线的不断东移，逐渐形成了现代上海的地理格局。在众多冈身遗迹之中，距今约 5 000 年的冈身是一条重要的地理分界线。考古发现表明，上海众多古文化遗址均分布在冈身的西部，东部目前还没有发现史前时期的遗址。而奉贤，就处于这条冈身的最前沿，自奉贤的庄行镇，过南桥到柘林镇，贯穿奉贤的南北。

上海的科学考古工作自 20 世纪 50 年代末开始，经过多次科学、系统的考古调查工作，众多的古文化遗址被发现。奉贤至今已经发现了三处古文化遗址，自南向北分别是柘林遗址、江海遗址和浦秀村遗址，它们均位于冈身之上，而且基本是等距分布，间距约 9 公里，这是一个非常有意思的现象。

目前，江海遗址和柘林遗址已经开展过科学的考古发掘工作，对其文化堆积有一定的了解。

一、江海遗址：奉贤最早开展考古发掘的古遗址

江海遗址位于今天的南桥镇江海村，是奉贤第一个开展考古发掘的古文化遗址。1994 年因为修筑亭大公路（今上海绕城高速的一部分）

被发现，1996年分别进行了两次考古发掘，发掘面积近600平方米，发现良渚文化、马桥文化及晋代等时期的文化遗存。

良渚文化遗存是江海遗址的主要发现。被称为"奉贤第一人"的墓葬是奉贤地区发现的第一座史前时期墓葬。该墓葬人骨腐朽严重，仅头骨及四肢依稀可辨，头向西南，残长1.7米，推测为一壮年男性。在人骨右下肢骨位置随葬石钺、陶罐。除墓葬外，江海遗址还出土玉、石、陶器等文物近80件以及部分动物骨骼。陶器以泥质灰陶和夹砂红陶为主，器形有纺轮、饼形器、鼎足等；石器有斧、锛、凿、镰、刀、镞等；玉器为锥形器；骨器为骨镞。动物骨骼发现有犀、猪、麋鹿、梅花鹿、麂等。

马桥文化的遗存主要是发现一处疑似陶窑，窑体利用天然贝壳屑拌和铺在过火面上，以增加膨胀系数，这一发现填补了中国陶瓷史的空白。出土文物主要是石器，以犁、带柄石刀、镞为主。

▲ 江海遗址出土"奉贤第一人"

▲ 江海遗址墓葬随葬石钺　　　　▲ 江海遗址出土玉锥形器

二、柘林遗址：奉贤最早发现的古遗址

柘林遗址，地处距今约 5 000 年的冈身遗迹的最南端，位于杭州湾北部。该遗址在 1973 年开挖河道时被发现，1977 年被公布为上海市文物保护地点。2018 年开始，在国家文物局"考古中国"课题规划指导下，由上海博物馆主持，奉贤区博物馆参与，连续两次对柘林遗址开展考古发掘工作，旨在通过对这一临海小型聚落的研究，为探究上海史前聚落形态及不同等级聚落之间的社会关系提供研究材料。

经过两次考古发掘，发现大量良渚文化晚期的文化遗存，另有少量宋元时期遗存，其中以良渚文化晚期墓地的发现最为重要。至今已经揭露的墓葬 21 座，均为长方形土坑竖穴墓，墓向均为东偏南，葬式多为单人仰身直肢葬。部分墓葬发现有葬具痕迹。随葬品较为丰富，以陶器为主，有少量玉、石、骨角器。陶器以双鼻壶为大宗，另有鼎、圈足盘、杯、罐等，部分陶器发现有刻画符号；玉器主要有锥形器、坠饰、璧、镯等；石器以斧、钺、锛为主；骨角器主要有链饰、镞等。该随葬传统和以福泉山遗址为中心的太湖流域以东的随葬传统一致。

发掘结果显示，墓地地处由两层贝壳沙堤构成的冈身遗迹之上，先民利用冈身高的地理优势，堆填洼地，连接相邻高地，形成一个大型高台作为墓地使用，该墓地使用时期较长，后期至少还存在一次扩建行为。这是上海地区第一次发现利用冈身高地专门埋葬东西向墓葬的墓地，不同于上海地区以往的发现，且与良渚文化核心区的墓葬不同（以南北向为主），但与宁波、浙南、苏中等良渚文化边缘区的墓向传统较为类似。此外，台风等风暴事件痕迹的发现，为研究该地区古环境和海陆变迁等提供了重要材料。除了田野考古发现外，考古人员通过科技分析，进一步了解古人的生活信息。通过体质人类学的初步研究可以发现，柘林遗址墓葬的墓主主要是青壮年，但未成年人，尤其是儿童的比例同样很高。通过对女性身高的比较，柘林遗址女性先民身高在 1.53

▲ 柘林遗址地貌环境

▲ 柘林遗址出土文物

米左右，明显高于同时期南方地区的女性。此外，通过古病理学研究，发现有牙结石、跪踞面等病理现象，尤其是跪踞面现象的发现，对研究上海地区先民的生产生活具有重要作用。因为跪踞面的产生很可能与先民长期的单一跪姿有关，从而造成先民脚趾关节产生病变。除此之外，相关古环境研究、食谱研究等正在有序开展中。

奉贤地处上海早期海岸线的最前沿，伴随着奉贤地区陆地的东扩，以及上海地区早期先民的增加，奉贤在距今约5 000年迎来了首批先民，同时，也迎来了文明的曙光。虽然奉贤史前时期古文化遗址数量不多，且聚落等级较低，但均地处上海重要地理分界线之上，注定其具有自身的独特性，为探究上海地区，乃至长江下游地区的聚落结构、社会形态及环境变迁等提供了良好素材。奉贤先民以冈身高爽之地，面迎风暴，筚路蓝缕，为上海远古文化的发展贡献了自己的力量。

神话传说对奉贤地方文化史的建构

毕旭玲 / 上海社会科学院文学所民俗与非遗研究室主任

我们知道，历史文献主要记录的是官方的动向、重要人物的言行，并不太关心普通民众的所思所想和生产生活状态。那怎样开展民俗研究呢？本文所述的关于奉贤的神话传说就是民俗研究的重要材料。

查阅《上海市地貌类型图》（参见《上海历史地图集》）可以发现，奉贤是上海地貌类型最丰富的区域，从西向东依次包括湖积平原、古滨海平原、老滨海平原、早滨海平原，以及中滨海平原和新滨海平原六种地貌类型。这么丰富的地貌类型从西向东的排列，实际上也代表了这些土地从古到今的出现顺序。

东部土地出现的时间晚于西部，东部的大片陆地以前都是海洋，因此最早的奉贤先民实际上居住在东、南两面临海的环境中。两面临海，是一种既浪漫又危险的环境。著名诗人海子有一首很有名的诗，叫作《面朝大海，春暖花开》，写得很浪漫，实际上，面朝大海根本看不到春暖花开，因为濒海的土地最早都是盐碱地，最多只能看到芦苇花。而且濒海地区常常遭遇海潮入侵，生命和财产安全往往得不到保障，所以奉贤先民面临的环境其实很危险。当然，大海也常常带给人浪漫的感觉。这种既危险又有点浪漫的环境就触发了奉贤先民的想象，促使他们创作了许多神话传说。

《上海市地貌类型图》中有一条橘红色的地带，也就是古冈身。古冈身主要由沙土和贝壳残骸构成，地势高出周围土地许多。冈身以西地势较低，且水道纵横，有很多不适合人类居住的水域，所以大量的早期先民生活在古冈身地带。他们在长期生产生活中发现了古冈身与周围地势、土壤的不同，就免不了会思考：为什么脚下的土地这么高？为什么土壤跟别处不一样？又为什么有这么多贝壳残骸？后来，他们就创造了古冈身神话，甚至连"古冈身"一词都不是科学家发明的，而是老百姓创造的。古冈身神话记载在上海现存最早的地方志——成书于南宋绍熙年间的《云间志》中，神话讲述说：很久以前，东海中涌起三个滔天巨浪，一浪高过一浪，三浪打完以后，高高的冈身就出现了。冈身土壤因为富含有机物，特别适合开展种植农业，所以奉贤早期先民就在冈身地带开始了他们的生产生活。

神话传说不完全是老百姓的想象，它们的产生与客观的地理、历史密切相关。当代科学研究表明，冈身是古老的海岸线，是在地理条件较为稳定的情况下，经过数千年的海浪冲刷而形成的。当时的先民缺乏科学知识，但依然在长期观察中创造了古冈身神话，以神话叙事的方式表达了他们对于古冈身的认知，具有一定的科学性。其实，神话传说具有非常重要的功能，除了与历史有千丝万缕的联系之外，它们还表达了民众的文化认同，也是地方历史和文化建构的重要材料。

一、大禹厎定震泽

大禹治水是人们耳熟能详的神话。相传大禹治水时曾走遍大江南北，也来到了太湖平原。太湖古称"震泽"，因为水域面积广大，一旦发生水患，就会给周边地区和民众带来巨大灾难，所以大禹曾经治理过太湖。他为了疏导太湖而疏通了三条从太湖通向大海的泄洪水道，也就是古三江。对于古三江，古代学者和当代学者都有不同的看法。我同意其中的一种，古三江指的是古娄江、古松江、古东江。三江中的两条从今天的上海地区入海：一条是古松江，也就是苏州河的前身，另一条是从杭州湾北岸，今奉贤、金山这一片地域入海的古东江。但古东江干流在唐代就已经淤塞得差不多了，现在已经看不到了。

大禹通三江底定震泽的神话叙事，对于包括上海在内的江南地区都非常重要。相传大禹通过治水了解了各地的山川地理情况，并在此基础上进行了中国历史上最早的行政区划分。他将全国分成九大区域，也就是古九州，当时的上海属于古九州中的古扬州。南宋的《九州山川实证总图》，是南宋人依据当时流传的大禹治水、划分九州的神话而绘制的中国地图，是现存最早的雕版墨印地图之一。这张图有一个非常明显的错误，即把古华夏画成了一个半岛，三面临海。但除了这个明显的错误以外，九州基本对位。古地图的东西南北与当代地图不同，当代地图是上北下南，古地图是上西下东，所以古扬州在这张图的下方，旁边有三江，上海就在靠近东海的一片区域。大禹为底定震泽而疏通的古松江和古东江都从今上海境内入海。尤其是古东江，它是一个相当庞大的水系，其干流和若干支流就从杭州湾北岸的今奉贤、金山地区入海。这是非常重要的叙事，古松江与古东江把上海地区与太湖平原腹地连成一体，而九州的划分又使上海地区从国家文明诞生之初就成为华夏的重要组成部分。

二、康王巡狩护境

大禹是夏代的奠基者，也被称为第一代夏王。尽管从国家文明诞生的那一刻起，奉贤这片土地就是华夏的重要组成部分，但不能否认，处于东南沿海的上海地区距离中原政治中心过于遥远。而且夏代与后世国家不太一样，各地的方国是由原始部落发展形成的，实施以血缘为中心的自治，中央和地方的关系相当松散。为了加强对地方，尤其是对沿海地区的统治，夏王建立了一种军事演习制度，叫作"巡狩"，就是到沿海地区去进行军事演习，向地方势力彰显中央强大的军事实力，以震慑地方。早期的夏王，巡狩东南沿海的历史记录有不少，比如古书《竹书纪年》记载："（帝芒）元年……命九（夷）东狩于海，获大鱼。"夏王芒曾到东南沿海巡狩，这次巡狩还延续到了海上，在海上捕获了一条大鱼。巡狩制度对于安定边境非常有用，因此从夏朝一直沿用到了周朝。相传，西周第三代王——康王姬钊也曾到东南沿海巡狩。周康王的巡狩具有相当直接的安定东南沿海的目的。康王是周武王之孙，武王伐纣成功后不久就去世了，他的儿子周成王继位的时候还是个小孩子。成王的叔叔们联合了东南沿海的方国趁机作乱，使风雨飘摇中的西周王朝雪上加霜。这起事件极大地影响了从成王到康王的执政方略，他们都很注意东南沿海的安稳。相传康王姬钊曾来到杭州湾北岸的今上海地区，不仅在这里进行了军事演习，还建了一座军事堡垒。在南宋《云间志》中，这座军事堡垒被称作"金山城"，因为这个堡垒就修在金山边上。

很可惜，"金山城"后来沉没到杭州湾海底了，今人只能在一些还保存下来的文字叙事和图像叙事中寻找它，比如明代《海盐县图经》中的插图。古海盐县最早设立于秦代，是上海地区最古老的三个县级行政区之一，奉贤地区曾经属于古海盐县，所以这幅图描绘的范围也包括了今天的奉贤。在图的东南方有个方块，中间写着"康王故城"，表明这幅图的作者认为周康王就是在此处建了城。今天已经位于杭州湾中的大金山岛在这幅图上还是海陆分界的标志，说明这不是明代地图，它描述的至少是南宋以前的情况，所以它被称作"县旧境图"。此图是明代海盐县人根据当时流传的神话传说所建构的旧海盐县的历史，有很高的研究价值。

三、吴王三女遗骨

康王巡狩发生在西周时期，到了东周，周天子的权威一落千丈，在今天的东南沿海地区，吴国和越国已崛起。但吴国和越国不是土生土长的本地政权，而是一开始就受到了中原文化的深刻影响。最早的吴王，其实跟周王是有血缘关系的,在吴越地区文化史上,有一个叫作"泰伯奔吴"的著名传说,发生在商末。泰伯是周族首领的大儿子、周文王的大伯,周文王的父亲叫季历,季历从小就特别聪明,很有才华,他的父亲想培养他当接班人,但是他还有两个哥哥,按照长子继承制,他没有资格继承周族王位。他的两个哥哥,大哥泰伯和二哥仲雍也很有才能,更有德行,他们决定成全老父亲的心思,便离家出走来到遥远的东南沿海,以今天的无锡梅里为政治中心建立起吴政权。

越国的第一代君主叫无余,无余是大禹的后代、夏王少康的庶子。夏初曾发生过"太康失国"的政治动荡,而导致"太康失国"的有穷氏是东南沿海九夷中的一支。因此少康继位后特别注意对东南沿海的统治,他将庶子无余封在了祖先大禹陵墓所在地,也就是今天的绍兴会稽山。从表面上看,指派一个后代为先祖守灵很正常,符合孝亲传统,但少康这种行为的背后其实有很实际的政治需要,即巩固东南沿海地区。所以无余来到这里后,以会稽为中心建立了越国。

吴越两国地域相近,习俗相似,甚至连主要经济生产方式都一样——以渔盐为主。时间长了,两国的君主都有了吞并对方之心,所以吴越争霸便开始了。包括奉贤在内的上海地区一直处于吴越故地的边陲,有"吴根越脚"之称。吴国与越国的统治范围有一条分界线,也就是杭州湾。杭州湾以北包括今天的上海地区属于吴国统治的核心区,杭州湾以南是越国统治的核心区,当时的奉贤就是吴国的大后方。吴越争霸战争持续了很长时间,先是吴王取得了胜利,后来越王总结经验教训,反败为胜。越国胜利后,吴王夫差自刎了。相传,夫差有三个女儿,她们肩负了吴国复国的希望。三人奔赴吴国的大后方,也就是今天的奉贤,企图在这里寻求财力和人力的支持,可惜最后身死国灭,尸体被埋葬在今奉贤地区,留下了吴王三女冈的神话。

这样出身高贵、容貌美丽、命运凄惨的女性特别能引起古代文人的同情之心,所以后来北宋华亭县县令唐询听说吴国三位公主的传说后，写下了一首名为《三女冈》的诗，并寄给了他的朋友——文学家梅尧臣、文学家和政治家王安石两人也作了两首同名诗来应和。古代文人对女性有一种误解，认为美貌的女性常常误国，比如褒姒和妲己，但王安石的诗体现了不同的观点，用今天的话来说，就是历史唯物主义的观点，他说其实争权夺利之事都是男人搞出来的，即使三位公主复生，还能保持倾国倾城的容貌，也无法改变政治斗争的结局，也就是"音容若有作，无力倾人城"。

三女冈的神话随着梅尧臣、王安石之诗而传播，实际上在北宋时期奉贤光辉的文化形象已经得以宣传，北宋很多人都读到了这些诗，了解了三女冈的位置和传说。清代奉贤建县后，三女冈神话被作为本地非常重要的文化资源记录在县志中。清代奉贤县志中的一幅插图，图中标注了三女冈遗迹所在地，体现了神话传说在塑造地方历史文化形象方面的重要功能。

四、先贤言偃传教

对奉贤具有更深远文化影响力的传说是"言偃传教"。清代《光绪重修奉贤县志》开篇就写道："奉贤县相传以言子得名，谓言子尝至其地，邑人相举奉之也。"相传，孔子有被誉为"七十二贤人"的七十二位杰出弟子，其中唯一的江南弟子言偃曾来奉贤传教，当地人很感激他的教化，家家户户敬奉先贤，后来此地就叫作"奉贤"。言偃传教的传说在奉贤地区影响深远。光绪年间重修的奉贤县志中记载县城中有两座言子祠："言子祠一在城西北隅，与节孝祠邻……后殿供言夫子神位，中为道南学舍，每岁春秋上丁致祭……其一初在南桥北街，文昌阁左……咸丰十一年贼毁……迁吕祖祠左……每岁春秋致祭。"一座言子祠在西北角，另一座一开始在南桥北街，后来被太平军烧毁，易址重建于吕祖祠的左面。

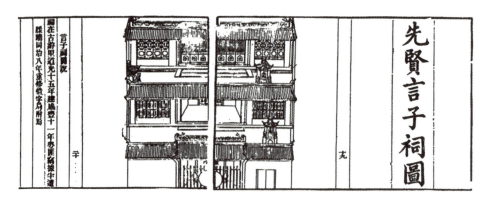

▲《先贤言子祠图》,摘自清代《光绪重修奉贤县志》

此图描绘的是易址重建的第二座言子祠,是一座两进院落。有意思的是,其他地方的官办学校一般是和孔庙在一处,但在奉贤县城里,官办的学校,也就是"道南学舍"是和言子祠在一处的,说明在奉贤地区,言子的地位不低于他的老师孔子。古代奉贤民众特别崇奉言子,不仅为他立祠,还采用了很高等级的每年春秋两次祭祀的方式纪念他。这种对言子传教传说的提倡和重视,极大地提升了奉贤地区的文化地位。

五、秦皇修道观海

秦始皇统一六国后,上海地区出现了历史上最早的县级行政单位——娄县、海盐县和由拳县,三个古县中仅有海盐县县城位于今上海地区。今天的奉贤地区离海盐县城不远,可以想象,距离县城不远的奉贤因此获得了很好的机遇,社会经济和文化都得到了发展。

相传,秦始皇还修建了秦驰道,也就是秦代的高等级公路。秦始皇统一六国之前,六国各自为政,车道有宽有窄,马车也大小不同。统一之后,车辆在不同的车道上行驶很不方便,于是秦始皇就下令"车同轨",即统一全国车辆两轮间的距离,这样全国各地车辆来往就方便了。"车同轨"具有重要的意义,让整个中国连成一体,一辆车便可以走南闯北。但车辆的迅速行驶对路面的要求也很高，所以秦始皇又运用国家力量修建了四通八达的适合马车行走的道路，这就是秦驰道。但秦驰道的历史太过久远，它究竟如何分布，已经没有确切的记载了。有学者对秦驰道进行了研究，画出了秦驰道示意图，其中有一条驰道是通向东南沿海的滨海道，相传这条驰道就修到了今天的奉贤境内。

北宋华亭县令唐询作过一首名为《秦始皇驰道》的诗，诗前有小序称："在县西北昆山南四里，相传有大堽路，西通吴城，即驰道也。"华亭县城西北的一条路，民间相传就是秦始皇修建的驰道。秦始皇修建驰道的传说不仅在民间流传，载录在古诗中，还进入了地方志，明代《松江府志》载："萧塘，在十三保，相传秦始皇东游望海由此塘而南，故名。"《民国奉贤县志稿》也有类似的记录："萧塘，旧名秦塘，因秦始皇驰道所经，故名。"萧塘位于今奉贤境内，当地老百姓说它以前叫作秦塘，相传秦始皇修建的驰道从萧塘边上经过，因此得名。

民众认为秦始皇曾顺着秦驰道来到今奉贤地区望海，所以《松江府志》中有"秦始皇东游望海由此塘而南"的记录。秦始皇在统一全国之前的政治斗争中常常遭遇威胁，因此很怕死。他称帝后，派出了很多人寻访海外仙山，想求得长生不死之药。寻求长生不死之药不是秦始皇的发明，早在先秦时期就已经出现了神仙方术思想，认为世界上有能长生不死的神仙。这样的思想在清代《奉贤县志》中也有体现，并且它从神话传说变成了文化古迹。

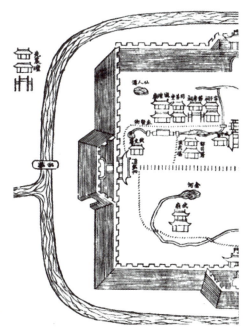

▲《奉贤县城图》局部，摘自清代《光绪重修奉贤县志》

《光绪重修奉贤县志》记载了两个奉贤古迹："仙人潭在邑庙西北，大旱不涸"，"仙水塘在阮巷镇西南隅，相传国初有水一潭，冬夏不涸，可拭目。"在城隍庙西北有一座仙人潭，春夏秋冬都不干涸；还有一座仙水塘在阮巷镇西南，用塘水洗眼睛能治疗眼部疾病。这明显是关于仙迹的神话传说。仙迹叙事不仅有文字，还有图像。奉贤县志中有一幅插图，左上角有一个小池子，标着"仙人潭"三个字，描绘的就是城隍庙西北的那座仙人潭。

这些表达神仙方术思想的神话传说之所以在奉贤地区产生，主要跟地理环境有关。奉贤曾两面临海，海中还有不少小岛，很像秦始皇要寻访的海外仙山。于是由中原地区传来的神仙方术思想就在东南沿海扎根，然后四处传播，形成了当地的文化古迹。这说明很早以前，民众就将奉贤当作仙人寻访过、有仙迹留存的福地了。前述的三女冈传说其实也含有这样的意思。当代人可能会觉得坟地不吉利，但吴国公主这种级别的人埋葬的地方一定是经过选择的风水宝地，所以至少在先秦时期，当地人就认为奉贤是风水宝地了。到了秦代，这里又有了这么多神仙遗迹的传说，那更是风水宝地加福地。秦始皇驰道、秦皇观沧海的神话传说，也被王安石、梅尧臣用诗歌的形式记录了下来。这些诗在北宋时期就已经把奉贤"福地"的形象宣传了出去。

这么多神话传说，对于当下的新城建设有什么意义呢？其实，要建设的新城不是画几张图纸就能建起来的城市建筑群，而应该是一座能得到民众认同的充满文化底蕴和区域特色的新城。

怎样建设这样的新城呢？对于建县时间晚、历史记录并不丰富的奉贤来说，神话传说就是非常好的材料。民众创造的神话传说反映了他们的文化认同。民众认为：奉贤很早就是历史底蕴深厚的风水宝地，不仅是贤者传播教化之地，也是许多王公贵族（周康王、秦始皇、吴王公主）眷顾的福地。我们应该用好这些神话传说材料，塑造奉贤的地方文化形象，将奉贤新城打造成一座贤者之地和福城。

从奉贤历史文化看海派文化"海洋"基因

吴俊范 / 上海师范大学历史系教授

青浦、松江、嘉定、奉贤、南汇五个新城有着丰富的自然、人文、历史遗产，我们应当深入挖掘历史留给五个新城的文化瑰宝，探寻上海城市的文化之根与文明之源，激活植根于这片历史悠久的大河三角洲，并且在近代以来跻身于全球城市化前沿的上海这座城市的文化精神和人文品格。

传统的历史观对一个区域的研究主要是立足于内陆，对海洋因素在滨海区域史中的重要性并不是十分重视。上海市政府提出了十六字的上海城市精神：海纳百川、追求卓越、开明睿智、大气谦和。过去往往从两个方面来阐述上海文化的内涵，一方面是立足于江南文化，它具有深厚的江南文化基因，追寻源头的话就是古老的吴越文化；另一方面就是阐述它作为一个现代化大都市的现代性，1843年上海开埠以后，上海处于中西文化交流桥头堡的位置，中西文明在这里交融碰撞，形成一种新的城市文化。而其内在的海洋性源流这一方面，并没有被充分挖掘和阐释。

从地理环境的角度来看，上海是大河三角洲前沿的一块热土。长江三角洲这块陆地是由长江、钱塘江入海口与强大的海洋动力共同塑造的，它的陆域始终面向广阔的海洋，可以说它的文化血脉里有着浓厚的海洋性基因。所以，今天要了解认识上海文化，不要局限在钢筋水泥的城市森林，即中心城区的范围内，要把眼光放开，更多关注上海城市的区域土壤，关注这块热土向海洋推进的整个历史地理过程。无论是上海中心城区，还是正在规划建设的五个新城，它的历史文化是在不断成长的滨海区域中孕育发展的。

本文以奉贤为例，对上海地区丰富的历史文化遗产做一个溯源。首先梳理一下历史上奉贤地区的海陆变化，其次聚焦奉贤地区的军事、经济、聚落等方面的历史文化遗存，可以发现上海从来不缺悠久而丰富多彩的历史文化，上海的家国历史十分激荡人心，而奉贤就处在上海区域的风口浪尖，它的历史地理进程非常具有典型性。

一、奉贤地区的海陆变化

首先是海岸线的变化。距今约 9 000 年时，全新世大暖期最大海侵线到达太湖以西的天目山，从这条线向东，今天我们生活的大块陆地都在海洋里；距今约 6 000 年的时候，海岸线就往外推展到了太湖东边界，太湖塑造形成；距今约 5 000 年开始，出现了上海地区的一个非常重要的地理界限——冈身，事实上它就是距今约 5 000 年到 3 000 年之间，因海岸线推进相对较慢，泥沙和贝壳反复在这里堆积，形成的一条比较宽的自然堤。它为早期人类的生存和繁衍提供了一个相对安全的环境，就相当于今天我们人工建造的海塘，高于地面 2—3 米，宽度平均达 4—5 里。

冈身形成之后，一些古代人类聚落就在冈身以西的地方产生了，这些聚落的形成需要冈身提供阻挡咸潮的安全条件。人们今天熟悉的上海西部地区的一些古文化遗址，就分布这个地带，比如崧泽文化、广富林文化、马桥文化遗址等，特别是马桥文化遗址就在冈身上，分布在今闵行地区。而奉贤就在靠近杭州湾的地方，距今约 4 000 年的柘林古文化遗址，位于冈身的最南端，这个地方 4 000 年前已经形成陆地了，今天就属于奉贤地区。

▲ 柘林古文化遗址出土的石刀、石镞

从上海古海岸线示意图可以看到，柘林在冈身的东边界，也在冈身南端，在当时的江海交汇点上。早期奉贤的海岸线都是南北向的，但是到南宋时期统一海塘，里护塘修筑之后，奉贤的海岸线就开始变成东西向了，这是因为南汇嘴方向淤涨比较快，而奉贤海岸却时有坍塌缩进。以里护塘为界，人们今天所看到的奉贤地区滨海大片区域都是南宋以后形成的，实际上很大的一部分都塌到海里去了。上海古海岸线示意图中，属于今天奉贤的地方是全部陷入海中的。明代滩涂整体上外涨，但稳定的淤涨还要到清中期雍正大石塘修成后。石头筑就的海塘非常坚固，海潮冲不垮，加之南汇嘴快速外涨所形成的挑流作用，现在奉贤大片滨海地区在清中期以后得到大规模塑造。

历代海塘的分布事实上也跟海岸线基本是重合的，就修在海岸线内侧。可以说南宋以后的海岸线是相对比较稳定的，历代修筑的各条海塘就是证据。在海塘的周边有很多军事据点，比如设于明初的青村千户所、南桥巡检司、一系列烽火墩台等设施。另外周边还分布着古代奉贤相当重要的一种经济产业——国家经营的大盐场，主要是袁浦盐场和青村盐场。

如果以柘林为中心，它附近的海岸线变化历程如下：距今约6 000年，冈身西界——沙冈形成；距今约4 200年，冈身东界——竹冈形成，柘林位于竹冈（港）南端，4 000年前就有古人类居住，也就是今天的柘林古文化遗址；在秦代，柘林就拥有广阔的盐场，海岸线持续东移，陆地持续外涨；东晋以后，海岸线开始内缩，陆地局部向后坍陷；南宋时期，柘林部分岸段坍陷入海，后来政府修成里护塘，岸坍得到了控制；元明时期，柘林海岸线历有坍毁，捍海塘历次重筑；到了明嘉靖时，海岸线内坍达到顶点，在柘林滩涂形成了巨大缺口，但是柘林地区并没有完全沉海；清雍正十三年（1735），华亭大石塘修成了，这是一个巨大的进步，海岸内坍得以被遏止，从此以后，柘林海岸线反坍为涨，陆地向东南续有淤涨。这就是今天我们看到的局面，淤涨出来的面积相当之大。

在四千年的历史长河中，海岸线变迁频繁，但柘林始终处在南北向海潮流的交汇点上，这块陆地上的人类活动史和经济文化史是悠久和连续的。所以，柘林地区的历史可以映射长三角前缘海洋性历史文化的许多方面。其文化层累的丰富性和坚韧性，非常典型地反映了海洋地区勇立潮头、生生不息的人文精神。这里丰富深沉的文化遗存尚待考古学、地质学、历史学等多学科的研究和深入发掘。

二、奉贤地区的古文化遗存：以柘林为例

柘林地区可以说是上海地区四千年文明之源，处在江浙沪陆海之冲；它在古代一直是富饶的渔盐之区，繁忙的航海之港。因为离海近，出海非常方便，曾经长期作为渔港和军港，当然它的代表性产业是盐业；它也是四千年历史的人类聚落，长江三角洲东端最古老的陆地，在这里，人类文明之光源远流长。

柘林有两千年历史的古盐场。春秋时期柘林就是盛产海盐的地方；北宋元丰年间政府设立了袁部盐场（后来名袁浦盐场），就在柘林村设立盐业管理机构；明清是袁浦、青村两大盐场的繁荣时期，到了近现代时期则是奉贤盐场独领风骚。但由于长江南支水道向陆地方向偏移

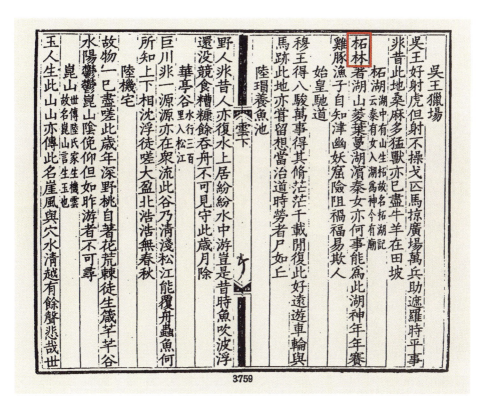

▲ 南宋《绍熙云间志》记载的柘湖与柘林

引起的海水变淡，柘林的盐业生产条件事实上退化了，海水的盐度达不到标准，所以青村盐场在民国时期就衰落了，但是柘林到20世纪八九十年代仍然一直在产盐。如今因为技术条件的升级进步，不需要那么多的地方进行盐业生产，这里也不再设盐场，这是一个新时代的特征。

柘林还有着千年的古市镇。根据史料记载，唐末咸通六年（865）这里就有市镇的设置，名为柘林市。南宋《绍熙云间志》里记载了柘林和柘湖，描写了柘林周围的景观样貌。

作为一个古镇，柘林留下了不少文物古迹。一座清雍正年间建造的太平桥，桥的大条石和石柱是当时的原物，已被作为历史遗产保护起来，在古桥旁边又修了一座新的水泥桥，供人们通行。

▲ 建于清雍正年间的太平古桥

◀ 奉贤华亭海塘遗址

另外，柘林还是一座海防古城。明嘉靖三十六年（1557），倭寇频繁侵犯骚扰，政府在柘林设置了左右营千户所，修筑了柘林城墙。柘林作为一个海防重地，曾经多次经历战火，太平军和英法联军曾经在这里激战，这场战斗之后，柘林古城被纵火烧毁。1937年侵华日军在这里登陆,占据过柘林城,柘林城的一些城砖被拆除建造碉堡。

另外,柘林地区还遗留有海上长城——华亭捍海塘。古代奉贤曾经有过唐代开元捍海塘、五代下沙捍海塘、宋代里护塘、明成化捍海塘、清雍正捍海塘等历代海塘,这里是建筑海塘保家护民的重点地区。今天保存最完整的就是清雍正捍海塘,保存有4 000多米的遗迹,蔚为壮观。奉贤为此兴建了海塘公园,一些石料原物以及海塘的施工技术等,在海塘公园里均有所展示。

奉贤有着很深厚的历史文化,有待于进一步解读。最后根据本文所述的海派文化的海洋维度,我对海派文化有一个概括:海纳百川,勇立潮头,开拓进取,生生不息。这是奉贤文化,也可以说是上海地区文化血脉里的应有之义和内在精神。

(本文为2020年度国家社科基金重大项目
"7—20世纪长江三角洲海岸带环境变迁史料的搜集、整理与研究"
〔项目批准号:20&ZD231〕的阶段性成果)

奉贤大事记

新石器时代晚期（约公元前20世纪前后）

1969年于今柘林乡冯桥村出土石器、陶器等物，经考证，属新石器时代晚期良渚文化的柘林古文化遗址。可证明这一时期，在柘林外沿海已有人类居住。

春秋时期（前722—前476）

境属吴地。

战国时期（前475—前221）

越灭吴（前473）后，境属越地。楚灭越（约前306）后，属楚地。

秦（前211—前206）

秦始皇统一中国后，境属会稽郡海盐县。

汉（前206—公元220）

境内已有盐场，属海盐县盐官辖。

汉至南朝齐（前206—公元502）

境属海盐县。

南朝梁（502—557）

普通年间（520—527）

萧塘镇北建友梅讲院。

大同元年（535）

建吴郡前京县，境属之。

隋（581—618）

开皇九年（589）

前京县并入常熟县，境属之。

开皇十八年（598）

析常熟县东南境复置昆山县，境属之。

唐（618—907）

武德九年（626）

于前京县旧域置海盐县，境属之。

开元元年（713）

始筑捍海塘，于杭州盐官起抵吴淞江止，途经今本境域。

天宝十年（751）

设华亭县，境属之。

五代（907—960）

前蜀乾德二年（920）

前蜀丞相潘葛之妻李氏葬于本县潘垫北杏之东。据《重修奉贤县志》载碑有"天汉四年葬"五字。

后晋天福五年（940）

建寺于南桥镇，后吴越王赐名"安和院"，北宋太平兴国八年（983）改名"明行教寺"，今已毁。

北宋（960—1127）

元丰元年（1078）

设青墩盐场于青墩（今奉城）。

大观三年（1109）

萧塘人卫上达举进士，系清乾隆《奉贤县志》所载的本县第一名进士。

南宋（1127—1279）

绍兴四年（1134）

开通华亭县海河百余公里灌溉农田。

乾道八年（1172）

始筑里护塘，北起老鹳嘴，南抵浙江浦以西。

淳熙十一年（1184）

萧塘人卫泾举进士第一（状元），为华亭鼎甲之始。

元（1206—1368）

大德五年（1301）

始筑大德海塘，在今本境域内长约10公里。

泰定二年（1325）

建上真道院于翁家庄。

至正十年（1350）

在南桥镇南建单孔石拱桥——南石桥（即积善桥）。

明（1368—1644）

洪武十九年（1386）

设守御青村中前千户所，筑土城（今奉城），属金山卫。今本县境内始建烽火墩台。

嘉靖二年（1523）

开南桥塘、金汇塘、青村港等 11 条河道，以泄湖、泖、淀诸水通黄浦入海。

嘉靖三十六年（1557）

设柘林堡于柘林镇，以防倭患。

万历四十七年（1619）

在三官堂（今光明）镇东建三孔继芳桥（俗呼糖桥），为本县石拱桥之冠。

崇祯七年（1634）

十一月，元大德海塘潆缺附近修筑石塘，系今上海地区首次出现的石料塘段。

清（1616—1911）

康熙四十七年（1708）

始筑外土塘（俗呼脚护塘），在今本境域内长约 9 公里。

雍正四年（1726）

奉贤县设立，县治在南桥。

雍正九年（1731）

县治由南桥迁至青村城。

乾隆二十五年（1760）

于县城创建文庙，本县始有庙学。

光绪三年（1877）

《重修奉贤县志》成稿，共 20 卷。

光绪二十六年（1900）

彭公塘工程动工，全长约 27 公里。

中华民国（1912—1949）

1927 年

8 月，李主一、刘晓等在奉城创办私立曙光中学。

1928 年

1 月，中共浦东县委建立，辖奉贤、南汇、川沙三县。

1937 年

9 月 7 日，侵华日军飞机首次入侵奉城，11 月 12 日，本县沦陷。

1945 年

8 月中旬，日本无条件投降，日军全部撤离本县。

1949 年

5 月 14 日，本县全境解放。

中华人民共和国（1949年10月1日成立）

1950年

6月，本县第一个基层供销社在柘林诞生。

1954年

10月1日，建立奉贤农场（后改为市属五四农场）。

1958年

11月24日，本县由江苏省划归上海市。

1959年

12月16日，建立奉贤盐场，撤销青村、柘林盐务所。

1969年

11月，盐场冯桥大队开挖村前河，出土新石器时期的石器、陶器等物。

1973年

12月12日，团结塘动工建筑，次年3月完工。

1978年

8月，金汇港工程动工，1980年8月20日完工。

1983年

12月14日，萧塘镇铺设下水道，挖出上自唐开元年间下至元代的古铜钱17公斤。

1986年

5月16日，奉城乡撤乡建镇。

1992年

5月25日，奉贤县人民政府浦东开发办公室成立。

1995年

4月18日，奉贤县被国家文化部评为"全国文化先进县"。

8月5日，奉浦工业区被列为市级工业区。

10月26日，奉浦大桥建成通车。

1996年

5月22日，江海良渚文化遗址发现一具4 000多年前的男性遗骸，这是奉贤首次发现的古人遗骸。

5月，奉柘公路降坡拓宽，使埋藏地下260多年的华亭石塘露出地面，石塘筑竣于清雍正十三年（1735），暴露部分长达4.5公里。

1997年

7月16日，奉城古城墙遗址和江海古文化遗址被列为县级文物保护单位。2000年，奉城万佛阁新建大雄宝殿，古城墙被拆除并北移二三十米，基本按原貌恢复重筑。

1998年

5月1日，邬桥镇邬马轮渡站通航，这是黄浦江上第一家由镇和村集资兴建的渡口。

1999 年

2月19日，中国第一头携带人血清白蛋白基因的转基因试管牛"滔滔"在奉贤县奉新动物试验场诞生。

2000 年

4月5日，经上海市人民政府批准，奉浦工业区更名为上海市工业综合开发区，为上海市面向21世纪的三大重点工业区之一。

5月11日，通津桥、南石桥、南塘第一桥，以及南桥天主堂等4处古建筑被列为县级文物保护单位。

5月12日，胡桥镇因挖掘、发展奉贤滚灯艺术获得"中国民间艺术之乡"称号。

是年，奉贤县被评为"全国村镇建设先进县"。

2001 年

1月9日，国务院批复《关于撤销奉贤县设立奉贤区的请示》，同意撤销奉贤县，设立奉贤区。8月24日，上海市奉贤区正式设立。

6月27日，中共奉贤县委旧址暨奉贤县革命历史陈列室揭幕，7月1日起对外开放。

2021 年

上海提出"十四五"规划，加快推进嘉定、青浦、松江、奉贤、南汇"五个新城"规划建设。

（以上信息由奉贤区博物馆整理）

南汇

向海而兴：从水乡小镇到一流海滨城市

南汇新城是坐落于上海东南角、浦东新区南部的一座滨海新城。

滨海滩涂盐地资源丰富，制盐是南汇这片土地上最早兴起的产业，过去，这里的人们多以晒盐、捕鱼为生。从这里的地名仍然可以看到许多"盐"的痕迹，例如，南汇到川沙沿岸从南到北有一团到九团，"团"和"灶"皆是历史上与盐业生产相关的建制管理名称。这里的河道水网、古镇等多与历史上的盐业开发有关。

今天，南汇新城有了新的发展蓝图。《南汇新城"十四五"规划建设行动方案》中明确，到2025年，南汇新城将初步建成具有较强国际市场影响力和竞争力的特殊经济功能区核心承载区，初步建成"开放创新、智慧生态、产城融合、宜业宜居"的链接全球、辐射长三角的独立综合性节点滨海城市，初步建成令人向往的"东海明珠"和新城建设的标杆典范。

过去这里的人们在滩涂晒盐、制盐，今天这里已经是战略新兴产业集聚地，越来越多的优秀人才来到这片土地上，开拓进取，奋楫而进。"南汇新城是在白纸上作画,发展空间很大",谈到南汇新城的未来时,扎根于此的企业家和建设者们充满期许。

扫描二维码,观看《魔都与新城》系列纪录片《南汇:向海而兴》

向海而生，因盐而兴

王树华 / 原上海南汇博物馆筹建办公室主任

南汇是一个年轻的城市，因为它的历史比较短，历史根基也很简单，就是八个字："向海而生，因盐而兴。"历史轨迹也很简单："唐代成陆，洪武筑城，雍正建县，撤县建区，两区合并。"

南汇成陆的年代比较短，唐代的时候刚刚成陆，明洪武十九年（1386）筑城，到了清雍正三年（1725）建立南汇县，2001年经过国务院批准，南汇县撤销，建立南汇区，到了2009年两区合并，南汇区并入了浦东新区。

关于南汇的得名，根据考证，由于长江水东流入海，受到海潮的顶托，折旋向南与钱塘江水汇合，故称"南汇"。两条江水合并后夹带不断沉积，经过若干年就形成了陆地。至今，南汇的土地还在不断往东海延伸。

南汇是先有城，后成集镇。明代倭寇在东海沿海不断侵扰，明太祖朱元璋就要求在东海沿海一带筑城，于是他命令当时已经告老还乡的汤和在浙江沿海筑了59座城，南汇城是其中之一。南汇城是一个很有特色的方城：有四个旱城门，东门是观海门，言下之意是出了城就能看到海，那时候的海就在南汇城不远处，南门叫迎薰门，西门叫听潮门，北门叫拱极门。因为南汇的水系比较发达，还设有两个水城门，也叫水关，一个叫静海关，一个叫通济关。当时筑的城不是一个城镇，而是一个军事设施,叫作"守御南汇嘴中后千户所"。

清雍正三年(1725)建立了南汇县。当时的南汇县与现在的南汇县不一样,面积比较大,西至黄浦江,东至东海,南至奉贤的边界,北至宝山的边界,所以当时的南汇也包含了现在浦东新区的大部分地区,现在浦东新区的张江、川沙,闵行区的杜行等地都隶属南汇县管辖。

南汇县是向海而生的。因为南汇地处东海之滨,为了抗击台风和海潮侵袭,保卫家园,南汇人民在延伸的海岸线边修筑海塘。南汇境内一共筑了13条海塘,唐代至清代时筑了5条,之后又筑了8条。

唐代筑的古捍海塘是上海地区第一条人工河道,而上海地区最早的海岸线冈身则是许多贝壳经过冲击自然形成的一条海岸线。唐代开

▲ 川杨河出土唐船情景

元元年（713）修筑的古捍海塘，从宝山的黄桃，经过今浦东新区进入南汇，最后到了浙江。这条海塘的修筑也说明当时南汇的西部已经开始成陆。1975年，在这个海塘内发现了唐宋时期的严桥遗址，出土文物有宋代黄釉陶瓶、龙泉窑青釉瓷碗、建窑墨釉瓷盏、磁州窑系统白釉黑花瓷盘等陶瓷残器，同时也发现了两座砖砌的古井，证明在唐代这个地方已经有人居住了。1979年，在开挖川

▲ 1975年出土的元代龙泉窑贴花龙凤盖罐

杨河的时候发现了一艘唐代木船，但是出土的时候已经腐烂得非常严重，船上发现了一些钱币、鹅卵石等文物。现在这艘船已经在崇明博物馆展出。

南宋乾道八年（1172）筑成的里护塘，北起原川沙县南跄口，经南汇、奉贤、金山一直到浙江的乍浦，由此证明南汇的一半区域已经成陆了。在这条里护塘内我们发现了一些文物。1975年，在南汇的原三灶腰路村出土了元代龙泉窑贴花龙凤盖罐。经过专家论证，这是专门为皇宫烧制的器物，现在收藏在上海博物馆，被评定为国家二级文物。1980年，在南汇坦直蒋桥村又发现了明代的墓志铭，由文林郎浙江宁波奉化知县徐献忠撰文，翰林院待诏、将仕佐郎兼修国史、长洲文征明篆。墓志铭介绍了当时的墓主利用针灸医术救治了一个农户的眼睛的事迹，在墓志铭旁边还发现了三根针灸用的针。这证明在明代，我国的针灸已经在民间使用了，所以这座墓志铭的发现对中医药研究起到了重要作用，现在这座明代的墓志铭在中国中医药博物馆展出。

▲ 南汇首任知县钦琏立像

到了明代，南汇的海岸线又往东移，所以又在海边筑起了一条海塘，叫外捍海塘，又名钦公塘。这条海塘是在明代万历十年（1582）建的，它的走向也是从浦东的南跄口，途径南汇祝桥、惠南、大团与里护塘相交后，入奉贤境内，这也表明了南汇的一大半区域已经成陆了。这条明代修筑的海塘又为什么以清雍正时期上任的一个知县钦琏命名呢？原来在1732年，钦琏刚上任不久，南汇就遭受特大台潮的侵袭，海塘多处被毁。海塘必须修补，因为这涉及老百姓的生命安全，但是他刚刚上任，缺少经费，怎么办？于是他采用了"以工代赋"的方法来修筑海塘，即免除前来修筑海塘的劳工的税收，他用这种方法调动了许多农民来修筑海塘。

但是在修筑的过程中出现了不少问题，在修筑海塘时，往往修一次就被冲垮一次，始终无法修筑成功。钦琏带领大家开动脑筋，以他们的经验和智慧想出了一个办法。他命民工们在涨潮时向海中泼撒谷糠，待落潮时，在沙滩上便留下了弯曲的谷糠痕迹，于是，民工们按照谷糠的痕迹修筑海塘，从此这条海塘再没有被冲塌过。到现在为止保留下来的一段海塘，还依稀可以看到它当时弯弯曲曲的痕迹。

▶ 开挖大治河时发现宋代古船一艘

在清乾隆和光绪年间，又先后修筑了彭公塘和李公塘，这个时期南汇区域基本已成陆。

1978年12月，在南汇黄路开挖大治河时，发现了一艘宋代古船。这条船整艘由八块隔舱板分成九个舱，是一艘近海运输海船，舱内有瓶、陶罐、陶缸的残片和芦席，还有完整的宋代瓷碗。所以南汇向海而生，后来又在每条延伸的海岸线边建了海塘，在这些海塘中发现了许多具有历史价值、艺术价值和科学价值的古迹。

南汇生存发展的另一根源是"因盐而兴"。南汇地处东海之滨，历代百姓在海边建立了盐场。五代后梁开平年间，华亭盐监所建立浦东盐场，南汇的盐业开始发展。到了南宋时期又开辟了下沙盐场，其规模比较大，还在鹤沙（后称下沙）建立了"两浙都转运盐使司松江分司"。元代，由于下沙盐场东进，盐运司随之迁至南下沙，并将"南下沙"改名为"新场"。这个时候南汇盐业已达到鼎盛阶段，盐税属两浙27个盐场之首。可想而知，下沙的盐场规模之大，产盐质量之高。到了明代后期，受倭患和水文地理条件的变化的影响，盐场受到了严重的威胁，所以盐产量大大减少，到了清代以后盐场已经寥寥无几，盐业逐步衰落了。

《熬波图》是我国保存最完整的海盐生产工艺的历史文献，用图文记载了当时下沙盐场的工艺程序。全书共有 52 幅图，但有 5 幅已经遗失，书中保留了 47 道工序的图和诗文，辑录于明代的《永乐大典》和清代《钦定四库全书》。

南汇向海而生，聚沙成陆，捍海筑塘，勇立潮头；南汇因盐而兴，煮海熬波，营城兴镇，商贾辐辏。当代南汇，乘改革开放之东风，填海为陆，滴水成湖；抓两区合并之机遇，建南汇新城，树城市精神。我们也希望能够看到今后现代化、智能化的一流海洋城市在东方升起。

海洋文化与南汇盐业兴衰

段炼 / 上海社会科学院历史研究所副研究员

纵贯上海的冈身是一道天然的海岸线，冈身以东全部是泥沙沉积形成的土地，这和冈身以西是不一样的。

今天上海浦西的绝大部分土地基本在唐宋之际已经成陆了。唐天宝十载（751），上海地域有了独立的行政建置——华亭县，它的来源是三个地方，即昆山、嘉兴和海盐的部分地区。海盐是一个很古老的县，设于公元前222年，它靠近海边，盐田相望，绵延不绝，因此而得名。

今南汇地区在古代属长人乡。宋元以后陆地开始慢慢地向东南方向延伸发展，这也很好地阐释了《越绝书》中所说的："娄东十里坑者，古名长人坑，从海上来。"到了元代，随着人口的增长，于至元二十九年（1292），划华亭县东北境长人、高昌、北亭、新江、海隅5乡26保之地置上海县。此后，今上海境域行政建置几经变迁，直到1958年周边郊县相继并入，从而形成了今天上海直辖市的区域范围。

清雍正四年（1726），从上海县划出长人乡与下沙盐场，设立南汇县。清嘉庆十年（1805），划出南汇县的一部分和上海县的一部分，成立相对独立的行政机构——川沙抚民厅。这是一个比较特殊的行政设置，直到民国以后改为川沙县。1993年，川沙县与上海市中心区的浦东部分以及上海县三林地区合并，成立浦东新区。2001年，南汇撤县设区。2009年，南汇区撤销建置，并入浦东新区。

浦东有很多有趣的地名，比如下沙、三灶、六灶、大团、四团、盐仓。大团、四团是不是军事机构，是不是有部队驻扎？三灶、六灶跟浦东的农家灶头有没有关系？人们看到这些地名难免会有这些疑问。"盐仓"就比较清楚了，一下子就能联想到盐。

先讲第一个地名"下沙"。上海市的市徽当中就有沙船的形象，沙船是上海最为典型的海洋运输船只，它的正式名称叫作防沙平底船。当时沿海的航路，尤其是从上海到天津这一段，有很多的暗沙。所谓的沙，就是还没有最终成型但慢慢将沉积为陆地的小片土地。涨潮的时候可能被淹没，落潮的时候就露出来了。这些时隐时现的暗沙，对航行船只造成了极大的威胁。因为沙船的底是平的，特别适合在沿海地区暗沙密布的航线行驶，因此称为"防沙平底船"。随着江河泥沙的堆积，有些沙会跟大陆分开，形成岛屿，比如崇明岛、横沙岛；有些沙形成了新的陆地，比如下沙，包括川沙，因此带"沙"的地名在浦东沿海一带特别多。下沙原来还有一个很优雅的名字叫作"鹤沙"，据说古代这里盛产仙鹤，是文人养鹤的地方，称为"鹤窠"。当盐场设立在这个地方以后，就形成了下沙盐场。这个盐场在当时两浙一带规模最大，产量最高，盐的质量最好，因此下沙的名气也越来越大。元代陈椿《熬波图》里就介绍了当时下沙盐场一整套非常规范和先进的制盐工艺。

众所周知，古代上海有三大经济支柱，第一个就是盐业，第二个是航运业，第三个是棉纺织业，其中盐业是发展最早的。自人类诞生以后，很早就有了使用盐的历史，在烹调的时候加一些调味品，不单单能改变口味，也可以增强自己的体质。从某种角度来说，使用盐也是人类与动物的区别之一。海盐设县是在公元前222年，即在战国后期秦王嬴政时期。在今上海境内，唐代设粜盐官，有集中储存的场所，五代后设立盐场。所以，这三大支柱里盐业应该是最早出现的。航运业相对发展较晚，沙船虽然出现于唐代，却是从元代朱清、张瑄

▲ 元代《熬波图》中展示的盐业生产的各种工艺

参与漕粮海运才开始逐渐走向兴盛。棉纺织业的出现更晚，宋末棉种和植棉技术才输入上海地区，元代黄道婆到海南岛学习黎族先进织造工艺，加以改进，回到上海进行推广，从而掀起了上海棉纺织业的发展高潮。

宋代设立下沙盐场后，盐业在元朝和明朝达到了顶峰。元朝的时候有一个重要措施，叫"并灶为团"。上文讲到的三灶、六灶，的确是指锅和灶，但不是家用的，而是用来煮盐的。人们围绕这一口锅灶组织生产，从而形成一个生产单位。但这种以灶为单位的生产方式是一种比较分散的局面，因此元代开始把两个或三个灶组成一个团，集小规模生产为大规模生产。团是有一定的组织形式并加以监管的，也具备一定的半军事化的意味。现在的研究认为，从事盐业生产的人员有三个来源：第一种是从西面的临近地区招募，一般都是比较穷苦，走投无路，甚至是不能养活自己的人；第二种是当地发生战乱或灾害，避荒逃难到这里的人；第三种就是罪犯和流民，他们当然是被强迫的。盐民的社会地位都比较低，身份世袭，干的都是累活重活。对于这些人，政府肯定要加以监管，在一定程度上限制他们的人身自由。

随着海岸的东移，盐场自身也发生了变化。盐场不断迁移，又建立新的盐场，由此形成"新场"，后来管理机构又从新场迁到大团。盐民虽然很穷苦，但盐场毕竟是商贸之地，由此拉开了南汇地区城镇建设的序幕。南汇比较早设立的镇是周浦，后来在下沙设盐场，再后来到新场，另外还有大团。明清以后，这里留下了各式各样的机构和建筑。比如，六灶虽然是一个乡镇，但它有自己的城隍庙；周浦有宁波会馆，因为商贸发达，外来的商户比较多，从而出现了这种既带有同乡会性质又具备同业公会属性的组织。

在早期，南汇也是有农业的，南汇的农业主要以周浦和下沙为界。以西是比较传统的农业，往东以盐场制盐为主。西面的称漕田或有司地，属长人乡管辖，设保、图建置；东面的称灶田或盐司地，属下沙盐

▲ 新场古镇洪福桥

场管辖，设团、灶建置。但这块土地毕竟靠海，它的盐碱化程度较高，一般不适宜种水稻，只适合种旱作物。其中较为普遍的，就是元明以后上海普遍种植的棉花。

元代和明代是南汇制盐业的高峰，明代以后盐业产量大大下降。原因有两点：一是随着海岸的东移，引水越来越不方便；二是因为海水越来越淡，浓度达不到要求，造成制盐成本增加。海岸东移，海水变淡，土地的盐碱化程度也逐渐减轻了，加上历代盐民的生产生活，周浦和下沙以西的土地也越来越熟化。原来那些引海水的沟槽经过不断地开挖，变成了可供小型船只通航的灶港，也可以用来灌溉农田。到了民国的时候，原来的盐碱地上甚至也开始种植水稻了。

新中国成立之前，南汇大部分土地已经完全以传统农业为主了。除了水稻、棉花以外，还种植经济作物，比较有名的是南汇的矮脚菜，更有名的是水蜜桃，现在南汇每年都要举办桃花节。南汇这块土地很适合种植水蜜桃这种经济作物，因为土地的碱化和熟化程度正好适当，气候又好，水蜜桃在这里能够比较好地生长。南汇的水蜜桃还是一个名种，源头来自上海顾氏露香园，经过几代育种培养，现有大团蜜、新凤蜜等著名品种。前些年，南汇又从日本引回纯种"露香园水蜜桃"，在故土开枝散叶，结出佳果。

到了近代以后，上海的沙船商人参与创办轮船招商局，成为中国第一代走向世界的近代航运巨子，航运业也使上海华丽转身成为中国最大的港口。以"衣被天下"闻名的古代上海，从原来的棉花产地和手工纺织重镇，转变为近代机器棉纺织业的中心。上海的航运业、棉纺织业，在古代也好，近代也好，都创造过辉煌的历史，只有最古老的制盐业似乎有所衰落。

其实，盐的故事在南汇并没有结束。虽然明代以后下沙盐场的产量越来越低，清代以后逐渐停产，但盐场机制还在。到民国中后期，上海还有四个盐场，有的还在生产。盐是一种国家控制的专卖商品，因此盐税相当高，利润也是很高的。上海地处江浙两省之间，江苏和浙江分别在上海设立征收盐税的机构，经协商盐税四成归江苏，六成归浙江。北洋政府与英、法、德、俄、日五国银行团签订善后借款协定，以盐税收入抵债，所余款项称为"盐余"，也是一笔巨大的财政收入，成为各方势力觊觎争夺的一块肥肉。为主管盐务行政，民国政府设立了一个专管上海地区盐税的机构，叫作松江盐税稽核所。

1927年南京国民政府成立，开始着手改革盐政，1931年颁布《新盐法》。当时，宋子安刚从美国哈佛大学经济学专业硕士毕业，1929年8月在哥哥宋子文的安排下就任松江盐务稽核所经理。后来，宋子文在盐税征集过程中，组建了一支私人武装——税警团。税警团是当时中国装备最精良的部队，后来在淞沪抗战中立下了赫赫战功。今天，盐仍是人们日常生活必不可少的东西。南汇也好，上海也好，作为上天赐给我们的礼物——盐这个话题来说，还有很多的故事可以讲。

南汇大事记

三国（220—280）

下沙一带的滨海滩涂已有先民活动，以狩猎、捕鱼、煮土盐等维持生计。下沙亦称鹤沙，相传是华亭侯陆逊别业盛养白鹤之地。

唐（618—907）

开元元年（713）

重筑旧捍海塘，西南抵海盐界，东北至松江，中间经今南汇的航头、下沙一带。

天宝十年（751）

华亭升镇为县，南汇地区为江南东道吴郡华亭县的一部分。

五代（907—960）

后梁开平元年（907）

吴越王钱镠鼓励煮海制盐，开挖西自黄浦江、东至下沙镇的盐铁塘。

后汉乾祐年间（948—950）

华亭县五大盐场之中，下沙盐场产盐最多。

南宋（1127—1279）

建炎年间（1127—1130）

在下沙设盐监，下辖团、灶，专业煎盐，并置两浙都转盐运使司松江分司。

同期，北方士族随宋室南渡，定居南汇者甚多。太常寺少卿王迪、参军瞿桧举族迁徙定居下沙，诗人储泳隐居周浦，北宋文学家秦观之孙秦知柔率家迁居闸港。朝廷下令移民"开垦滩涂"，并免3年赋税。

乾道八年（1172）

兴筑内捍海塘（即里护塘），北起高桥以东，西南抵柘林、奉城一带，中经南汇惠南、大团一线。随着滩涂延伸和盐场的东移，原盐场地垦殖为农业区。

淳熙年间（1180年左右）

周浦建成永定讲寺。

嘉定年间（1208—1224）

下沙盐场统辖三场，除下沙本场外，还有南场和北场。

咸淳三年（1267）

南汇西部地区家庭纺织业逐渐兴起。

元（1206—1368）

至元十四年（1277）

上海镇设市舶司，航头设航运码头。

至元十七年（1280）前后

鲍廉著南汇历史上第一部地理专著《琴川集》。

至元二十九年（1292）

上海县成立，改属上海县管辖。

元代初期（1295年前后）

下沙盐课司由下沙迁新场，不久，北桥税课司亦迁至新场，新场逐渐成镇。

皇庆元年（1312）

瞿时学在下沙设鹤沙义塾，是南汇有学校之始。

元统二年（1334）

陈椿编成《熬波图》一书，书中详细记述下沙盐场煮盐技术。

明（1368—1644）

洪武十九年（1386）

明政府为防倭寇，在南汇嘴（今惠南镇）筑城，设守御南汇嘴中后千户所，作为金山卫分署之一。

万历十二年（1584）

兴筑外捍海塘（即钦公塘前身），翌年建成。

清（1616—1911）

康熙五十九年（1720）

西方宗教传入南汇，首建天主教堂玛尔谷堂。

雍正三年（1725）

从上海县长人乡划出，建南汇县，县治设在原南汇嘴所城，此后改称南汇城。

雍正五年（1727）

南汇学宫建成。

雍正九年（1731）

南汇建县后第一部县志《分建南汇县志》出版。

咸丰三年（1853）

小刀会起义，攻入南汇城。

中华民国（1912—1949）

1917

和记电灯公司创办，用蒸汽机发直流电供机关、商号照明用。
秋，周浦藏书楼建立，为南汇历史上第一个公共文化设施。

1937

8月，"八一三"淞沪抗战爆发，日军进攻上海，南汇各地兴起救亡运动。

1949

5月，上海解放，南汇县人民政府成立。

中华人民共和国（1949年10月1日成立）

1958

松江专员公署撤销，南汇县隶属于江苏省苏州专员公署，同年11月，南汇县从江苏省划归上海市。

1975

龙泉窑贴花龙凤盖罐出土于南汇县三灶乡腰路村，为元代龙泉窑上乘佳作，现藏于上海博物馆。

1977

开挖大治河，横跨上海、南汇两县，为上海市最大的人工河。

1978

开挖大治河时发现宋代古船一艘。

1982

兴建县公园，因园内有一座明代古钟而命名为"古钟园"。1985年元旦正式对外开放。

1987

南汇县文化局成立南汇县博物馆筹备组。

2001

南汇县撤县建区。
集文化馆、博物馆、影剧院为一体的南汇文化艺术中心破土动工。

2005

南汇博物馆正式开放。

2009

南汇区撤销，其行政区域整体并入浦东新区。

2012

经上海市人民政府批准，撤销申港街道、芦潮港镇建制，调整老港镇部分行政区划，设立南汇新城镇。

2021

上海提出"十四五"规划，加快推进嘉定、青浦、松江、奉贤、南汇"五个新城"规划建设。

（以上信息由浦东新区南汇博物馆整理）

发展之策

考古寻根，深度调研，直面问题，提供方案。来自历史、文化、城建规划等诸多领域的专家学者，通过深度调研，为上海五个新城未来发展出谋划策。探索新的建设理念和思路，补好短板、错位发展，通过政策发力、发挥产业优势，从而探寻新城成长新机制，规划和建成眼光向外的节点城市。

不能再走老路，探寻新城成长新机制

陈建勋 / 上海社会科学院区县研究中心主任

建设五个新城要搞清楚三个方面的问题：第一，新城建设，我们想要改变什么？第二，新城建设，我们想要建设什么？第三，新城建设，到底新在哪里？思路决定出路，理念决定道路，新城建设不能再走以往"拆拆造造造造拆，造造拆拆拆拆造，不断改造"的老路，新城建设也要超越以往简单的造城运动，改变以往单一的房地产开发、单一的产业园区建设的路径，要寻找推动新城发育成长的新机制新路径。

一、新城建设，我们想要改变什么？

首先，新城要解决城市功能建设补课的问题。

长期以来，郊区新城被认为就是郊区的新城，市政配套及社会资源建设投入的力度是不够的。更为关键的是长期以来，我们是以内环线规划思维决定外环线外的发展，没有把郊区新城作为上海大都市节点来建设，所以郊区新城的出行长期以来不够方便，公共服务资源短缺、产业能级有点低，这些都是需要补课的问题。

其次，新城要提升发展战略定位层级。

此轮新城建设，是要打造上海城市新一轮发展的战略资源，是建设国家级功能性平台。上海的新城建设实际上经历了三个阶段：第一个阶段是在 20 世纪 80 年代至 90 年代，主要建设上海的卫星城。致力解决的问题是要把上海的县域经济这一级搞活，强化郊区的城市化功能。撤县建区基本上都是在那个年代完成的，是要通过卫星城的建设来强化城市功能。第二个阶段是在 2000 年以后，更多的是要疏解中心城市的功能，提出新城建设"一城九镇"的概念。其中主要解决两个问题：一是中心城区的人口要往郊区疏解，通过对市中心城区老旧小区的改造，调整中心城区房地产存量结构，扩大经营性空间，郊区新城成为动迁安置房的集聚地。二是要通过建设郊区大居和共有产权房等措施，平抑上海房价的快速上涨。建设"一城九镇"，也是在探索解决上海未来发展的战略空间问题。

今天进行新一轮的新城建设，实际上是上海新城建设的 3.0 版本了，其着力点、出发点、着眼点完全变了。今天的新城建设，不是纯粹为了解决上海自身发展的问题，更不是纯粹为了解决郊区自身发展的问题，现在的郊区是未来上海城市发展战略重要的资源、重要的支撑。3.0 版本的新城建设要为国家赋予的上海自贸区建设、创新中心建设、长三角一体化建设等国家级战略服务，新城要成为国家战略最重要的战略空间、战略资源和战略支撑。我们要重点研究长三角公共 CBD 即虹桥国际商务区和青浦新城、嘉定新城的关系，临港自贸新片区和南汇新城、奉贤新城的关系，长三角一体化示范区和青浦新城、嘉定新城、松江新城的关系。从国家战略的角度再来规划新城建设，高度和视角就不一样了。因此未来新城的功能就必定是要具有辐射性、带动性和战略连接性的。上海市委市政府提出新城应该是独立的、综合性的、节点性的城市，道理就在这里。所以放在目前的大格局下来看新城发展的战略意义，我们就能想明白，新城建设不仅仅是为人口而人口，为交通而交通，为企业而企业，而是要把新城打造成全球城市建设、社会主义国际化大都市建设所需要的功能性平台。

因此，新城建设，我们要改变什么？要改变以往的规划思路，摒弃内环线规划思维决定外环线外发展的规划思路，新城规划必须树立有节点无边界思维。新城建设还要改变投入机制、增强投入力度，尤其要增加市级投入力度，真正把郊区新城变成上海的新城，而不是郊区的新城，从而更快更有效地消除新城发展中交通、社会资源配置等各类短板。此外，还要改变开发商思维和简单的造城运动思维，将新城打造成上海社会主义国际化大都市建设的功能性平台。

二、新城建设，我们想要建设什么？

上海市委、市政府关于新城建设的总体目标，是要把新城建成独立综合性节点城市，怎么来理解独立、综合性和节点的含义？

首先，建设独立城市。独立不是简单的自成体系，是指在功能上的独立。

新城的独立并不意味着和主城区是脱离的，也并不意味着几大新城是不连接的，更不意味着和长三角其他地区是以邻为壑的，是互不兼容、相互排斥的。目前新城还是要依托中心城区功能，要大量导入市中心优质资源，然后吸引长三角地区，甚至国内外其他地区的资源进入新城，只有这样才能够奠定上海新城的地位，充实新城的各项功能。新城只有"更上海"，才能更"长三角"。所以新城的独立是指：完善自身功能、减少对市中心的依赖度，目前要强化吸纳力和吸引力，未来要有辐射力。而要做到这一点，新城必须要有相应的规模，要有自循环能力，要有强链接功能。

从成规模看，新城要有相应的人口规模、土地空间规模。各新城人口规模应达到100万人左右，应尽量达到Ⅱ型大城市的标准，也就是城区常住人口规模在100万—300万人之间。按人均建设用地120平方米计算，新城的建设用地规模均应在100平方公里以上。按照目前五大新城的规划规模，只有松江新城达到了Ⅱ型大城市的标准，嘉定、青浦、奉贤、临港都只达到中等城市的标准，与周边的昆山、张家港、太仓、常熟、吴江等存在等级代差。目前正进一步调整完善新城规划，按照大城市标准谋划百万人口级别的城市框架，适当扩大城市开发边界，提高开发强度，淡化人口总量考核目标，提升新城地位。有了空间容量，才有吸引人、吸引产业落地的基础。

从自循环看，要力求人在新城工作、人在新城生活。建构相对独立的产业生态，即基本能就地就近完成产业水平分工，从而提升岗位与人口的匹配度。建构相对完整的社会生态，如高品质的学校、具有专业特色的高能级医院等；建构符合各新城特点的人文生态，培养居民对新城的归属感。在促进职住均衡方面，借鉴国家级产城融合示范区经验，实现"人在新城工作""人在新城生活"，倡导"15分钟工作圈"和"15分钟生活圈"发展理念。打造以人性化、数字化为依托的物理空间和数据在线空间，打造全新的创新乐活社区。

从强链接看，强链接的第一个含义是交通要强链接。最关键的是要解决新城与上海市中心的基础设施强链接。目前完全靠地铁解决不了问题，到中心城区的时间距离远大于空间距离，要从根本上解决交通快速通行问题，主要依靠郊铁。新城只有与上海市中心区保持高强度高便利度交通链接，才能更"长三角"，否则别的地区就会穿越新城直达上海市中心及其他重点功能区。目前对郊区而言，不仅存在上海市中心一极的磁力中心，而且多极磁力中心正在形成，比如苏州北相城区至虹桥商务区15分钟快轨建设等一批长三角轨道建设工程正密集开工，交通节点型城市正在迅速增加。强链接的第二个含义是指新城的建设要纳入都市圈的发展，未来15年到20年，也是中国都市圈拉动经济的时代，靠一个城市单极拉动发展的时代已经过去了。一个地区的发展必须纳入都市圈的发展范围中，孤悬于都市圈以外的城市注定是发展不了的，所以新城和周边城市必须是产业强链接和交通强链接的，从这个角度看，新城是独立的但又不是孤立的。嘉闵线未来要延伸到太仓，张家港到常熟到苏州北相城，未来将与虹桥接通，这些用轨道交通连起来的功能组合区块，会成为长三角地区最有经济活力和人员快速流动集聚的新型中国城市单位。这对落实双循环发展战略，促进中国下一轮经济的爆发性增长，具有深刻的意义。因此，五个新城的未来更在于与其周边的长三角城市联系的紧密度，五个新城要成为与周边城市交互交汇的节点型地区。

因此，成规模是指形成相对独立的功能，增强吸引力的资本。相对自循环是为了解决对中心城区的依赖度，减少潮汐式通勤，减少对市中心公共资源的依赖，提升产城融合度，从而提升每个个体的生命质量。人们减少了路途的奔波，才会有闲暇，才能产生像陆机、陆云这样的大文人，而不是只会生产的工作机器。我想未来的新城更应该是一个生活友好型、生育友好型的城市，人们在这里能找到财富，找到快乐，找到灵感，找到爱情，找到夫妻间、孩子间交往的充裕时间和空间。强链接是为了把新城打造成为一个自身具有连接能力的地区，在中国进入都市圈拉动发展的年代，成为区域发展的有机组成部分。

其次，建设综合性的城市。城市功能相对完备，城市特色相对混序。

从功能相对完备看，新城应该拥有比较完备的城市生态功能、城市社会功能、城市经济功能、城市服务功能、城市创新功能等五大功能。特别要加强服务功能布局，推进国际知名大学和市内高校、三甲医院、高品质文化和体育设施落户新城。此外，还要注重对原有存量资源的深度挖掘。

从城市特色相对混序看，主要表现为如何处理好产、城、人之间的关系。形态、业态、人口、功能是"混"状规划、监管和营商环境则要"有序"。要打造各色人等、各类业态的乐活空间，不能把新城建造成"企业＋宿舍"的单色空间。规划要给城市的自然发育留有空间，规划的最高境界应该是无序而序，方为大序。切忌规划不留白，一竿子到底全覆盖，最忌讳的是用几纵几横、几圈几点来描绘新城的发展；新城的发展是疏通脉络和机理的过程，要充分尊重发展现状，规划要通"人性"、知"习性"。目前，新城"产"的成分大于"城"、大于"市"。嘉定、松江、青浦、奉贤和临港都在城区周边设立了产业园区，由于过分强调工业的集聚，导致园区只见物不见人，只见工厂不见城镇，缺乏社区单元，与相邻的城市也没有紧密联系，没有起到支撑城市经济发展的基础性作用。大部分园区是工业化时代规划的产物，适合工业化生产布局，大空间、大马路、大人流、大货流成为城区主要特征。园区内的各类产业载体大部分是标准化存在，城市商业及生活设施配套滞后，公共空间极度缺乏，一部分原有的公共空间也因为招商引资的利益驱动，而被企业占用。在以互联网技术为支撑的科创时代，公共服务空间、生活服务空间、共享众创空间的需求猛增，夜间工作模式成为常态，夜间经济绝不是摆摊设摊，不是开一些日夜商店就能涵盖的。如何打造知识工人需要的产业社区和生活社区，成为新城建设中的核心问题之一，目前的园区很难满足科创主体的活动需求，推进产城、学城、创城（产业和城市的融合、学校和城市的融合、创业和城市的融合）的融合程度提升仍然需要做大量的工作。

最后，建设节点型城市。节点，是指新发展格局空间战略支点、省际毗邻区域协同发展示范点、上海市域都市圈的主要组成节点。

从新发展格局空间战略支点看，新城应该成为上海支撑"国内大循环为主体、链接国内国际双循环"经济发展格局的空间战略支点。探索松江新城与G60科创走廊、青浦新城与G50绿色发展走廊、嘉定新城与G42高端智能制造走廊、南汇新城与临海临港战略性新兴产业走廊等产业联动发展的内容及合作方式。结合全市四大功能建设和重点区域开发，积极争取和推进重大功能项目落户新城，进一步丰富新城的产业形态，形成一定的集聚辐射效应，真正将新城打造为"反磁力中心"。

从省际毗邻区域协同发展示范点看，按照长三角一体化国家战略要求，推动上海与近沪区域及苏锡常都市圈联动发展，构建上海大都市圈，推动省际毗邻区域协同发展，探索省际毗邻区域协同发展新机制。上海市市长龚正曾十分清晰地提出新城发展三个层次的观点，即新城和主城区层次、新城和新城层次，更重要的是新城对外的层次。上海建设新城，不是只为内部服务，实际上新城的重要功能是要有对外服务的功能，新城的竞争力、辐射力来自对外服务，比如写进《长江三角洲区域一体化发展规划纲要》中毗邻地区规划的嘉定—昆山—太仓地区的发展。

嘉定新城应该担当什么角色？嘉定本来就是新城。产业层面上，已形成了中国重要的汽车集成和制造业中心；1958年被定位为"上海科学卫星城"，所以嘉定新城的建设有科技创新基因，嘉定也是上海建设具有全球影响力科创中心的重要承载地。嘉定也集聚了大量现代工业，新城工业产值规模已经超过1 200亿元；积累了战略性新兴产业的良好基础，高新产业达到了400亿元产值；引入了大量高端科技人才，集聚了科研大院大所。嘉定和与其比邻的昆山、太仓等长三角城市在文脉、血脉、人脉、商脉上四脉相通，在新城建设中对地域文化有相当好的支撑。昆山、太仓的德资企业基础好，同济大学的车辆、建筑规划等多个学科的学术带头人和科研团队到嘉定开展产学研合作，据悉同济大学未来也计划把德国的新能源汽车、养老、医疗、运动器械等产业前端、德国设计奖中国总部、德国工程科学院院士中心的中国联络点都设在嘉定，嘉定新城和太仓、昆山可以打造成为长三角地区德资企业的集聚区，成为中国面向欧洲的产业合作与发展的高层次示范区。

从上海市域都市圈的主要组成节点看，我非常同意诸大建老师的观点，即按照"着眼超大城市整体战略布局"要求，以中心城市—都市圈—城市群的发展秩序，形成"1+5"上海市域都市圈，即1 000多万人口的中心城市+5个100万人口的中等规模城市，五个新城成为上海从中心城到市域都市圈的主要组成节点。

三、新城建设，到底新在哪里？

新城的建设要构建新生态和新空间的规划和建设新理念。

首先，建构"自然生态、产业生态、社会生态、人文生态"的大生态体系。

从自然生态看，新城要更江南更水乡。新城与中心城市的"钢筋森林"形成互补，新城建设风格应为"近绿亲水"；强调篮网绿道提量增质，街道及公共空间舒适宜人；以高于中心城的标准提升新城各类公园绿地建设和运营水平。在新城与中心城之间建设绿色空间过渡带。探索新城建设中借助于江南水乡自然生态环境，发展"绿色经济、创新经济、体验经济"的路径。在上海整体进入后工业化阶段，在推进生态文明建设的当今，新城的建设应与整个区域的生产方式及生活方式的变化结合起来，与新城的生态优势建设结合起来。

五个新城要以"产业生态化、生态产业化"为发展主轴。用新基建技术提升城市土地、自然环境、基础设施运行的质量，将五个新城作为新基建的最佳实践和场景应用基地。

五个新城尤其是松江新城、青浦新城等要充分利用良好的生态环境优势，实现有风景的地方兴起新经济的产业发展理念。以青浦新城为例，青浦有风景，青浦是上海的水之源、绿之根。生态优势是青浦的宝贵财富，是市民生活品质的基础，也是吸引优质企业的核心竞争力。如当年马化腾将云计算中心落户青浦的主要原因之一就在于青浦丰富的水系资源，云计算集聚区必须综合考虑节能减排的目标，要求企业采用新型低功耗服务器，结合风系统的自由空气交换技术，结合水系统的自由冷却技术等先进能源管理技术，最大限度减少电力消耗。华为的基地选在东莞松山湖、苏州桑田岛、上海青浦，良好的自然生态是十分关键的决定性因素。

从产业生态看，要强调多元布局，强化产业结构弹性，减少因产业大起大落对新城发育发展的影响。目前五个新城占上海制造业产出的40%，全市规划新增产业空间178平方公里，其中，新城面向服务产业的新增空间约115平方公里，占全市的三分之二以上，五个新城必然是上海高端制造业集聚地和创新策源地。要重点研究吸引与集成电路、人工智能、生物技术、新能源汽车、大飞机、新材料、海工装备相关的市属国有企业总部、民营企业总部在新城集聚的方案。研究筹划一批抗经济周期波动的产业落户新城，如中高端消费品制造业、用以维护城镇安全运行的装备制造业等，强化新城产业结构弹性，促使新城的发育发展有一个比较稳定的中长期成长环境，避免因产业的大起大落造成新城发展出现断点。

从社会生态看，要进一步促进产城融合，坚持高标准公共服务，提高新城吸引力。一是推进"产业园区—大型功能区—城镇生活区"等不同板块空间联动，提高新城本地居住、就业人口比例，如在临港联动建设重装备产业基地—综合保税区—顶尖科学家社区等。二是加快向新城引入各类社会资源，建设一批高等级的医院、教育、文化、体育设施等公共配套资源。抓住机遇大力引进各类教育资源，五个新城应各自引进一所研究型大学和一所本科以上国际性大学，打造长三角地区国际教育高地。均衡推进优质义务教育阶段和高中阶段的公办学校、公办医院、专业化艺术机构等发展，满足新城不同群体多元化分层次需求。三是实施差异化住房供应政策和房产税征收政策。在人才住房保障方面，推动临港政策向新城覆盖，适当放宽购房资格限制或限购区域；调整商品房户型规定，目前要求以小户型为主，今后应增加120平方米以上大户型比例，为高端人才引进提供多种住房保障。

从人文生态看，一是促进创新生态与人文生态相结合，建设社会友好型新城，促进学城高度融合。松江大学城等要在安全得到保障的条件下，打造开放式校园，地区居民和其他研究机构人员都可以利用校园设施、学校食堂，图书馆资料可以互相借阅复印，使整个新城变为"知识城"。二是推动新城大居与新城文化融合，建设共享包容型新城。目前，每个新城的大居人口基本上在10万人左右，除了配套医疗等服务设施以外，应建设更多的邻里中心、社区活动中心等文化融合空间，不仅使其在地化，更要本地化，强化市区动迁居民的归属感。三是推进新城混合功能开发，打造各色人等、各类业态、各种文化兼容并蓄的乐活空间。四是通过社区营造，推动各新城历史文化基因活化，打造令人流连忘返的个性化新城。对新城所在区的历史文化进行深度挖掘，实施兼顾软件设施与硬件设施的综合城市规划政策，以打造"景观十年，风景百年，风土千年"的社区城区风貌。以松江区为例，松江是多元的，是上海之根、沪上之巅、西南之核、浦江之首、花园之城、大学之府、经济重镇。对松江新城而言，历史是魂魄、文化是根基、交通是经脉、大学是支撑、经济是结果。松江新城重点要处理好城市和产业融合，新城和老城、城区和松江大学城联动发展，经济发展和生态保护，城市发展和文化传承以及城镇建设和管理的关系。在实施新城社区营造中应遵守的原则为：以实现公共福利为目标，尽量减少大型综合类房地产企业进入；积极引入专业开发商；成立社区营造"专业委员会"，吸收居民代表参加，充分体现"人民城市人民建，人民城市为人民"的城市建设文化；激发各街镇文化创造的独立性与原创性；遵循环境共生的原则；秉承全球化视野与在地性相结合的原则，引入国际化文化元素。

其次，构建以新物理空间、数据空间、人与人交往的新社会空间为代表的新三维空间规划体系。

从新物理空间看，快速交通正构造长三角地区全新的经济地理空间，新城应成为其有机组成部分。目前已经不是高速公路时代的城市化，而是高速铁路时代的城市化，交通节点型城市越来越多，企业空间布局正在发生重大变化。在离开核心城市枢纽交通节点半小时、一小时和一小时以外三个高速铁路圈层内，大量的头部企业进入半小时交通圈内,半小时至一小时交通圈内正沉淀和集聚大量需要中试空间的制造类研发型企业,一小时以外交通圈内大量的制造业企业在加速集聚。这就需要上海以临港新片区、长三角一体化示范区、虹桥商务区、五个新城为重要节点,优化轨道交通的布局安排,把"三区"(临港新片区、虹桥商务区、长三角一体化示范区)和五个新城等重点区域串联起来,逐步构建与长三角一体化发展和上海都市圈建设相匹配的城际和市域交通体系。以"三区"和五大新城为节点,连点成线、勾线成网,高起点规划建设区域性"蛛网状"轨道交通体系,同时力争使得每个新城成为长三角近沪城市交通线节点。由于新城建设是在高铁不断提速与加密的新物理空间时代背景下展开,应借鉴日本大田市经验,形成新城产业发展"聚合、服务、近便"的三种效应,建立新城产业零部件物流配送便利通道,提升产业空间交流交往便利度,把新城打造成为中国著名的Knowhow集聚地。

以青浦新城为例,其拥有特殊的区位优势和功能性产业优势,是上海唯一一个和江苏、浙江两省都接壤的行政区,东靠虹桥综合交通枢纽,区域内有G50沪渝高速、S26沪常高速、G15沈海高速等多条高速公路,有16条可通航500吨级船舶的航道。同时青浦承担着长三角一体化示范区和进博会两大国家战略,拥有会展产业功能平台、快递物流产业功能平台、跨境电商产业功能平台等产业资源,企业所需要的所有配件、展会服务、货流运输等,在青浦几乎都能得到快速价廉的满足,科创所需要的"相对便宜、绝对便利"在青浦得到了显现。

从数据空间看,这是互联网技术带来的全新空间,其对经济的影响体现在三个方面:一是数字产业化,包括宽带中国、物联网应用推广、云计算创新发展、"互联网+"行动,大数据应用,国家政务信息化,电子商务和网络安全保障等八大产业正进一步深化,基于物联网、大数据、人工智能的专业化服务,围绕城市公共管理、公共服务、公共安全等领域,支持有条件的新城建设基于人工智能和5G物联的城市大脑专业集群；二是制造业内涵正发生重大变化，工业品研发设计、工业互联网、新型工业品交易方式构成新城制造业新内涵；三是商业模式发生巨变，新城应该重点建设基于贸易导向型的专业交易平台企业。

　　从人与人交往的全新的社会空间看，大量资源和信息的获取与配置方式越来越趋于扁平化，人们的交往密度和方式与工业化时代差异很大，对城市第三空间单元的需求趋于多样化、小型化，娱乐、生活、工作三者的边界开始模糊，对新城建设特别是商业物理空间、办公物理空间的建设提出了新要求。

对上海五个新城建设理念的思考

李显波 / 上海发展战略研究所所长

田春玲 / 澎湃新闻记者

2021年上海"两会"上,"如何以嘉定、奉贤、松江、青浦、南汇五个新城建设为发力点,加快构建上海未来空间发展新格局"成为热议话题。2021年1月28日,就上海的新城开发该如何定位、新城发展是否有可借鉴经验、未来新城开发该如何发力等问题,澎湃新闻记者采访了上海发展战略研究所所长李显波。

未来,上海五个新城该如何突围?在采访中,李显波重点提出如下观点:

第一,上海在新城开发方面是较有发言权的,因为从历史视角来看,20世纪90年代浦东开发开放实质也是一种新城开发,如此独特且厚重的历史传统不能忘也不能丢。

第二,新城开发是为上海打造新的发展动力源,但更应该成为上海超大城市升级换代、换血,从而焕发新活力的试验田和示范地,必须要有新思维、新机制和新做法,这方面借鉴浦东开发经验非常重要。

第三,国内外新城开发不温不火、进退维谷的案例很多,说明新城开发本身是一个超复杂的系统工程。鉴于此,大城市的新城开发必须得到母城重点支持,必须发挥集中力量办大事的优势,仅依靠新城所在行政区自己发力困难巨大。

第四,唯物辩证法非常讲究抓重点,尤其在资源相对有限的条件下，五个新城建设不可能平均用力，可先重点发展一两个新城，其他新城在整体顶层设计下稳步、错位、有序推进。

第五，判断新城建设是否成功的标准是什么？上海的新城和其他大城市的新城应该有什么不一样？上海的新城建设不仅仅要看增加了多少GDP、拓展了多少城市发展新空间、城市自身的架构性能是否完善，更要看是不是形成了能够代表上海服务、辐射全国甚至全世界的某项或某几项功能。

第六，上海五个新城的周围，存在着多座大小规模不一却都非常优秀的长三角城市，某些县级市的经济体量甚至大幅超过一些新城所在的行政区。这种情况下上海的新城发展路径是什么？一定要高举高打，依托上海整个城市能级强化设计、整合资源、苦练内功，形成自己旗帜鲜明的特色，否则想在长三角城市群中站稳脚跟是很难的，更别提服务、辐射长三角了。

澎湃新闻：上海五个新城并不算是新规划和新提法，但按照上海未来总体规划，接下来要加速新城发展，那么，您如何定位这一轮上海新城开发？

李显波：首先，全国各地都在想办法发展新城，但特别成功的案例并不是很多。从新城自身发展程度以及与主城的互动关系看，从全国范围评价下来，大家觉得上海的新城建得是不错的。

为什么大家对上海的新城建设评价比较高，那是因为有上一轮浦东开发开放的成果和经验。从历史的眼光来看，浦东开发开放其实就是新城开发，是在浦西主城区发展遇到瓶颈的情况下，进行大刀阔斧的开发开放发展起来的。今天来看，上一轮浦东开发开放的经验，对上海新城开发仍然非常重要，上海如此独特且厚重的历史传统不能忘也不能丢。

其次，从上海城市自身发展来看，在新的经济社会发展格局和区域发展新格局下，中心城区尽管也在不断进行城市更新，但总体已经较为成熟和成型，各种要素资源聚集饱和度和综合成本都在不断上升，无论是从城市品质、城市能级还是城市动力来说，上海的确需要寻找新的发力空间和平台来推动新一轮更好发展。因此，在中央"五大理念"的指导下，结合"五个中心"和"四大功能"等重要定位，上海提出要加快形成"中心辐射、两翼齐飞、新城发力、南北转型"的空间新格局，可以说是既切中要害又正当其时，未来嘉定、青浦、松江、奉贤、南汇"五个新城"建设是上海城市发展的重点所在，也是希望所在。

再次，从新城开发的具体定位来看，五个新城应该成为上海新一轮发展的动力引擎，为整个城市的进一步发展提供动力支撑，这方面上海有着现实和迫切的需要。但这只是上海新城建设定位的一层含义，我们更需要结合上海城市自身发展的特点和阶段来赋予其新内涵定位。

应该说，上海是一个具有强大吸引力与影响力的超级平台城市，多年来形成了一种非常具有特色的"移植平台型"运作逻辑。这种逻辑具体是指，由于自身具有较高的能级和吸引力，整个城市比较注重把国内外的各种巨头企业和机构（尤其是企业总部）移植到上海城市平台上来（社会通俗说法是"挪大树"），而为了能够实现这样的目标，上海又必须把自己的城市平台打造得更精致、更有序、更规范、更有魅力，但同时成本也会更高，这两者之间存在一种互相促动和加强的机制。上海红红火火的发展正是得益于这种"移植平台型"运作逻辑。

但是，伴随着时代的发展与社会的进步，特别是现代科技与产业的日新月异，"移植平台型"运作逻辑对上海"内生创新发展"的制约作用也逐渐明显：一是过于重视移植巨头企业，相对忽视对中小企业的吸引和培育，不利于上海创新创业新动能的打造。在当今新经济发展的大背景下，中小企业才是创新创业的主力军与生力军，正是由于缺乏众多活力十足的中小科创企业的支撑，特别是那些有潜力从零发展成巨无霸的中小企业，比较其他先进城市而言，上海的经济发展动能面临较大挑战。二是过于重视移植，相对忽视自身培养培育，不利于上海强劲内生动力的塑造。近年来外界一直诟病上海缺少自己本土培育的巨无霸企业和著名企业家，这的确是上海发展中的一大短板。很难想象一个缺少众多本土创业型著名企业和企业家的国际经济中心城市能够魅力十足、光彩照人。

在某种意义上，"移植平台型"逻辑的展开越充分，对"内生创新型"模式的冲击就越大，这两种逻辑的指向与要求存在明显的不同甚至相互矛盾之处。可以说，当前阶段上海发展最大的困惑就在于"移植平台型"与"内生创新型"两种逻辑的纠缠。上海未来的出路一定是"国际平台＋内生创新"两种逻辑的更高效率、更高融合水平的组合配置。这就要求上海在未来发展中一定要有创新性思维，在积极吸引国内外优质资源的同时，也为上海培养内生动力留有足够空间和足够的制度支撑。

承担这种为上海培养内生创新动力使命的重要载体就是新城。新城开发，不能像中心城区的做法一样，把中心城区的功能简单挪到新城，或者仅仅是一些资源要素的堆积。新城和中心城区的发展思路和逻辑应该有重大不同（新城不应该变得越来越像主城），新城开发应该是一个超大城市升级换代、换血，从而焕发新活力的试验田和示范地。

回顾历史，浦东就是一个按照这套逻辑发展的成功案例，它不是中心城区的简单外延，它探索出了一种新操作方式、新做法，是在体制机制上的根本性创新，成为新的功能承载之城。新城发展起来之后，自然会反哺上海主城区，会对整个城市都有较大提升和带动，使得上海再次脱胎换骨。可以说，现在大力发展新城，除了做大增量，增强新城的集聚和辐射能力外，最重要的目的就是要给上海这座城市重新注入新活力，使上海涌现出更多的从零成长为全国甚至全球领先的企业和机构。

澎湃新闻：三十年前上海只有一个浦东，而现在，上海有五个新城，又该如何借鉴浦东的经验来发展呢？

李显波：首先，需要明确一个观点，母城重点支持，是开发新城的一条重要规律。国内外新城开发不温不火、进退维谷的案例很多，说明新城开发这件事情本身是一个超复杂的系统工程。鉴于此，大城市的新城开发必须有母城的重点支持，必须发挥集中力量办大事的优势，仅依靠新城所在行政区自己发力困难巨大。

其次，新城发展还是要聚焦重点，不可能五个新城同时、同步发展，然后都能发展得非常好，这不符合客观规律，毕竟各种资源都是有限的。新城发展要想有突破，指望每个新城自己做增量，能级是不够的，所以，必须全市重点支持，先重点发展一两个新城，其他新城稳步推进，错位、错时发展。目前的五个新城，在开发的强度和次序上，需要有全盘考虑和大局观，这个问题要引起重视。

在战略上，应努力避免新城开发"同时多点开花"，这是摆脱战略被动和困境的本质要求，也是唯物辩证法的基本要求。这使我想起了20世纪60年代以后中国日益加重的不得不两线作战的国际环境，对这一点毛泽东主席说得非常明白。1972年1月6日，毛主席同周恩来、叶剑英谈及中美联合公报草案时说："其实这个公报没把基本问题写上去。基本问题是，无论美国也好，中国也好，都不能两面作战。口头说两面、三面、四面、五面作战都可以，实际上就是不能两面作战。"

澎湃新闻：如果要重点发展一两个新城，怎么考量先发展哪个？又该怎么发展？

李显波：我们现在建设新城的路径和方法，是要拼命砸资源把周边的人口和资源吸引过来，还是其他的路径？这个需要认真琢磨。

现在上海五个新城的定位，都是独立的综合性节点城市，基本都是面向长三角城市群的。我的观点是，五个新城的周围，存在着多座大小规模不一但却都非常优秀的长三角城市，某些县级市的经济体量甚至大幅超过一些新城所在的行政区，谁来辐射谁，这事儿还真说不好。为什么是这样？因为上海的新城，目前就缺少独具特色、高能级的功能。所以，新城的突围之路，是代表上海这座城市，把上海的某类、某些特殊功能建立起来，具有强大的辐射力、影响力，而不是新城自己的简单城市化。

比如纽约附近的康涅狄格州的格林威治小镇，它为什么可以发展成为全球著名的对冲基金小镇？这个例子给我们的启示就是，纽约这样一个国际金融中心旁边，可以有一个具有相对独立功能的金融载体平台。全世界的基金大佬，不需要到纽约，直接去这个小镇，就可以把全球的业务谈成，把全球的生意做成。它也是纽约金融中心的重要组成部分，这种发展既有错位，也能互补。

所以，上海的新城发展，不能只是盯着辐射长三角，还要放眼更大的范围。新城一定要代表上海独立承担某项功能或者几项功能，应该是代表上海服务、辐射全国甚至全世界，这时候，新城才有能力成为长三角的节点城市，否则，这个独立的综合性节点城市也很难建成。

这几年，深圳的前海发展得很好，别看它是很小的一个区域，但它可以辐射全国很多地区。上海的新城辐射能级也要从全国甚至更大范围去考虑，才能真正发展起来。

澎湃新闻：那么，具体到需要重点发展的新城，应该如何操作？

李显波：新城可以设定一些中心城区不容易发挥、但自己却比较适合的功能。比如科技创新、贸易链接、流量平台、产业化落地、特色研发、特色文旅等功能，具体是什么功能，可以再全盘考虑。

这种发展和开发的方式是多样的，比如，目前上海有些新城好像找到了一些感觉，这是因为它在科技创新产业化方面，抓住了一批科创型的中小企业，尤其是活力、动力比较强的民营企业，为这些企业提供更好的环境支撑和服务，让企业快速成长，新城跟着企业一起分享了成长红利。在这个基础上，如果在体制机制上再有一些相应的授权和支持，那么这类新城一定会发展起来，会自然而然形成资源集聚的效果。

五个新城具体如何发展，要重点考虑如何打造特色定位、特色功能和特色品牌。比如杭州这样的城市，表面看它是在打旅游牌，打文创牌，但它通过这种方式，整体提升了城市综合环境和营商环境，反过来极大促进了创新型产业、高科技产业和服务经济的发展。

最后要强调的是，先重点打造一两个新城，不是说其他新城就不发展了，而是在全市统筹安排框架下，要各自找好定位，定好框架，做好功能培育，设定每个新城的发展路线图和时间表。结合上海"五个中心""四大功能""三大任务、一大平台"等重大国家战略使命，每个新城都能找到自己的聚焦点和发力点，最后都能绽放出一个与众不同、令世人惊艳的特色城市。

建设五个新城要着力补好五大短板

任新建 / 华略智库创始人

新城是上海推动城市组团式发展，形成多中心、多层级、多节点的网络型城市群结构的重要战略空间。上海推进新城建设，从21世纪初的"一城九镇"城镇化发展战略、到"十一五"时期提出的"1966"城镇体系（即1个中心城、9个新城、60个左右新市镇、600个左右中心村），再到"十二五""十三五"期间提出的七大新城（嘉定新城、青浦新城、松江新城、奉贤新城、南汇新城、金山新城、城桥新城），已历经20年时间。

2017年，国务院批复的《上海市城市总体规划（2017—2035年）》明确，将嘉定、青浦、松江、奉贤、南汇等五个新城培育成在长三角城市群中具有辐射带动作用的综合性节点城市。上海市委书记李强指出，要借助新城建设，推动全市发展布局更加均衡、人口分布更加合理、扩大投资有更广阔空间、功能提升获得更有力支撑，努力把"五个新城"建设成为上海承担国家战略、服务国内循环、参与国际竞争的重要载体和令人向往的未来之城。

建设好"五个新城"，必须尊重城市发展规律，按照综合性节点城市的要求，着力完善城市功能和基础配套，特别是要补齐新城建设的五个关键短板。

一、交通短板

这是当前五个新城建设面临的最为突出的问题。由于距离中心城区普遍较远,新城与中心城区通勤时间基本在 1 小时及以上,快速高频交通连接不够,人流潮汐峰谷现象明显。比如,嘉定新城对外交通连接过度依赖 G15 沈海高速,过境和到发车辆混行、客车和货车混行现象明显,与中心城区的联系主要依赖 S5 沪嘉高速,入城通道经常处于拥堵状态;松江新城与中心城区之间仅有一条 G60 高速公路,轨交 9 号线高峰时段严重超负荷,运能不足;南汇新城从滴水湖到人民广场开车需要 1 小时、地铁需要 1 个半小时,通勤时间和成本较高。

交通的不便捷,严重制约了新城产业和人才等要素资源导入。加快解决交通短板是新城建设的当务之急。要加快推进"环嘉定新城高架快速路"规划建设,有效缓解高快速路网和主城区交通拥堵;推进"三线换乘"青浦新城枢纽建设,增强联通虹桥枢纽和长三角近沪城市交通网络的通达性,推动 G50、G318 扩容提升;推进松江新城 12 号线西延伸工程建设,推动轨交 23 号线向松江枢纽延伸,规划建设 9 号线连接 17 号线;建设奉贤新城上海南部交通枢纽,研究增设沪乍杭铁路奉贤站,启动轨交 15 号线南延伸段建设,充分激活新城服务辐射杭州湾北岸的节点功能;建设南汇新城与浦东机场、虹桥机场、铁路东站等交通枢纽的快速通道,推进北连江苏、南通浙江的沿海大通道规划研究,推动南汇新城成为国家沿海大通道的战略节点。

二、产业短板

产业是城市发展的重要支撑。目前,五个新城均已具备一定的产业基础,但产业能级和体量普遍较低,活力和竞争力不足,特别是现代服务业普遍不发达。比如，嘉定新城作为重要的汽车城，缺少有影响力的汽车头部企业总部，汽车制造企业数量占比不高，汽车产业主导色彩不明显；青浦新城作为长三角生态绿色一体化发展示范区的核心载体，在产业体量和能级方面低于嘉善和吴江；松江新城产业用地已达到极限，给G60科创走廊的重大产业项目落地带来难度；南汇新城先进制造业正在加快布局，但服务业发展较为滞后。

要加快提升新城产业能级，着力增强新城自我造血能力。嘉定新城要围绕打造世界级汽车城，积极争取汽车领域龙头企业、整车企业、研发总部和功能性机构落户，大力推动上汽集团总部迁入，加快完善汽车上下游产业链，加快做强新能源汽车产业，做优汽车服务功能；青浦新城要结合长三角生态绿色一体化示范区规划，加快提升产业能级，促进创新资源集聚，增强在示范区和长三角的引领能力；松江新城要发挥好G60科创走廊创新策源和产业引领功能，继续推动市级重大产业项目、重大科研基础设施沿G60沿线布局，加快研究出台市级层面的土地支持政策解决土地瓶颈问题；奉贤新城要围绕"东方美谷"品牌，进一步提升生命健康美丽产业能级，加快集聚化妆品、健康食品、生物医药领域头部企业、跨国公司、研发中心等；南汇新城要结合新片区建设，加快发展集成电路、生物医药、人工智能、民用航空四大产业，着力集聚金融、贸易和各类专业服务业机构。

三、公共服务短板

优质的公共服务是增强新城人才吸引力的重要因素。经过多年努力，五个新城均已具备提供基本公共服务的能力。但和中心城区相比，新城在优质公共服务方面的短板仍然非常明显，普遍缺乏高品质的教育、医疗资源，缺乏高水平的文化服务。特别是在公建配套设施建设中，新城建设成本普遍高于市级核实论证价，导致新城大居公共设施配套建设与安置房建设脱钩现象明显。优质公共服务的缺乏，制约了高素质人才向新城集聚的步伐，导致多数新城人口增长缓慢、人才聚集不足、人口密度明显偏低。比如，南汇新城实有人口总量仅 30 万人左右，本科以上学历人口仅占 8%，距离达到百万人口的目标相差甚远。

加快提升优质公共服务供给能力，是增强新城人口集聚能力和人才吸引力的关键。要进一步推动中心城区优质教育、医疗资源加快向新城布局，实现每个新城都拥有 2—3 所教育领域的"四大金刚""八大名校"，2—3 家高水平的三甲医院，至少 2 个高水平的文化设施和体育设施。特别是要充分挖掘新城现有文化资源、历史文脉，打造各个新城的特色文化品牌。如青浦新城要加强和千年古镇朱家角联动，凸显新城江南水乡特色；奉贤新城要以"十字水街"为链串起古镇遗存，形成"百里运河、千年古镇、一川烟雨、万家灯火"的新江南水乡景致，打造现代版的"富春山居图"。

四、生活服务短板

完善的生活服务功能是新城便利化的重要体现。记忆中的小馆子，随处可见的 24 小时便利店，500 米半径内的理发、维修、洗衣、配钥匙、药店等社区服务和银行网点，体现了一个城市的成熟度，也体现了城市的人性化程度。相比产业和公共服务配套，五个新城在生活服务配套方面的短板更为突出，社区服务功能严重缺乏，导致新城缺乏足够温度。

要围绕 15 分钟生活圈打造，进一步梳理细化必要的生活服务功能配套。在新城人气尚不充分的情况下，采取一定的补贴措施，完善餐饮、洗衣、理发、维修、便利店、卖场、家政、养老院、药店、连锁旅馆等生活服务设施的社区布局，在有条件的区域打造富有特色的小吃街、步行街、夜市、文化休闲体育场所等，让新城更具烟火气、更接地气。在符合新城规划的前提下，充分利用各类地下空间、闲置空间等，推动地下空间改造，发展停车、购物、餐饮、休闲等便民生活服务。

五、城市管理短板

城市管理是体现新城运行效率的重要保障。当前，上海市在大力推进"一网通办""一网通管"，以信息化手段加快提升城市精细化管理水平。五个新城在城市精细化管理方面还存在不少短板。比如，由于新城普遍位于郊区甚至城乡接合部，存在大量城中村，环境治理"老大难"问题突出，老旧小区、集市菜场、轨交站点、医院、学校等"五个周边"脏乱差现象明显；市场方面，违法搭建、无序设摊等城市顽疾治理成果易回潮、久治不愈；公共安全方面，新城大量地下空间、高层建筑、老建筑等消防隐患突出，等等。

要按照总书记提出的"城市管理像绣花一样精细"的要求，加快运用数字化手段提升新城精细化管理水平，在城市治理、生活服务、新经济新业态等重要领域推进数字化创新突破，带动新城整体数字化转型。将人工智能应用全面纳入新城规划、建设、管理、执法、服务全过程，打造智慧建设、智慧城管、智慧交通、智慧旅游、智慧灯景等体系。加强新城管理基础信息采集和基础数据库建设，做到基础数据全面翔实、动态实时、互联共享。对标中心城区，明确新城品质标准，逐步消除市容环境"痛点""堵点""难点"，打造一批具有新城特色的城市管理精细化示范区域。

五个新城：错位发展，政策发力

王丹 / 上海市人民政府发展研究中心城市处处长

彭颖　柴慧　谷金　郑露荞 /
上海市人民政府发展研究中心城市处研究人员

一、明确新城的性质和辐射范围

1. 从节点层级看，五个新城应定位于上海大都市圈城市网络体系中的次区域节点城市

节点城市的节点层级与其经济规模、功能能级、联通广度以及辐射范围密切相关。除了纽约、伦敦、东京等顶级全球城市依托其庞大的经济规模、强大的城市功能和广泛的全球联系，成为全球性节点城市外，大多数节点城市均为区域性或次区域性节点城市。作为世界级大都市圈，上海大都市圈城市网络中的综合性节点城市主要有三个层级：第一层级是全球性节点城市，主要是上海中心城区；第二层级是区域性节点城市，主要是苏州、宁波、南通等中心城市；第三层级是次区域性节点城市，主要是昆山、太仓、常熟等城市。五个新城在总体上应属于第三层级的综合性节点城市，但在某些专业性城市功能上可打造成为区域性节点城市。应根据这一定位来规划布局新城的相关功能和配套设施。

2. 从辐射通道看，五个新城应分别对应上海五条对外通道和经济走廊，着力构筑各通道上的枢纽节点

五个新城应根据各自地理位置，分别依托相应的交通通道，打造

特定的经济走廊，形成各自的辐射范围。其中，嘉定新城应依托 G15、G2、沪宁铁路等智能经济走廊，主要辐射长江南北的苏州、南通地区；青浦新城应依托 G50、S58 等生态经济走廊，主要辐射太湖南北的苏州、湖州地区；松江新城应依托 G60、S32 等创新经济走廊，主要辐射杭州湾北岸的嘉兴、湖州地区；奉贤新城应依托 G15 和杭州湾大桥沿线的先进制造走廊，主要辐射杭州湾南岸的宁波、绍兴等地区；南汇新城应依托海港空港和跨海交通走廊，主要辐射舟山、宁波地区和连接全球市场。

二、当前五个新城存在"三个不足"和"六个短板"

综合性节点城市的主要特征是具有较大的独立性、广泛的连通性和较强的辐射性，从这一要求看，目前五个新城存在着三个方面的明显不足：一是独立性不足。五个新城对中心城区的依附度较高，尤其是在公共服务、要素投入和基础设施建设等方面对中心城区依赖较大，缺少自我发展的意识和能力。二是连通性不足。当前五个新城的对外交往和人流、物流、资金流、信息流主要集中在与中心城区的单向联系上，新城与上海周边城市、新城与新城之间联系薄弱。其中，长三角周边城市与上海之间的通勤联系主要是以周边城市人员在沪中心城区，如漕河泾、徐家汇、人民广场、陆家嘴等地就业为主，流入新城的较少，而由于新城与周边城市的产业雷同现象较突出、合作基础薄弱，产业跨城协作仍处于起步阶段。三是辐射性不足。近年来，五个新城主要是以区级行政中心的定位来推进建设，产业功能和服务功能发展仍偏慢，行政化、内敛化发展特征明显，主要为本行政区内的企业和居民服务，面向区域的综合服务能力不足，各种资源要素流量流入大于流出，对周边城市缺乏吸引力、辐射力和带动力。

之所以有上述不足，主要是五个新城的建设和发展存在"六个短板"：

一是"缺规模"。城市的经济和人口规模是决定其辐射力和影响力的重要基础。目前，五个新城无论是经济规模还是人口规模，都与独立的综合性节点城市要求差距明显。从经济规模看，五个新城与周边城市相比落差明显。从人口总量看，五个新城与预期目标差距也较明显。目前，五个新城的常住人口密度平均在 0.6 万人/平方公里左右，远低于中心城区 2.3 万人/平方公里的平均密度。五个新城常住人口规模在 30 万～75 万人之间，仅青浦新城（59.01 万人）、松江新城（76.5 万人）突破 50 万人，总体上与百万人口目标相去较远。因此，新城的综合实力不够，难以形成"生产力"。

二是"缺特色"。城市的功能优势是增强其资源要素吸引力和其辐射力的关键因素。回顾新城前两轮的发展，要么是以产业园区和房地产开发建设为主，要么以市政设施和基本公共服务设施导入为主，在功能建设上的力度明显不够。因此，尽管五个新城的城市形态有了很大改观，但特色功能打造相对滞后。特别是和新城比邻的上海周边城市在快速发展中塑造的大规模特色产业集群相比（如昆山在光电经济和产业科创中心建设方面已形成基础优势，太仓正依托其新材料和先进制造基础加快在航空经济领域的布局），新城特色产业集群的影响力和辐射力不足。松江新城虽依托 G60 科创走廊建设加快产业功能提升，但产业集群规模仍然偏小、特色标识尚不突出；奉贤新城虽然形成了美丽健康城区特色，但产业高端化和规模效应不够；嘉定新城、青浦新城产业迭代更新偏慢，产业创新引领力不足，产业现状呈现规模小、层次低的特点。

三是"缺交通"。广泛的交通联系和区域交通枢纽地位是构筑城市流量经济节点功能的重要保障。目前，五个新城对外联系主要以国道公路干线为主，连接长三角的对外交通特别是轨道交通较为薄弱，尚无一条城际快线，区域交通枢纽地位尚未形成，对外联系的广度、密度和便捷度存在明显短板。当前，周边的临沪城市，基本都有综合性的交通枢纽，但五个新城中仅有松江新城设有高铁站，其他四城均无高铁或城际轨道站点。松江新城其日停靠车次和年旅客发送量约为 60 车次 / 日、193 万人次 / 年，既低于同处于沪杭线上的嘉善县（68 车次 / 日、292 万人次 / 年），更远低于同等人口规模的昆山市（220 车次 / 日，1 185 万人次 / 年）。同时，新城与新城之间交通联系薄弱，特别是缺乏将各新城串联起来的环状轨道交通线路，使得新城无法成为枢纽型交通节点。据测算，各新城之间利用轨道交通的平均通勤时间需要 2 个小时，通勤效率较低。

四是"缺设施"。完备的公共服务、功能设施等是促进城市自我循环、独立发展的重要支撑。目前，新城各类服务设施均存在缺口。一方面，教育、医疗、科研院所等公共服务设施供给不足。调研发现，松江新城、嘉定新城对儿童专科医院的需求迫切；松江新城对高中教育资源导入的需求强烈；与新城产业功能相匹配的中、高等科研院校尚不足。另一方面，标志性功能设施的数量、规模和影响力不足。青浦新城尚无一家大型剧院、美术馆和音乐厅。尽管嘉定保利剧院、奉贤九棵树未来艺术中心、松江广富林遗址公园等已对近沪城市形成一定吸引力，但布点较散，尚未形成规模效应。因此，新城的高等级公共服务仍严重依赖中心城区，尚不能自我满足，更难以为长三角城市提供服务。

五是"缺政策"。特有政策是加快新城发展、促进资源要素集聚的重要催化剂。目前，新城缺乏以建设综合性节点城市为目标的导向性政策，前期发展所出台的系列支持政策总体上未能落实，或因缺乏配套细则而无法操作。同时，各新城的产业发展、住房安居、资金投入等政策基本相似，新城特色功能定位不明晰，城市建设标准与中心城区不一致，阻碍了资源要素集聚。对于"需要什么样的人""什么样的人会来""人到新城来干什么"等问题，各新城尚不清晰。此外，由于缺乏特定政策的有效支持，五个新城仍以区行政中心的角色自我演进发展，可调用资源不足，导致新城与中心城的精品意识和精细化管理要求相比差距明显。

六是"缺总部"。新城要对周边城市形成一定的辐射作用，必须要有大型企业总部入驻。从国际上看，很多世界500强企业总部都落在国际大都市的周边城镇。缺乏大企业总部不仅限制了新城的经济流量和人口流量，而且抑制了新城产出水平和经济规模的提升。

三、处理好三大关系

在城市网络体系中，节点城市要发挥流量经济节点功能，必须处理好与高层级、同层级和低层级节点城市的关系，实现不同层级节点城市间经济流量的高频交互，发挥核心枢纽作用。五个新城要打造成为独立的综合性节点城市，必须重点处理好三大关系：

一是新城与中心城区的关系，核心是处理好全市产业布局问题。上海中心城区要建成"五个中心"的核心区，需要进一步集聚国内外资源，提升城市能力；而五个新城要打造综合性节点城市，也需要集聚相应的资源。如果处理不好，有可能形成相互争夺资源、自我竞争的现象。因此，必须统筹好全市产业和城市功能的布局，既不能因中心城区提升核心功能而制约新城建设，也不能因新城建设影响中心城区核心功能提升。因此，可以将五个中心的功能进行细分，将部分细分功能布局在五个新城，从而形成中心城区与五个新城功能互补、错位发展的格局。

二是新城与新市镇的关系，核心是要解决好上海全市人口布局问题。五个新城要提升辐射力和影响力，需要集聚较大规模的人口；而乡村振兴中的新市镇建设同样需要有一定的人口集聚度，两者在人口布局上存在一定的矛盾。从近年来各新城的新增人口来源看，10%来自中心城区，49%来自本区城镇化人口。随着上海人口总量持续下降，未来新城和新市镇的人口矛盾还会进一步凸显。因此，必须统筹考虑全市的人口布局和人口政策，既要保证五个新城形成一定的人口规模，又要避免新城人口的过度集聚，影响新市镇建设和乡村振兴。为此，需要在全市人口政策上适当调整，引导外来人口向新城流动。

三是新城与新城的关系，核心是解决好交通布局问题。五个新城要建成综合性节点城市，不仅要对临近上海的周边城市形成辐射作用，而且对上海市域范围的其他新城也要有一定的辐射作用。为此，需要加强新城与新城之间的交通联系，特别是轨道交通联系。要优化市域轨道交通布局，改变目前以中心城区为中心向周边放射状扩散的轨道交通格局，构建以五个新城为次级交通枢纽节点的网络状轨道交通体系，促进新城与新城之间的要素流动。

四、形成专业性功能特色，实现错位发展

对节点城市来说，没有特色就没有集聚度。上海大都市圈范围内城市密集，产业雷同现象突出，特别是上海市域面积只有 6 400 多平方公里，如果五个新城在产业和功能上没有形成各自特色，就会造成争抢资源、相互掣肘、恶性竞争的现象，形成不了节点城市所需要的集聚度和辐射力。

从目前的基础和条件看，在五个新城中，只有松江新城起步较早、发展较为成熟，有可能培育出多维度的专业性功能特色，形成综合性功能特色，其他四个新城都应依托各自优势，打造专业性功能特色，建成上海大都市圈内专业特色鲜明、富有吸引力和影响力的节点城市。具体来看：

松江新城应依托相对完备的产业体系、"上海之根"历史文化底蕴、G60科技创新走廊和大学城资源，以科教和"双创"为动力，建成集产业、科技、文化、旅游于一体，具有综合性功能特色的节点城市。

南汇新城应充分利用面向大海、海空港齐备的区位条件和临港新片区的政策优势，大力发展以海洋经济为特色的节点城市，争取建成全球

海洋经济中心城市。

青浦新城应充分利用长三角生态绿色一体化示范区建设契机，导入具有全国乃至世界影响力的会展、科教、医疗等资源，建成以绿色产业和高端服务功能为特色的节点城市。

嘉定新城应依托雄厚的汽车工业基础、丰富的智能应用场景和新经济优势，强化产业集聚和价值链延伸，建成以智能汽车和新经济为特色的节点城市。

奉贤新城应依托"东方美谷"产业集群、杭州湾沿岸新能源新材料工业基地和浙江实力雄厚的民营经济，夯实对接浙江的门户地位，建成以新材料和民营经济为特色的节点城市。

五、充分发挥政府的第一推动力作用

1. 制定和完善产业和功能布局规划，引导重大项目布局新城

要结合"十四五"规划编制，按照五个新城打造综合性节点城市的要求，对上海全市产业和功能布局进行重新规划，明确各新城的产业和功能特色。在此基础上，向五个新城合理疏解中心城区的部分功能，并引导重大功能性项目向新城布局。同时，要引导和鼓励上汽、华谊等市属大企业集团将总部迁入嘉定、奉贤等新城，发挥龙头企业对新城发展的牵引作用。

2. 优化市域交通规划，加强新城对外交通网络建设

要按照将五个新城建设成为交通枢纽节点的要求，优化完善市域交通规划；规划建设以五个新城为节点的城际轨道交通线，形成连接长三角的交通枢纽；启动规划串联五个新城的郊区轨道交通环线，打造新城"十字形"轨道交通节点；启动研究连接大小洋山和舟山的跨海通道，打通临港新城的对外陆路通道。

3. 按照建设综合性节点城市要求，高起点编制五个新城规划

要按照对长三角具有辐射带动作用的要求，提高五个新城的规划建设标准和基础设施、公共服务配套标准；按照独立城市的要求规划建设高品质、富有活力的城市中心，提高城市的标识度和吸引力；启动五个新城的旧区改造，提升城市面貌和生活品质；完善新城城区交通规划，形成畅通、便捷的城内交通。

4. 进一步下放权力，赋予新城更大的发展自主权

要以"新城事、区里办"为导向，进一步深化行政审批制度改革，在规划、土地、投资、民政、物价等方面给予五个新城更大的建设和管理自主权，改变"郊区"的自我意识和"跑市里"现象。要将自贸试验区和临港新片区的一些改革举措优先向五个新城复制推广，积极鼓励五个新城在政府管理上进行制度创新。

5. 研究出台支持新城建设独立综合性节点城市的政策举措

一是研究制定引导人口向新城流动的政策。支持新城根据新发展定位，结合实际制定重点人才目录，对于目录中涵盖的人才实施有力的政策支持。二是加大资金政策支持，实施新城范围内的"土地出让金返还"政策，加大新城交通基础设施、市政公建配套、改革试点项目的市级投资力度和出资比例，研究成立上海新城建设基金和发行上海新城建设特别债券。三是强化土地政策支持。集中推进一批新城战略留白地成片解锁、容积率调整工作，加强对新城新增建设用地指标的保障支持力度，推动轨道交通站点周边及生态廊道的混合用地试点，研究制定有利于盘活存量产业用地的税费制度。

（本文首发于《科学发展》2021年第4期，

收入本书时有编辑与删节）

新城开发：产业发力，强化先进制造和研发

唐子来 / 同济大学建筑与城市规划学院教授

田春玲 / 澎湃新闻记者

上海五大新城开发未来该如何发力？除了布局高端制造业，每个新城根据自身特点还可以做哪些优化和调整？对此，上海市人民政府参事、同济大学建筑与城市规划学院教授唐子来在接受澎湃新闻记者采访时，就上述问题给出了自己的思考和建议。

澎湃新闻：在您看来，五大新城下一阶段的开发建设该如何发力？

唐子来：我认为，新城发力的核心是产业发力，迈向更高价值区段。上海市域可以分为三种功能区位：一是中心城区以全球资源配置功能为主（包括金融和高端生产性服务业），这是上海作为全球城市的首要功能；二是内圈以科技研发功能为主、先进制造功能为辅，如张江和漕河泾等；三是外圈以先进制造功能为主、科技研发功能为辅，五个新城位于外圈区位。从"郊区新城的受力"到"独立节点的发力"，新城产业发展应当迈向更高价值区段，从一般制造到更具辐射效应的先进制造（基于科技研发的核心部件制造），并且迈向先进制造功能和科技研发功能并重。

在先进制造功能和科技研发功能并重的产业价值区段下，五个新城的具体产业类型肯定是不同的，取决于各个新城的产业基础、发展意图和市场机遇等，正如《上海市"十四五"规划和2035年远景目标纲要》已经明确的。嘉定新城作为世界级汽车产业中心的承载区，重点发展新

能源和智能网联汽车、智能传感器、健康医疗等产业；青浦新城作为长三角一体化示范区的组成部分，重点企业包括华为研发中心等；松江新城依托长三角 G60 科创走廊，将做大做强电子信息、集成电路、人工智能、生物医药等战略性新兴产业；奉贤新城则以"东方美谷"美丽健康产业为主导；南汇新城要结合临港新片区建设，聚焦前沿产业以及新型国际贸易、跨境金融、现代航运、信息服务、专业服务等现代服务业。

需要特别指出的是，尽管五个新城的主导产业是显著不同的，但它们都处于基本相同的产业价值区段（先进制造功能和科技研发功能并重），除了南汇新城是作为临港新片区的组成部分。

澎湃新闻：关于新城开发，有研究者认为，要集中母城资源，先重点打造一两个新城，五大新城错时、错位发展，关于这个问题，您怎么看？

唐子来：五个新城应当是错位发展的。首先，五个新城所在区位可以分为两种类型：嘉定新城、青浦新城和松江新城位于上海市域的西侧，与长三角区域腹地直接接壤，应当更多地形成国内大循环的中心节点（如嘉定新城的汽车工业、青浦新城的华为研发中心、松江新城的长三角 G60 科创走廊）；奉贤新城和南汇新城位于上海市域的东侧，接近国际交通门户（浦东国际机场和洋山深水港）和对外开放特区（临港新片区），应当更多地形成国内国际双循环的战略链接（如南汇新城的国际人才服务港、顶尖科学家社区等）。在此基础上，应当基于五个新城的产业基础、发展意图和市场机遇等，进一步强化错位发展格局。

澎湃新闻：从五大新城角度，每个新城都希望吸引更多人才和更高能级的科技创新企业，如何避免恶性竞争，并进行良性互动？

唐子来：在知识经济时代，高端人才是城市竞争力的核心资源。城市必须吸引高端人才，才能吸引高端企业，因为高端企业追随高端人才。一方面，新城建设应当配置新型基础设施、加强各级各类交通网络（包括长三角区域、上海市域、新城三个层面的交通连接）、完善公共服务设施（包括教育、医疗、商业、文体设施等），提升新城建设的"品质"；另一方面，新城建设应当体现历史人文底蕴和生态宜居环境，强化新城建设的"特质"。既要保存和活化历史文化传统（嘉定新城、青浦新城、松江新城和奉贤新城都具有独特的历史人文底蕴），又要塑造新时代的文化和风貌特质（如南汇新城的滴水湖、嘉定新城的远香湖和保利大剧院、奉贤新城的"上海之鱼"和九棵树未来艺术中心），真正形成"人优我特"的良性互动格局。

澎湃新闻：就业岗位和居住人口的基本平衡，这个问题很重要，如何避免新城成为"卧城"？

唐子来：职住平衡（就业岗位和居住人口的基本平衡）是新一轮新城建设的基本原则之一。手机信令的大数据分析显示，目前的新城居住人口显著大于就业岗位。

新城的"职住平衡"既要重视"数量上平衡"，更要关注"质量上匹配"。如果仅重视"数量上平衡"，而忽视"质量上匹配"，就可能出现"在新城居住而不在新城就业"，或者"在新城就业而不在新城居住"的现象。就目前新城的"职住平衡"而言，需要进一步强化先进制造功能和科技研发功能的就业岗位，为"不仅在新城居住，而且在新城就业"提供前提条件，这也是培育各个新城的区域辐射带动作用的关键。

澎湃新闻：关于差异化发展格局，可以说是新城开发非常重要的问题。五大新城如何利用已有的资源禀赋实现差异化发展吗？

唐子来：新城发展的差异化格局包括产业发展的差异化格局和城区发展的差异化格局，而且两者是相辅相成的。高端产业和高端人才是相互关联的，因而产业发展和城区发展是相互关联的。如前所述，应基于五个新城的区位条件、产业基础、发展意图和市场机遇等，形成产业发展的差异化格局。

节点城市最重要的是眼光要向外

诸大建 / 同济大学可持续发展与管理研究所所长
张轶帆 / 澎湃新闻特约撰稿人

上海五个新城如何与中心城区及"大虹桥"产生联动？综合性节点城市的功能和定位如何体现？独立的新城该获得哪些赋权？新城建设的评估体系又该如何建立？

澎湃新闻就上海五个新城开发建设中的核心问题专访同济大学可持续发展与管理研究所所长诸大建。诸大建教授结合自己的研究实践和思考，对上述问题谈了自己的看法。

一、节点：向外发力，而非对内依附

澎湃新闻：新城是上海推动城市组团式发展，形成多中心、多层级、多节点的网络型城市群结构的重要战略空间。对此您作何解读？

诸大建：五大新城是上海从"单中心"城市到"多中心""网络化"都市圈的一次跳跃。过去将近40年，上海城市发展的重心是1 000多平方公里的城市核心部分。最初是外环线以内600多平方公里包括浦东部分地区的中心城区，后来扩展到虹桥、闵行、宝山、川沙等4个片区，由此组成了上海2035城市总体规划划定的占地大约1 191平方公里的主城区。周边的长三角城市要跟上海接轨，大城市如南京、杭州，小城市如昆山、嘉善，都是跟上海市中心接轨，而不会要与郊区新城接轨。

现在建设五大新城，就是要从单一中心城区的向外发力，变为"1个中心+5个新城"的网络化、多中心的向外发力。空间上从原来1 000多平方公里中心城市的对外辐射，转变为几千平方公里城市集群的对外辐射。这是为什么要将五大新城叫作"独立的综合性节点城市"的原因。节点城市的作用不是对内的，更主要的是对外的。五大新城发力，意味着上海城市空间的发展真正开始从中心城市的极化发展进入都市圈的抱团发展。东京都市圈产生发展的过程可以给我们启发，它的外围有三个圈层，第一圈是一都三县，第二圈是一都七县，第三圈是一都十一县，现在东京圈最活跃的是一都三县10 000多平方公里的空间。上海2035年总体规划提出的上海大都市圈是个"1+8"的广域都市圈，除了上海市，还包括江苏的苏州、无锡、常州、南通，浙江的嘉兴、宁波、舟山、湖州等8个地级市。我认为，上海主城区加上五大新城应该是上海都市圈发展的第一圈层；周边的近沪城市，如海门、启东、太仓、昆山、吴江、嘉善、平湖，构成了最接近上海市域的都市圈第二圈层；然后才是更外围的上海大都市圈第三圈层。上海发展都市圈，当务之急是要把五大新城规划建设好。它们作为这个大的网络化都市圈里的节点城市，应该超越过去郊区城市的对内依赖，建设成为对外有吸引力的独立性综合城市。

二、新城发力：要有市郊铁路网络

澎湃新闻：虹桥国际开放枢纽建设总体方案出炉，新城如何参与其中？

诸大建："大虹桥"的定位是长三角整个城市群的中央活动区和极中极。它的能级是国家级和国际级的，比五大新城高很多。五大新城当然要同它接轨，接受赋能，传递赋能。五大新城都是上海对外的交通枢纽。一个最基本的做法是通过城际铁路和市域铁路把它们与大虹桥连接起来，一头连接国际级的门户枢纽，一头连接都市圈中的江浙近沪城市。作为节点城市，每个新城在交通网络和发展轴线上需要有双向的传导作用，例如嘉定新城要外通太仓，青浦新城要外通吴江，松江新城要外通嘉善，奉贤新城要经金山外通平湖。

"大虹桥"的战略意义在于它是国际和国内双循环的战略链接，具有大交通、大会展、大商务等功能。五大新城与大虹桥的链接，除了要有交通网络等基础设施的链接，还要有经济社会等特定功能的扩展和延伸。嘉定新城和松江新城分别处于大虹桥一南一北的两大发展带上，青浦新城更是位于大虹桥西侧的连接区，新城发展都需要结合虹桥国际开放枢纽深化自己的特殊功能。

中国城市化是以轨道交通网络推动的具有后发优势的新型城市化，轨道交通发展从小到大要形成四个网络：第一个是大城市中心城区的地铁网，第二个是都市圈内的市域或市郊铁路网，第三个是城市群内的城际铁路网，第四个是城市群之间如上海到北京、上海到广州、上海到成都的国家高铁干线网。过去30多年，上海这样的超大城市发展中心城区，在交通方式主要基于大力发展地铁网络。但是再以这种模式大规模地用来发展新城就会出现问题了。一方面，地铁线越来越长，降低了地铁作为主城区公共交通方式的效率；另一方面，用地铁来拉动新城发展会影响后者成为独立的节点城市。新城常常为此成为线路末端而不是交通轴上的节点。结果是新城里的人往中心城区跑，中心城区里的人不愿到新城去。

五大新城发展基于城际铁路和市郊铁路的网络，不但要加强与虹桥国际枢纽、浦东国际枢纽等的联系，要加强对外与近沪城市的联系，还要加强新城之间必要的联系。例如上海的西侧要加快建设嘉定—青浦—松江—金山市域线，并且往北接通太仓，往南接通平湖。如果说过去建设数百公里长度的地铁网络，是上海主城区发展的一次交通变革和驱动力，那么未来大力建设数百公里长的市郊铁路网络，就是上海都市圈发展的又一次交通变革和驱动力。

三、新城布局：在发展轴上起到节点作用

澎湃新闻：五大新城的经济功能布局各不相同，您认为是基于哪几个方面的考量？

诸大建：第一是基于上海建设有世界影响力的社会主义现代化国际大都市或建设卓越的全球城市的需要，基于上海发展"五型经济"即创新型经济、服务型经济、总部型经济、开放型经济、流量型经济的需要，基于上海发展集成电路、生物医药、人工智能等三大先导产业的总体布局。第二是结合五大新城现有的发展基础和过去20年的积累，比如嘉定以汽车产业为主导，青浦以信息技术为代表的数字经济为主导，松江以智能制造装备为主导，奉贤以美丽健康产业为主导，临港以集成电路、人工智能、生物医疗等为主导。这些都是新城现有的产业基础，也是未来能做大做强、实现亿级产能的特色产业。第三是新城作为节点城市，需要在上海大都市圈内发挥对外服务的作用。

从2001年上海总体规划的11个新城减少到目前的5个新城，一个主要考虑是新城要在上海对外的发展轴上发生作用。例如嘉定主要是在沪宁线上，今后还要在南通方向形成新的发展轴；青浦主要是往湖州方向；松江主要是往杭州方向；奉贤主要是在南部杭州湾方向；南汇今后要有舟山、宁波方向的战略考虑。每一个发展轴上的节点城市都要起到"二传手"、增长极的作用，与上海市中心抱团发力，辐射长三角城市群更广泛的地区。

一个有趣的实践问题和理论问题是，五大新城要不要具有某些方面的全球城市功能？传统的全球城市理论认为，以总部形式表现的金融和贸易等一般应该集中在全球城市的中央商务区（CBD）和都会区。但是近年来的全球城市区域理论认为，全球城市的功能应该是贸易、金融、

信息技术的综合体，与第四次工业革命相一致，头部产业的空间分布可以发生在更广阔的全球城市区域里。如果这样的发展是趋势，那么上海五大新城就需要在特色功能上有登高一步的战略和谋划，就需要在特色制造业之外谋篇布局高端的生产性服务业和生活性服务业。

四、新城发展：要"造血"做增量

澎湃新闻：针对新城人才引入、产业发展等方面的优惠政策，您有什么看法？

诸大建：首先我觉得要辨识一个误区，大家觉得新城发展公共服务事业、提高这方面能级，就是要将中心城区一些高能级的医疗、教育资源往节点城市转移和输送。我认为，抱着这种思路是做不大、做不好新城的。新城刚开始建设的时候当然需要主城区扶持，但如果总是依赖主城区，期望资源空间转移从左边口袋换到右边口袋，换来换去导致的后果是上海资源总量的摊薄、稀释。

其实，五大新城只有把内生性的功能做强了，才能真正发展起来。研究新城发展，我很喜欢讲浦东开发的一个故事。浦东新区开发伊始，有外商问赵启正主任（浦东开发开放亲历者、浦东新区管委会首任主任、国务院新闻办原主任）一个问题：如果我生病了，在浦东能不能治疗，还是要到黄浦江对岸的浦西去？这个问题具有挑战性，赵启正决定浦东必须建一个自己的三甲医院，应该有先进的医疗设施和高等级人才，现在全国榜上有名的浦东的三甲医院东方医院就是这么建起来的。五大新城发展也应该有这样的设问。如果有一天，新城的人不用到主城区去求学了，患病可以就地得到治疗了，就表明新城独立、综合了，成为节点了，对外围地区有吸引力了，人口和人才就会向新城涌入。

我听一个在奉贤工作的学生说，奉贤中学的高考一本率以及"985""211"大学的录取率很高，超过了市区某重点中学设在奉贤的分校。我还听说过，市中心的三甲医院可以到新城设立分部，但是高等级的医生却不一定愿意常驻新城，因为他们担心自己的技术会荒废。从这些事例可以说明五大新城面临的重要挑战是如何培育自己的独立竞争力，这个竞争力不是依赖于主城区的，而是新城通过做增量发展起来的。五大新城要有高明的政策和方法面向全国、面向国际吸引人口和人才。需要强调的是，新城的增量是要让整个周边区域都能受益的增量，而不是让区域内其他城市"失血"的、此消彼长的增量。归根到底，节点城市是对外的，而不是对内的，这个"外"不应该再是上海市内市外的区分，而是要从更广阔的都市圈空间予以考量。

五、新城规划：不能自娱自乐

澎湃新闻：目前上海新城建设与旧城改造同时并举，您如何看待此轮规划中老城与新城的关系？

诸大建：新城不是孤立的新城，需要具备三个层面的联动。第一层面，是要与主城区联动，新城的第一推动离不开上海主城区，要在发展轴线上与主城区有关联。第二层面，是要与行政区内的老城联动。新城是行政区内的功能集中区，未来要集聚100万人口，因此要利用好老城资源，逐步形成产城融合、职住平衡的局面。第三层面，是要带动近沪城市，新城要在更大区域范围内与近沪城市形成联动，比如嘉定与太仓、昆山的联动。

真正把五大新城理解成网络化都市圈中的节点城市，而不是传统的郊区新城甚至卫星城，制订新城的城市规划就不能只关注自身，而是要制订一个有区域联动谋划的新城市规划。在新城范围内布点产业、交通、教育、医疗、文化、生态等功能，绝对不能"自娱自乐"，一定要考虑新城能为主城区、行政区内老城、近沪城市提供什么样的服务，而不仅仅满足于新城内部的发展。

六、新城治理：都市圈背景下的简政放权

澎湃新闻：新城建设的总体目标在"产城融合、功能完备、职住平衡、生态宜居、交通便利"基础上加入了"治理高效"，如何理解这一新提法？

诸大建：管制常常是单一组织自上而下的科层式的管理，而治理则需要正式和非正式组织上下左右的多方合力。讨论五大新城的治理高效问题，可以在有关区域联动、协同发展的"汪道涵之问"上做一个引申。曾有人解释"汪道涵之问"，说每个城市都有自己的机制和活力，但它们彼此之间是同质竞争的关系，跨区域融合就会出现"1+1 < 2"的问题。现在上海要建设一个跨区域的都市圈，五大新城在上海市域范围之内，而吴江、昆山、太仓等则是上海行政区划之外的江浙城市。讨论都市圈含义上的治理挑战，就是指传统的基于垂直管制的行政区经济如何成为基于合作治理的经济区经济。我认为，引申"汪道涵之问"来研究上海都市圈发展的治理高效问题，需要正视上海市域之外和上海市域内部两个方面的问题。

上海市域之外的治理高效问题，关键是不同行政区内有活力的城市如何一体化发展，这个问题是长三角一体化发展示范区正在探索的。这里重点强调另外一方面的问题，即上海市域内部的治理高效问题，即同一行政区内有隶属性的城市如何有活力和强大的竞争力。上海从2001年就开始新城建设，目前看来新城的活力远不及昆山这样的县级市。这正是上海强调新城发力的一个重要缘由。有人说这是上海城市发展的"灯下黑"问题。那么为什么在上海的行政区里做不大，反而是一些在上海市域外的近沪城市快速发展起来了？有一种解释认为，上海周边的县级市有相对独立的决策权力，招商引资、重大项目上马、与海外联合办学等，许多事情县级层面可以决定。而上海的市辖区，就没有那么

多的自主权，条条框框限定多，许多需要迅速做出回应的事项，层层上报，最后可能就不了了之了。因此上海发展五大新城要实现治理高效，关键是要化解影响五大新城发展比较慢的体制机制问题。

在治理高效问题上非常重要的是市、区两级政府之间的协同——怎样对新城发展的重大战略、重大项目、重大事项简政放权，实行效果与效率相结合的扁平化机制，同时又避免出现一放就乱、摊大饼圈地的传统发展模式。这需要系统性的体制安排和创新。2020年新年伊始，上海市政府紧锣密鼓出台"1+6+5"的政策文件，就是这样的制度创新，例如新城要实行与主城区差别化的人口政策就是一项有含金量的创新。对于新城的扶持政策，有住房、人才、交通、公共服务、基建等一些具体的安排是重要的，但是这些扶持政策背后的深层含义是体制机制要冲破原来条块分割的、垂直刚性的指挥机制，在以区为主、市区合作的基础上，做出真正对新城发展有推动力的灵活而具有战略性的安排。未来新城发展的成功首先应该是制度创新、治理创新的成功。

七、新城评估：要以"三高"为导向

澎湃新闻：您曾提出，城市研究要基于城市特色功能、可持续性品质、城市合作治理三个极点的两两连线。能结合五大新城的实例具体谈谈吗？

诸大建：是的，我曾经说城市特色功能、可持续性品质、城市合作治理是城市发展理论与实践的三个维度，它们可以分别对应高质量发展、高生活品质和高绩效治理。而将"三高"结合起来，就可以理解"产城融合、功能完备、职住平衡、生态宜居、交通便利、治理高效"的新城发展24字要求的内在逻辑。

首先，高质量发展与高生活品质要关联。高质量发展对应新城发展的特色功能，特别是对外围区域有带动意义的经济功能；高品质生活对应新城发展的地点质量，包含可就业性、可居住性、可休闲性、可出行性等方面。新城发展要产业引人和城市引人双管齐下才能成功，两者联结起来就是产城融合的本意。要强调的是五大新城都已经有了一定的发展年头，某种角度来说新城品质提升要适度超前于城市产业发展，才能吸引人口和人才，从而做大做强。比如说，南汇新城要服务于国际航运、自由贸易等，这是它面向外部的特殊经济功能。但南汇必须要有高的城市生活品质做支撑，如果相关行业的人口和人才不愿意到新城居住，那南汇就不是一个有吸引力的城市。

其次，高质量发展和高效能治理要关联。城市的独特经济功能需要得到政府之间、政企之间、政社之间合作治理的支撑。研讨五大新城如何做大特色功能，我曾建议每个新城能不能有一个有世界级影响的国有企业把总部进驻到新城来。比如嘉定，它的主导经济功能是汽车产业和智慧交通，那么上汽有没有可能把嘉定作为它的总部，既可以带动新城发展，又可以形成有世界影响力的企业节点和网络。此外，也可以让有实力的企业采取政府与社会资本合作的方式参与到城市的建设和运营中来，与政府共同推进新城高质量发展。

最后，高生活品质与高效能治理要关联。新城发展要有高品质生活，需要大力发展"15分钟生活圈"，让生活在新城的人不用机动化出行，用步行或共享单车的慢行方式，就可以在生活圈内实现80%以上的基本需要。高品质生活对接高效能治理，就是要让老百姓自下而上地参与到"15分钟生活圈"的规划、建设、运营、管理中来，共同谋划建设各种生活性微基建，以实现新城发展功能完备、生态宜居、交通便利的目标。

五个新城的节点、综合和独立

诸大建 / 同济大学可持续发展与管理研究所所长

讨论五个新城的意义，可以把改革开放以来的上海城市发展大致分为三轮建设。第一轮是从改革开放开始到2000年。20世纪90年代开发浦东的时候，上海开始沿着黄浦江每隔三五公里建造一座桥梁或隧道，1991年南浦大桥和1993年杨浦大桥的先后通车，为现在内环线内形成中心城区打下了基础。这样一个中心城区，空间面积为100多平方公里。上海现在要建设的五个新城，按每个新城人口达到100万人算，面积大小可以认为大致相当于内环线内中心城区的规模。

上海要建设成为具有世界影响力的现代化国际大都市，城市空间发展只有内环线内100多平方公里肯定是不够的，空间内核需要更大、更强劲才能承载全球城市的核心功能。所以第二轮，从2000年到2020年上海又花了20年时间，打造了由外环线圈起来的主城区。现在的主城区加上周围的宝山、虹桥、闵行、川沙四个片区，合起来有1 200平方公里，承载人口大约1 400万至1 500万人。

但是主城区建成以后，继续摊大饼式向外扩展，在空间上是低效率的，因此进一步的发展就是离开主城区建设有独立功能的新城。因此上海城市发展的第三轮即2021—2035年的15年，就是要通过新城发力建设"1+5"的市域都市圈。其中的"1"是指承载全球城市核心功能的主城区和四个片区，"5"就是在上海对外发展轴上建设具有制高点和辐射力的五个新城。东京、伦敦等全球城市都是这样发展过来的，都是采用"中心＋外围"的都市圈发展模式。上海未来的城市发展新格局强调"中心辐射，两翼齐飞，新城发力，南北转型"，这是一个大的格局。其中，五个新城的发力要突出六个字三个方面，即节点、综合、独立。

首先是节点。由上下左右至少两条线相交，相交的地方叫作节点。上海建设新城不是孤零零地去建，而是要让城市在对外联系的发展走廊上有节点作用。如果只是自娱自乐，对外没有拉动作用，那就不是节点城市。节点是在发展走廊上的重要城市，这个城市能够成为一个制高点，对外产生经济、社会、文化、科技等方面的影响力。所以首先要提出一个非常重要的问题，上海对外的发展走廊在哪里？东西向一直是上海发展的主流方向，例如嘉定新城在上海到苏州和南京的方向上，松江新城在上海到嘉兴和杭州的方向上，青浦在上海到湖州的方向上发挥作用。因此，具有挑战性的问题是南北向如何增加活力和辐射力。上海要成为一个有世界影响力的全球城市，要成为全方位拉动长三角的中心城市，只有东西方向是不够的。例如，南汇新城和奉贤新城就需要在东西南北方向有交汇的发展轴上发挥作用。

那么，新城的节点辐射功能实现要靠什么推动呢？首要的当然是交通，主要是轨道交通。每个新城都要变成一个非常重要的交通枢纽，而不是过路站。将来的上海内外轨道交通有四种网络，即高速铁路干线网络、城际铁路网络、市域铁路网络、城市地铁网络。高速铁路干线，沟通国家级城市群之间的联系；城际铁路，沟通城市圈内部的城市联系；市域铁路，沟通上海市域都市圈内主城区与周围新城和近沪城市的联系；地铁网络，主要承担城市内部的交通出行。

过去中心城和主城区交通建设以地铁为主，现在建新城需要大力发展市域铁路网络。新城要成为交通枢纽和节点，要有两种以上轨道交通，如地铁线和市域线、市域线与城际线的交汇。未来五年是上海市域都市圈初步形成市域铁路空间骨架的关键时期，正在建设的东西向机场联络线、南北向的嘉闵线是这方面的例子。

其次是综合。一个新城能不能做大，实际上要看三个要素：一是产业，二是人口，三是城市服务，包括教育、医疗、卫生等。这三者要匹配，新城才有综合意义。产与人要匹配，比如某个区域的产业是有关高科技的，大学生能不能为这些企业服务？所以要产学融合。人与城要匹配，人口在新城就业，能不能在这边居住？再进一步，产与城要匹配。例如，现在青浦北边都是工业园区，南边是住宅区，传统上城市发展一直沿着东西方向布局。现在搞新城要让北边的工业区加强居住功能，让南边的居住区加强就业功能，要实现产城融合、职住平衡。

最后，新城的独立，简单地说，五个新城最终要发展成为不低于江湾五角场这样的副中心城市，才能够吸住人。

总的来说，生活在新城的人们不用再坐着地铁去主城区上班，新城到主城区通勤的人少了，50%以上的居民能够在所在新城就地工作了，就可以称得上独立了。如果孩子读高中、念大学，不用跑到主城区了，居民看大病不用到市区三甲医院，在当地就可以解决，这就可以说是综合了。如果新城不仅能吸引当地人，还能把周边的人吸引到这边来购物、休闲、旅游观光，新城就成为节点了。这就是新城的三个含义。

遵循低地水乡特质，
建设青浦新城应上下游统筹

吴俊范 / 上海师范大学历史系教授

《青浦新城"十四五"规划建设行动方案》特别强调了青浦具有"上海之源"的历史人文优势，以及作为最具"江南水乡"标示性地区的地理环境优势，这两种良好的"先天性基因"应当在大都市建设中得到更好的继承与发挥。

青浦地区拥有最典型的"江南水乡"气质。如何在未来新城的建设中继承和发扬这一优势，在其传统人居环境及河流水系格局中保持这一存在状态，值得进一步研究。

一、遵循地势："洼地型"水系、圩田与聚落的一体化

自然地势的差异，很大程度上决定并塑造着地表人文景观的形态格局和空间分布，这在传统时期青浦的水系、农田、聚落等地表景观中体现尤为明显。

青浦区地面高程平均为2.8—3.5米，中南部腹地更低，一般在3米以下，属太湖流域碟形洼地的底部。具体来说，最低洼的腹地包括今赵巷、环城、工业园区、香花桥、大盈镇的全部，以及徐泾、重固、凤溪、赵屯、朱家角、沈巷镇的部分地区。

这一地区河港众多，河道弯曲狭窄，淤塞严重，排水不畅，极易积

雨成涝。尤其是在夏秋之季洪水、台风、高潮、暴雨集中发作时，遭受洪涝灾害的可能性很大。在远古时期，这种釜底地势对农业生产及定居建宅都是不利的，但古人以卓越的智慧发明了"圩田"范式，终将这块土地改造成富庶的鱼米之乡。

"圩者，围也，内以围田，外以围水。"人们通过筑堤，挡水护田，使低田不受涝；又通过筑闸开沟，将田内多余的水排出堤外。可以说圩田系统就是遵循地势高差而对水流进行人工化引排控制的农田体系。圩田改造与河流水系的改造是相辅相成的。今天的青浦河流水系，之所以呈现出纵横交织、泾浜密布的典型水乡形态，正是出于圩田排灌需要而长期形成的。

修筑圩岸往往与开沟造渠并行，高出的圩岸是造宅建村的理想之地。以凿沟所出之土，为修筑圩岸之用，一举两得。屋宅所需为高爽之地，而在低洼地区，高爽之地难得，因挖河渠堆土而高于两边农田及河流的圩岸，为圩村的缘起创造了最初的条件。

于是，在青浦地区，圩田、水系、圩村形成了三位一体的关系。通常是宅在田中，田绕宅布，水穿于田村之间，大圩连套小圩，而圩村、圩田区的水流则依靠无数的堰闸来调控。

圩田是青浦地区长期开发的历史过程中前人用智慧凝练形成的农田模式，根据2000年测制的《青浦圩区分布图》，除吴淞江沿岸及淀山湖东岸两小片地势较高的地块之外，青浦全区基本上为圩田开发模式，几乎囊括了高程3.8米以下的全部地区，而不仅局限在地势最低的釜底。

从青浦区的地名也可以看出与水环境的关系。根据2011年出版的《青浦区地名志》所收录的村庄起源的调查资料，当时青浦区540个自然村，几乎全部与河流的开发、改造和利用有关，90%以上村庄的名称，直接体现了与水环境改造及水资源利用有关的元素。这些村庄名称可以分为两大类型：其一是与圩田、圩岸构建直接相关的，例如以"圩"命名的曲字圩、吴家圩、小冬圩等村庄，和以"圩岸（土堤）"命名的马家埭、沙家埭、钱家埭等村庄（埭，意为挡水的土坝）；其二是与河流、泾浜、沟渠开筑直接相关的，例如朱巷港、新泾浜、吴家溇等村庄。以上说明，村落因圩田开发而兴起，治水与治田、建宅同步而行。

青浦圩田、水系与聚落的三位一体模式在太湖平原的其他低洼地区亦广有分布，例如昆山阳澄湖地区、苏州吴江区、嘉兴北部湖荡地区、太湖南面的湖州地区等，这些地区都是太湖流域最典型的圩田区。

从这些地区地表景观形态的相似性，可以看到太湖流域低乡人地关系在历史长河中长期磨合而成的共性特征。低乡地势普遍低洼，内部只有微小的高程差异，其通病是低洼易涝，排水不畅，洪涝灾害多发。但人们在尊重自然地势的前提下，用人工的力量营造出错落有致的丰产粮田以及安全宜居的村落，使低平易涝的地势呈现出高低错落的微地貌，构建出适宜的生产环境和人居环境。

但从整个区域范围来看，青浦人居环境的改造以及水环境的治理，同时又是整个太湖平原的共同事业。这里面始终存在着一个大局观：低水有所出，高水有所排，上下游水系畅通，万流归入海。太湖平原圩区连片分布，若在治水与治田上只注重小区域的安全而忽略了上下游关系，那么必然会顾此失彼，小区域的繁荣发展也无从谈起。

二、流域视野：淀泖排蓄、河湖水面的上下游一体化

随着经济社会发展，人们对土地的不断增长的需求往往与保持一定比例的河湖水面率存在矛盾，对自然水体的人工化改造力度和技术水平不断提高，乃至超过河湖自然生态所能承受的限度，这是高速发展的城市化时期更容易遭遇到的问题。

青浦河湖水面率高，河网密度大，但最近几十年来，水面率下降较大。在2000年，青浦境内河湖水面积占境域总面积的16.65%，但在1985年，河湖水面积比例为20.5%，十余年的时间内下降了将近四个百分点。那么在未来的青浦新城建设中，应当怎样更好地规划和利用无

所不在的河湖水面?

下文以青浦排水走廊的咽喉地带——淀泖地区的水环境在20世纪80年代以前的变化及社会的应对措施来略加分析。

太湖以东平原的淀泖湖群地带，居于太湖东排入海所经平原地区的中间位置（横贯青浦区西南部），密布的湖群对洪涝灾害起着重要的调蓄作用，关系着整个太湖流域的生态环境和水利安全。

该区地形平坦，湖荡密布，是上游洪水与下游潮水的交汇地带，涝水排出受到自然与人文因素的复杂影响，因此历史上向来是洪涝灾害易发区域和治水的重点。据统计，自公元278年到1931年间的1653年中，阳澄淀泖地区发生水灾162次，平均每10年发生一次。

晚清以后，在太湖、黄浦江水文变化以及人力围垦的共同作用下，淀泖蓄排水的效能低下，该问题已为政府和社会所密切关注。20世纪中期，江南同全国其他地区一样大力发展农业并治理水利，恢复社会经济，这时淀泖水系面临着两种选择：一是将淤塞抬高的湖底围垦成田，增加耕地，同时寻觅能够替代淀泖的新的排水路径；另一种办法是疏浚淀泖，治理淤塞，提高湖泊湖荡的蓄排水效能。时人选择了前者。大规模的改造使得淀泖积水囤而不洩，进一步加重了淀泖地区以及全流域的灾情。

淀泖区下游东泄黄浦江的河道过水断面减少了90%，昆山青浦地区的洪涝灾害产生了严重的后果。例如，1983年，昆山水位由梅雨前2.90米上涨到3.62米，净增0.72米，超过警戒水位达19天，全县超警戒水位的有12个乡，受涝面积一度达50万亩。昆山县调动和动用了11970马力的排涝设备，排除田间积水。

直到20世纪90年代，淀泖周边的市县还在为淀泖低洼地区的排水开辟新的泄洪通道（如退耕还渔、退渔还水、增开排水河道、禁止围垦等），因为太湖的出水口和调蓄水面不是太多而是太少。太湖出水经过淀泖调蓄缓冲后再下排，以减少平原上主要排水河道的泄洪压力，保障农村、城市和人民生活的安全，已经为社会各界更加清楚地认识。淀沭的案例表明，太湖平原碟形低洼地带的内水外排永远是一个重要的水利问题，但同时又是一个上下游统筹合作的问题。城市大发展时期的治水智慧，应当辩证地从历史经验中加以吸取。这一自然环境问题的重要性，并不因城市化时期治水技术水平的提高而降低。

河湖水面是水乡地理环境的灵魂，是蓄排水和地域安全的最重要的自然载体。青浦河网密布，随着乡村向城市转型，在圩田基础上建设城市，如何保持水面率和水循环通畅，是一个挑战。不应降低现有的水面率，并要保持整体水系畅通，活水周流，营造良好的水生态环境。

圩田实际上是一种湿地类型的农业生态系统，具有涵养水土的生态功能，我们倡导建设海绵城市，就不能把大量的圩田消灭，变成不透水的所谓城市地面，应当为乡村生态的持续存在保留合理的空间。

三、五个新城的生态建设应放在黄浦江水系范畴内统一规划

在五个新城建设中，继承新型城市的江南水乡特质，构建良好的生态环境，也已成为社会共识和努力目标。

就流域水环境的整体性而言，应当统筹考虑嘉定、青浦、松江、奉贤、南汇五个新城的生态规划，至少应当在黄浦江水系的范畴内统一规划，均衡协调河湖水面的恢复与保持，以及排水系统的上下游协调性。毕竟五大新城分别处于太湖平原的高乡和低乡，各新城在流域上下游所处的位置不同，其地势高差及河流水系结构各不相同，历史上的治水治田经验和人居环境也有所区别。因此从地理环境的角度来说，上海的五大新城战略规划及建设，就不仅是上海的事，而需要从整个长三角及太湖平原各市县区协调发展的角度考虑。

（本文为2020年度国家社科基金重大项目"7—20世纪长江三角洲海岸带环境变迁史料的搜集、整理与研究"［项目批准号：20&ZD231］的阶段性成果）

青浦如何补齐产业结构、人才及资金短板

赵国华 / 上海交通大学设计研究总院副院长

徐峰 / 上海交通大学土木工程系副教授

张轶帆 / 澎湃新闻特约撰稿人

青浦新城地处青浦区核心地带，联动青东和青西两大宽阔腹地，形成"一核引领，两翼联动"的发展布局。在构建开放型经济体制的进博会、打造长三角生态绿色一体化发展示范区两大国家战略和建设"上海之门"的背景下，青浦新城如何发挥区位优势和资源禀赋？如何补齐在基础设施建设、产业结构优化、高端人才引入、建设资金统筹等方面的短板？

为此澎湃新闻专访上海交通大学设计研究总院副院长赵国华、上海交通大学土木工程系副教授徐峰，寻求上述问题的解答之策。基于实地调研和课题研究成果，两位学者认为，多方位提升新城建设质量、拓宽融资渠道、做好体制机制创新是破局的关键。

澎湃新闻：青浦新城如何推动长三角一体化示范区和虹桥商务区的两翼联动？

徐　峰：青浦新城正处于青东和青西之间，属于"青中"。青浦的东、中、西，各有非常优越的环境和条件。

青东的徐泾、蟠龙、赵巷三镇，位于虹桥长三角交通枢纽和中央商务区的西缘，连接虹桥国际开放枢纽。"三通一达"物流巨头总部、北斗科技产业园，以及一大批科创、文创企业落户青东，经济起飞之势已经初

步呈现。青西的朱家角、金泽、练塘、商榻、西岑、白鹤等镇，是大上海范围内的水源保护区，保存着江南地区的田园风光、明清古镇和优良的农舍、农家菜，现在成为发展旅游、度假、会务、研学、论坛等轻型产业的绝佳场所，是当代"江南文化"和"海派文化"的融合展示区域。

青浦新城在青浦区境内作为青东、青西的一个原生节点，具有左右逢源的优势，承接江浙和上海市区的高端制造业，从而留住上海的产业，进而形成青东发展现代商务、科技、金融、文创，青西发展文旅事业，青中发展高端制造业的产业格局。因此，青浦新城应注重和加强发展高端制造业所必需的基础设施、政策环境、人才环境、社会保障等方面的建设。

赵国华：从国家宏观经济发展角度看，青浦新城与虹桥枢纽呈现出在区域经济联动中的内向—外向互补关系。虹桥枢纽通过空港和高铁网络联通全国乃至全世界，青浦新城则是长三角乃至长江经济带腹地对接虹桥枢纽的门户。从这个意义上讲，青浦新城与虹桥枢纽的联动质量决定了长三角一体化示范区、长江经济带乃至广大的经济腹地与虹桥商务区之间功能联动的质量。坐落于"双循环"重要结点，青浦新城将起到"门户的门户"的作用。青浦新城应通过政策引导、基础设施落位、产业发展等综合性的措施，强化这种"门户"效应，为长三角一体化示范区理顺通往虹桥枢纽的通道，同时利用这种"门户优势"做大做强自身的节点功能。

澎湃新闻：结合两位之前的调研，目前青浦新城的发展短板和着力点分别是什么？

赵国华：青浦以及其他四个新城要建设"独立的综合性节点城市"，即要建成与苏、杭、甬等中心城市相比肩的重要节点城市，不再局限于作为上海的一个区。在这个前提下，我们很容易发现青浦新城的现实与未来目标之间的差距。个人认为，这种差距主要体现在人口、产业和城市建设等方面。具体而言：

第一，人口方面，目前青浦主城区的常住人口约50万人，未来青浦新城作为独立节点城市，主城区人口规模的理想状态应该在100万人以上。同时，目前青浦新城的人口结构不尽合理，人口整体偏老龄化，高精人才占比相对偏低，人口聚居程度较低，与周边中心城市还存在较大差距。因此，未来青浦新城人口的规模和结构亟待量丰质增。

第二，产业方面，新城虽然有一定的产业基础，但是以传统的印刷、纺织、机械制造等产业为主。虽然近些年大力发展战略型新兴产业，但囿于人才、政策和交通等方面的限制，新兴产业的成熟度和集聚度仍不理想，传统产业的占比较大，产业结构升级迭代任重道远。

第三，城市建设方面，以城市交通为例，首先，作为承担城市货运与对外交通功能的外青松公路穿青浦中心城区而过，不仅割裂了新城内部街区，同时过境交通与城市内部交通车流混杂在一起，给青浦城区造成了严重的交通拥堵和事故隐患。其次，城市的内部交通与对外联系的G50高速互通口目前仅有东部城区一处，西部城区居民到青浦新城用时较长，这也是造成城区内部交通通勤时间过长的原因之一。再次，以轨道交通为代表的快捷交通系统如地铁、轻轨等还未形成网络，新城居民出行选择较少，一定程度上制约了人口的快速流动。最后，面对未来大量的人口集聚，与之相匹配的公共服务和商业服务设施明显不足，亟须上马建设。

未来的青浦新城应以重大基础设施建设为抓手，着力于交通便捷、园区提升、城市更新以及文教、医疗设施配套齐全，提升城市管理运营水平，以人为本，构建"产、城、人"高度融合的可持续发展体系。

澎湃新闻：作为老工业区和远郊区，青浦新城如何发展新兴特色产业、推动产城融合？

赵国华：青浦的地理区位优越、产业基础突出、城市发展政策的扶持力度相对较大，已不能将其作为传统老工业区及远郊区看待。

产业发展方面，青浦新城最重要的是明晰做强自身主导产业。城市的特色产业、主导产业是宣传城市自身品牌形象的关键。以数字经济为例，相较于杭州的"互联网电商"、奉贤新城的"美丽健康产业"，青浦新城的数字经济产业在其产业体系的构建中尚不突出。因此，青浦新城应发挥主导产业的龙头带动作用，整合北斗创新基地、市西软件信息园、人工智能产业园、西岑科创中心、华为研发中心、网易青浦基地等重点载体，打造"长三角数字干线"，近期成亮点，中期成品牌，远期成特色，构建全市首屈一指的数字经济产业基地，最终集聚形成万亿级的数字经济带。通过主导产业来筑巢引凤，同时注意与周边区域产业的错位发展，将青浦新城产业体系中的优势产业——先进制造，延伸产业——"都市水乡"全域旅游产业，配套产业——生产性服务业、生活性服务业构建完善。

完善的产业体系、清晰的主导产业、健全的产业链条将为青浦新城产业的长远发展注入持续不断的动力。强劲的产业发展为城市提供更多的就业岗位，吸引人才集聚的同时将助力城市经济的发展，最终实现以产兴城，推动产业与城市的融合发展。

徐　峰：数字经济是个庞大的产业，青浦新城发展数字经济需把握准前端设计研发和中端智能制造，除配套产业基础外，对各层次科研人才提出了更高的需求，但青浦尚无与之匹配的科研院校。依托业已落地的企业研发中心，下一步青浦新城应集聚沪上高等教育资源，与理工科院校深入合作，以设立分校区、研究院、产学研促进中心等形式提升地区科创能力。

澎湃新闻：青浦新城中央商务区旨在打造智慧城市样本，"智"在何方？

徐　峰：青浦新城中央商务区的智慧城市建设，应以"科技＋数据"双轮驱动，通过融合5G、物联网、云计算、大数据及人工智能等创新技术，打造基于数字孪生技术的统一城市数字平台；以城市数字平台为基础，突出"以人为本、强调体验"，开展"人物互联、物物互联"智慧网络建设。在青浦新城中央商务区内，部署噪声与扬尘监测、PM2.5气象站、独立式烟感火灾探测报警器、门磁传感器、智能井盖监测、垃圾桶监测、消防水回路压力监测、地上停车监测、河道水质水位监测、电气火灾监控探测、绿化带土壤监测、道路积水监测、人流车流监控等各类物联网监测传感器和对应子系统，全面覆盖中央商务区内商务楼、街道和地下通道；同时对接中央商务区内重要的消防、交通和各重点停车场数据，基于态势感知和业务感知，实现对中央商务区的全面感知，进而提供智慧、便捷、安全、高效的政务服务、商务服务、生活服务。

澎湃新闻：青浦新城如何吸引高素质人才？

徐　峰：青浦新城对高学历、高素质人口的吸引力，主要体现在两个方面：一是在青浦新城工作的吸引力，二是在青浦新城居住的吸引力。

在工作吸引力方面，青浦新城打造高端制造业聚集区，引入国际国内知名的高端制造企业，形成高精尖人才聚集区，是吸引高学历人才的绝佳途径之一。同时，青浦新城应制定有利于高学历人才创业的政策环境和扶持模式，打造创新创业活力迸发区，吸引高学历人才在青浦新城创业。

在居住吸引力方面，青浦新城应做好医疗、教育等资源布局，引入上海市知名三甲医院的分院，引入知名教育集团建立九年至十二年一贯制的学校，并通过多项制度创新，如开发"先租后售"公共租赁房项目降低居住成本，以及降低高学历人才落户门槛，从而达到吸引高学历人才定居青浦新城的目标。

澎湃新闻：新城建设所需资金的来源有哪些？有哪些融资模式可供借鉴？

赵国华： 在调研过程中，我们也了解到青浦新城仅是基础设施的建设资金缺口就达上百亿元。建设资金虽然也有多方来源，如财政预算、发放专项债券、城投公司自有资金、政策性补贴、银行贷款等等，但在国家严防地方政府隐性债务的背景下，如此大的资金需求，以上常规的融资手段短期内难以解决。

从近年来研究政企合作的经验来看，还是应该借助社会资本方的力量，拓展融资渠道，即采用政府引导、企业主导、市场运作的方法，坚持风险共担、利益共享、股权合作的原则，引进社会投资人，此举可发挥社会投资人在资金、人才、产业、技术方面的优势，有效降低政府负债和资源整合压力。未来青浦新城的建设希望在传统的PPP融资模式（即Public-Private-Partnership模式，指政府与社会资本之间，合作建设城市基础设施项目）基础上，探寻一种开发型、开放型的新型政企合作关系与融资途径。

开发型，即以未来城区开发中产生的增益部分为还款来源，增益部分包括土地价值增益、产业税收增益等，但要做到政府无增益不支付，把风险与收益绑定，以此确保政府不兜底，不形成隐性负债。

开放型，即指合作的社会资本方不局限于财务投资人、地产开发商、工程承包商或是产业运营商，有能力、有专业特长、有资源的优质企业即可合作；合作期也不局限在一个固定的期限内，合作方可以根据合作期内自身的工作完成度选择灵活退出。政府加大考核力度，优化合作环境，做到对各社会资本方按绩效付费即可。上海于2020年6月份成立了800亿元的城市更新基金，这一基金合作模式将极大推动开放型政企合作进程。

徐　峰： 以往PPP模式在引入社会资本时常以非本级国有企业为主，市场调控机制弱。在新城建设时应考虑更多借助民营资本的力量，并通过抗风险能力分析，设置灵活的准入和退出机制，调动资本活力、赋能城市建设。

为什么松江需要尽快引进全球专业投行？

陈建勋 / 上海社会科学院区县研究中心主任

王琳杰 / 澎湃新闻记者

2020年，松江新城所在松江区实现地区生产总值1 637.11亿元，其中，战略性新兴产业产值占规模以上工业总产值比重提升至29%。作为松江新城高质量发展的战略引领，G60科创走廊已集聚了将近2 000家制造企业，贡献了极高的工业总产值。"十四五"期间，如何进一步将G60科创走廊做深做实？

为此，澎湃新闻记者专访上海社科院区县研究中心主任陈建勋。陈建勋认为，要尽快引进细分类的精品投行，为G60走廊的制造业企业提供金融服务。未来这里将会形成为制造业提供专业金融服务的集聚区，与陆家嘴金融中心、大虹桥贸易中心并立，丰富上海的金融业，为整个长三角地区制造业提供更好的服务功能。

澎湃新闻：建成独立综合性节点城市，松江新城在规模上已经达到一定体量，未来如何实现自循环和强链接？

陈建勋：要了解松江新城独立综合性节点和自循环的含义，首先要了解松江新城建设的历史。松江新城作为上海第一个成规模成枢纽的新城，它的发展体现出了连续性、稳定性和创新性。因此，对于松江新城发展的过程、取得的经验和碰到的问题进行系统评估，非常有必要。从目前来看，松江的规划、交通、动能正在经历着全方位的迭代。

首先，规划决定方向。20年以前，松江新城是作为上海第一个新城率先启动开发建设的。实际上，当时嘉定制造业基础比较好，上海市政府本来想把嘉定新城作为第一个新城来建设，但是当时英国阿特金斯公司做了泰晤士小镇的规划，打动了上海市领导。所以，市政府决定把松江新城作为上海的第一个新城来建设。当时建新城的时候，更多的是考虑疏解中心城市的功能，所以2000年以后有了"一城九镇"的概念，其中要考虑两个因素：一个是中心城区的人口要往郊区疏解，中心城区旧区改造以后需要动迁安置房；另一个是要通过建大型居住区和共有产权房等抑制房价。

今天新一轮的新城建设，着力点、出发点完全变了。今天搞新城建设，不是纯粹为了解决上海自身发展的问题，也不是纯粹为了解决郊区自身发展的问题，现在所说的新城是未来上海城市发展战略重要的资源、重要的支撑。新城要成为国家赋予上海自贸区建设、创新中心建设、长三角一体化建设等国家级战略的功能性平台。考虑到上述功能的布局，所以对新城的规划一定要有辐射性、带动性和战略连接性的思维。因此，为什么要在这个时候提出新城是独立的、综合性的、节点性的城市，道理就在这里。

在这个大格局和宏观背景下，这一轮的新城建设，不是为人口而人口，为交通而交通，为项目而项目，而是要打造全球城市建设、社会主义国际化大都市建设的功能性平台。20年来，松江新城已基本建设成为人居环境优美、功能配置齐全、综合保障完善的郊区新城，人口与用地规模位居上海五个新城前列。但同时，松江新城也存在一些短板，包括：新城城市中心集聚度不高、重点地区显示度不足；与市中心快速交通联系不畅；产业用地绩效有待提升；新城与长三角周边同等级城市发展水平存在差距等。

其次，交通决定空间。2010年，沪杭高铁投入使用，松江抓住契机，开始推动地铁9号线与之对接，从上海南部的江浙地区特别是浙江进入上海的人，可以在松江实现换乘，使得松江成为枢纽节点型城区。

相比20年前只有1平方公里的泰晤士小镇，现在面积超过9平方公里的松江枢纽的建设规模和力度是突破性的。"松江枢纽"地区位于松江新城南部，总面积约9.15平方公里，北至金玉路、南至申嘉湖高速、西至玉树路、东至松卫北路，力图打造成面向未来、开放活力、形象鲜明的新城公共中心，强化新城集聚度和显示度。

未来松江新城将围绕联通长三角、对接中心城、优化内部交通网络三个方向，构建起实现"30、45、60"的独立完善的综合交通体系，即30分钟实现松江新城内部通勤，45分钟实现松江新城与中心城区、其他新城乃至近沪城市的便捷通达，60分钟实现松江新城到重要国际枢纽的通达。沪苏湖铁路的建设将松江南站升级为松江枢纽，成为继上海虹桥站之后的又一综合枢纽客运站，充分发挥其作为上海西向综合交通枢纽的对外辐射能力。

这逾9平方公里的松江枢纽对松江新城节点建设非常重要。这片区域将会是集交通、商务、创新企业为一体的区域，是整个松江新城的核心区，这就是交通条件革命性变化所带来的空间。松江新城要成为独立节点，要通过交通强链接，承担起长三角一体化融合的节点功能。

第三，科技决定动力。当年松江提出G60走廊概念的时候，是想把交通路口变成市场的市口，变成产业资源的接口，变成贯通产业链的产业发展大通道。现在我们要把G60建设成为上海建设科创中心的重要战略走廊，建成长三角科创产业的重要载体。在已经公布的《长江三角洲区域一体化发展规划纲要》中明确："建立G60科创走廊等一批跨区域合作平台，打造科技和制度创新双轮驱动、产业和城市一体化发展的先行先试走廊。"《长三角G60科创走廊产融结合高质量发展示范园区建设方案》中要求进一步集聚金融资源更好辐射到九城市广大产业园区和科创企业，加速促进创新链、产业链、金融链深度融合。与此同时，上证G60创新综合指数增强型基金产品发行，将有助于引导社会资本更多投向具有乘数效应的先进制造业，更好服务长三角一体化发展国家战略。因此，G60走廊被赋予科创功能，是对原来制造业的迭代。松江首先提出要从制造到创造，G60科创走廊成为松江新城发展的新动能，G60科创走廊的建设，将进一步打通从科技强到企业强，再到产业强、经济强的通道，从而实现产业、科技、金融要素的精准的强链接。

总体上说，规划引领方向，交通带动空间，科创形成动能。交通的强链接给产业空间布局和居住空间布局带来了新的变化，优质社会资源的落地才会有现实性、可能性。另外，随着空间便利度提高，企业配套时间缩短，产业专业分工也有了可能。所以，能够在一个更大的区域内形成强链接、自循环。

澎湃新闻：与其他四个新城相比较，松江新城的优势体现在哪里？怎样将现有优势发挥得更好？

陈建勋：松江新城的发展优势是比较突出的，主要表现为：

第一，相比其他新城，交通是松江新城相对的长板。强链接中，最重要的就是交通的强链接，没有交通的强链接，其他资源的配置就无从谈起。第二，G60是松江得天独厚的一个优势。现在要思考怎样把G60做实，比如这一轮浦东提出的打造社会主义现代化建设引领区，宣布成立科创板的服务中心，G60的企业与科创板怎么做好实实在在的对接？上海的金融牌照是最全的，松江怎么把这个政策用足？打造产融结合新高地是长三角G60科创走廊建设六大功能支撑点的重要内容，产融结合高质量发展示范园区的建设，正是新形势下探索如何更加深入推进产融结合新高地建设的有效路径。经过多年建设，长三角G60科创走廊集聚了丰富的金融要素。

同时，全球著名的专业投行现在基本上都已经进入了上海，但是很分散。这类投行就是为制造业企业服务的，老板也大多是从制造业里面出来的。这类企业不是综合性投行，不是摩根斯丹利之类，有的专门投资酒具，有的专门投资洁具，分工非常细，我们称为"niche market"（利基市场）。松江是一个门户，如果能够把长三角的专业投行集聚到松江，将会进一步丰富上海的金融业，也为整个长三角制造业提供非常好的服务功能。

引进专业投行是重要的，如果松江能够把这一类的人集聚起来，那不得了了，但是上海现在没人专门去做这个事。这实际上是松江所需要的，这也是强链接，强科技、强企业、强产业、强经济。这个链接的主体是谁？政府不能老是跑在第一位，所以制定扶持专业投行的专项政策很重要。G60科创走廊拥有空间、产业资源、科技政策，系统的金融服务还比较缺乏。松江新城如果能够成为长三角全球专业投行的集聚地，松江的能级层次就完全不一样了。

澎湃新闻：为什么是松江？嘉定汽车产业、青浦数据产业、南汇战略新兴产业也集聚了大量优质企业。

陈建勋：其他几个新城暂时不具备这种条件。不要忘了松江的优势就是交通枢纽，这是其他几个新城所不及的。金融、贸易是和交通枢纽绑在一起的。为什么上海是金融中心？因为上海是航运交通中心，是沿海南北中心节点江海交汇口。当然现在空间的概念变了，松江是新物理空间、数据空间的交汇地。

G60是一个节点，从联通长三角来看，目前从G60进出的便利程度可能比陆家嘴还要好。未来松江新城，特别是9平方公里松江枢纽这个区域，会形成一个专业的CBD。大虹桥做贸易、陆家嘴做金融，松江的9平方公里的功能有别于这两个地区，它为制造业提供专业金融服务的专业投行集聚地。

澎湃新闻：针对战略性新兴产业，央企、国企都有专门的产业基金，这类基金与专业投行在投资方向上有哪些不同？

陈建勋：专业投行和国企、央企成立的产业基金的投资方向还不一样。

从产业来看的话有三类：第一类是承担国家竞争战略的，是央企和国家级创新中心承担的。第二类是为长三角城镇化进程做配套服务的，即维护城镇化安全运行的配套产业。围绕着城镇化安全的配套产业大约有800多个子行业。第三类是新国货、中高端消费。后两类产业是抗经济周期打击的，跟经济周期波动关系不大，所以后两类产业有助于提高新城发展的稳定性和可持续性。专业投行有很大一部分是投资这两类行业的。

新城建设中的潜在风险是，招进来的产业暂时未产生效益，比如科技类的企业还在孵化中；或者是一些大的项目，产业系统性风险一来，往往波动会很大。但是城市的发展需要连续性，要有抗经济周期波动打击的产业。

澎湃新闻：和其他新城不同的是，松江大学城给松江发展提供了丰富的人力资源。未来松江发展产城融合，您有哪些建议？

陈建勋：松江的产城融合与其他新城不一样。

第一，应该是学城融合。松江大学城里有很多科研项目的产业化，与新城产业化之间如何对接？这可以借鉴日本千叶县的柏叶新城，柏叶新城与所在地区的大学提出"环境共生"的理念，包括产业环境、自然环境、人文环境的融合及相互促进，松江大学城与新城在如何共生方面，还有很多文章可以做。

第二，要关注创城融合，即创业和新城怎么融合。松江新城怎么营造创新创业的环境是一篇大文章。这方面要对标五角场的创智天地，特别是松江9平方公里的高铁枢纽。瑞安集团的罗康瑞先生提出了在五角场要建设知识工人的乐活社区，他认为，现在企业里工作的都是知识工人，跟传统的产业工人对社会的需求是完全不一样的。如果知识工人的需求得不到满足，企业的创业创新活动就不会很好地开展，现在是要"抓生活促创造"。所以要思考怎样为日间就业人口和晚间创新创业活动提供更好的平台和空间，所以松江新城又必须是创城。

第三，要从全新的空间概念来理解产城融合的新内涵。产城融合要建立在新三维空间概念的基础上。第一个是新的物理空间，这是快速交通带来的革命性的变化，松江新城的经济地理空间在变。因此产城融合的半径在扩大，半小时高速铁路或城轨交通圈范围内的，都是松江新城的产城融合范围。人们住在松江新城，可以去通勤时间半小时以外的区域，包括临近的江苏、浙江城市上班，也可能是住在临近地区的，半小时就来到了松江新城上班。第二个是数据空间，这是互联网技术所带来的全新空间，它带来了全新的创业方式、创新方式。对产业的影响表现为数据产业的高速发展、工业品研发设计产业迅速发展、工业互联网技术进一步深化、专业化的工业品交易平台得以建立；通用品牌诞生的速度越来越快，新国潮品牌的创建成为可能。第三个是人与人交往的全新社会空间。年轻人的交往方式变了，交往空间除了企业办公室、住宅，更重要的是第三交往空间，这种空间往往集生活、娱乐、工作为一体。如果松江新城的第三空间打造得非常有特色，就会吸引江苏、浙江等上海周边地区的年轻人纷至沓来。所以，未来松江新城的产城融合，可以从以上三个层次来理解。

节点之上，松江新城要建设城市副中心

夏南凯 / 同济大学建筑与城市规划学院教授
王琳杰 / 澎湃新闻记者

松江建城，可上溯至唐天宝十年（751）之华亭县，而"松江"作为行政区划的名称，也早在元初的至元十五年（1278）便有了。"自古云间多名士"，长远的历史积淀和文教传承，使松江素有"上海之根、海派之源"的美誉。20世纪50年代后期，为纾解市区人口、分散工业企业，上海市规划建设了5座卫星城，松江便居其列，定位为以照相机为核心的精密仪器制造基地。而后几十年，松江的定位逐步升级。21世纪初，上海市提出"一城九镇"的战略构想，"一城"便是松江新城。依托生态环境和土地资源优势、沪杭廊道的区位优势，松江新城随后规划建设了松江大学城、泰晤士小镇和G60科创走廊。至此，文教、科创成为松江新城的两块招牌。

在上海市"十四五"规划中，松江新城的定位和功能进一步明晰：松江新城加强G60科创走廊战略引领作用，强化创新策源能力，做大做强智能制造装备、电子信息等产业集群，发展文创旅游、影视传媒等特色产业。松江新城正迈入新的发展时期，如何重新界定新城与主城区的关系，如何发挥产业、人口、交通基础优势，有哪些发展短板有待补齐，怎样在长三角城市群中发挥节点作用？

带着这些问题，澎湃新闻专访上海同济城市规划设计研究院资深总工、城市评估与开发中心首席研究员、同济大学建筑与城市规划学院教授夏南凯。结合自己参与松江新城规划、建设的经历与体悟，夏南凯教授对上述问题展开分析。

澎湃新闻：如何看待松江新城在五个新城建设中的角色和定位？

夏南凯：首先需要厘清一个概念，言及新城不能只局限于规划方案中的几亩地、几方田，视其为一个密闭的空间；要把新城视为一个区域的核心，推广新城这个概念，盘活整个区域城镇圈的发展。

松江的空间形态、发展基础与积淀与其他新城有所不同，因而在五个新城发展中占据独特地位。我个人倾向于松江新城是一个城市副中心的概念，是在未来20至30年能与陆家嘴、临港新片区遥相呼应的一个角色。从空间上看，上海东向、南向、北向分别是东海、杭州湾、长江三处水域，陆域空间的发展腹地有限，当下唯有向西发展，提升城市能级和辐射范围。因此松江就获得了得天独厚的发展机会，肯定将成为一个快速发展的区域。在交通区位方面，与青浦、嘉定等新城的单线交通布局不同，松江未来是以松江南站为枢纽、洞泾为次节点的双线、三线铁路融合的交通网络布局，将活跃于上海市域内外的交通联络。在人才方面，大学城毋庸置疑是松江新城独有的积淀和优势，在提升发展效率和效能上至关重要。

澎湃新闻：松江新城在发展过程中急需补上的短板有哪些？

夏南凯：短板主要在于土地效益、产业特色、人才导入、产城关系四个方面。其一，当前松江地区的土地效益较低，这一点主要体现于九亭、洞泾、泗泾、新桥等几个贴近市区边缘的城郊过渡地带。受市中心磁力和市场化运作影响，松江大幅削减了农业用地，开发密度也高于其他郊区，但以别墅群、高端住宅项目为主体的土地利用效率不高，仍存在很多的产业低效用地。其二，缺乏具有特色的支柱产业。松江新城因开发历史过程较长、产业门类较多，没有像金山石化、宝山钢铁、嘉定汽车一样形成"地域加产业"的发展特色，也缺少高精尖产业的龙头企业在此布局。其三，人才缺乏外部引入，依赖现有存量。从长远的发展角度看，新城目前的人才资源总量、人才队伍结构不能满足未来的建设需求。其四，职住平衡需要继续巩固。新城周边市镇的居住人口密度较高，反映出当地商业服务和生活配套齐全，但由于缺乏产业适配，出现了工作日密集跨区通勤的现象。

澎湃新闻：松江新城该如何优化产业布局、提升产业效能？

夏南凯：现阶段松江新城发展产业需要"引凤"和"孵化"并行。

"引凤"，是要从G60科创走廊整体推进的角度，引入高端制造业的龙头企业。除了总部，还要布局头部企业的核心研发基地和供应链关键节点，充分发挥其引导作用，结合政府的工作，形成产业群、产业链。比如说引入"中国中车"的智能制造产业基地，这样的企业有充分的技术和资源积累，智能化转型也较快，能带动一大片产业区域。重点要关注信息技术相关的互联网产业，以及如智能电动汽车、智能家居、智能机器人等智能制造技术发展较快的应用技术行业。当然，松江在引入企业时也要有点"腔调"，要有一套标准，比如标杆企业的规模要达到百亿级乃至万亿级，要把这些企业的核心业务板块放进来，这样才能高效打造高能级的产业集群。

"孵化"，就是要调动新城现有的园区、技术、人才优势，培育一批创新创智的企业。松江对产业下了很大的功夫，开发了松江经济技术开发区和松江综合保税区，创办了一些高端芯片制造企业，也打出了"G60科创走廊"的招牌，但目前产业效能尚未完全发挥。比如智能芯片产业，过去我们关注芯片的生产制造，忽略了芯片产业对环境的特殊要求；今后松江新城可以发展芯片研发和服务的业态，用好用活精密仪器制造业的"老人才"和大学城的"新人才"；要以高校为原点布局规划产业园和产业集群，有针对性地淘汰、改造一些相对落后的产业，培育、发展一批有前途的创业企业，如智能电动汽车、智能家居、智能机器人等。在培育高端制造业方面，松江需要向深圳学习。我们现在看到了大疆无人机取得的成就，但也要研究其背后深圳市提供的良好创业条件，如高端人才吸引政策、社会服务政策，环境提升政策等。尤其是土地使用政策，松江在上海市域不仅具有区位优势，空间上也有相当的储备，改造低效产业用地，充分利用留白地块，避免重回低效产业土地开发的模式，好钢要用在刀刃上。

归根到底，就是要用创新的思维、创新的政策，帮扶本土企业实现"从 0 到 1"的跨越。

澎湃新闻：对接产业需求，松江新城该如何补齐人才短板？

夏南凯：松江有大学城、有 G60 科创走廊，但实际上它的科创能力是有断代的。在对空间进行规划时，不能大概划出大学城的区域范围就结束了，还要根据产业需求对学校的类型与构成进行研讨。而目前松江大学城内的学校，集中于文科、商科两大领域，对产业发展有帮助，但不是最优适配。

产业要发展，就离不开人才的支持。松江新城需要规划一所优质的大型职业教育学校。一是因为市场有需求，松江有很多中大型的制造企业和产业园，就需要对应的职业技术人才。二是因为结构要优化，上海拥有丰富的学术科研人才，却缺少高层次的专业技术人才。但是现在上海的很多职业学校，都变成了高中、大学，把职业教育变成了研究型的学科，这对于制造业发展是不够的，在松江新城发展高技术职业教育应该是一个补短板的重要工作。

澎湃新闻：新城发力，交通先行。松江新城如何加快交通基础设施建设、助推松江枢纽高质量发展？

夏南凯：不单单是松江新城，这一轮"五个新城"规划中突出的设计亮点,就是提出 TOD(注:以公共交通为导向的开发)理念,加快城际快速轨道交通的建设。城铁与地铁、高铁有什么不同?地铁站点多但运行速度较慢;高铁运行速度快,但站点少,主要布点核心区域;城铁则是介于两者之间,起到城镇群层面的连通作用。

怎么建设城铁?我的意见是要依托现有交通运输网络,建设轨道复线。在这方面东京可以作为一个参照的对象。日本的新干线建成后,为了缓解运输压力、提升运输效率,东京市牵头多个地铁运营公司,在最繁忙的路线拓展复线提高运力。这一做法,也可以减少建设成本和空间的投入,多快好省地搭建起市域多层次轨道交通网络。

嘉定新城的禀赋、短板与未来主攻方向

吴志强 / 同济大学副校长、嘉定新城总规划师

王琳杰 / 澎湃新闻记者

根据《嘉定新城"十四五"规划建设行动方案》，嘉定新城的阶段性建设目标是在 2025 年初步具备独立的综合性节点城市地位，到 2035 年基本建成长三角城市群中的综合性节点城市，成为科技创新高地、智慧交通高地、融合发展高地、人文教化高地，成为具有较强辐射带动作用的上海新城样板。

20 世纪 50 年代末，上海规划了第一批卫星城镇，嘉定荣膺其中，并且被定位为"科学卫星城"。在五大新城中，嘉定新城的特有禀赋有哪些，面临怎样的突出短板和缺口，又有哪些破解之策？带着这些疑问，澎湃新闻对话嘉定新城总规划师、中国工程院院士、同济大学副校长吴志强。结合丰富的基层调研经历和跨学科学术探讨，吴志强院士指出了嘉定新城的三大禀赋、三处缺口和"5+1"的主攻方向。

澎湃新闻：开建以来，嘉定新城取得了哪些建设成果？

吴志强：嘉定本就是新城。地域空间上，已经在几十平方公里的区域内建成了产城融合的城市空间；产业层面上，已形成了整合型的汽车集成和制造业中心；生态治理方面，实现了城市建设与自然景观的有机融合，生态风貌甚至超过了一些农村地区。而开建以来的建设成果主要体现在：

第一，继承了科技创新的文脉。自1958年被定位为"上海科学卫星城"以来，在历史积淀的基础上，嘉定新城不断培植科技创新力量，所以嘉定新城的建设有科技作为"立城之本"。

第二，集聚了大量现代工业。嘉定新城工业产值规模已经超过1 200亿元。嘉定新城的发展与其汽车产业基因密不可分，是"工业复兴的发动机"。

第三，积累了战略性新兴产业的良好基础。嘉定新城的高新产业达到了400亿元产值，引入了大量高端科技人才，集聚了科研大院大所。

第四，保持了良好的区域交通设施。嘉定和与其比邻的昆山、太仓等长三角城市在文化血脉、风俗习惯上相通相近，在新城建设中对地域文化有相当好的支撑。

第五，高度重视绿色环境建设。远香湖等一批著名绿色景点的建成以及对原有水系的整治，为未来的绿色生态奠定了良好的基础。

澎湃新闻：为打造"上海新城样板"，嘉定新城还有哪些亟须填补的短板？

吴志强：嘉定新城亟待突破的缺口主要体现在三个方面：

第一，传统汽车产业的科技创新亟待提升。汽车产业和产品的技术策划和整体研发力量与世界先进制造业基地尚有距离，在原始创新能力的基础上亟须质的整体跃升。

第二，国际化的都市生活场景有待创制。每逢下班高峰时段，西北方向从嘉定回市区的道路都是红色堵拥状态，说明了大量工作在嘉定的高管、海外人才还是选择回到市区，享受丰富的文化、教育、交际资源，职住平衡尚待形成；与上海主城区还需更好实现联动。

第三，行政壁垒有待打破。人为的屏障仍然被设置在长三角地带的区域联动上，尤其在太仓、嘉定、昆山之间，甚至同一条道路、河流在不同行政区域内治理标准都不同，生态、生产、生活的三"生"联动需要尽快建立。

澎湃新闻：建设辐射长三角的综合性节点城市，嘉定新城下一步需要在哪些方面发力？

吴志强：不妨从另一个角度看，未来的嘉定新城怎么发展，应该观察分析昆山和太仓缺少什么，需要上海支持什么，进而推导嘉定可以做什么。

我们调研了昆山和太仓两地的台资和德资企业，发现很多境外来华的企业家和高管周末缺乏就近休闲消费场所和都市文化生活空间，阻碍了外来科技和经管人员的本土社团认同发育。

现阶段破局有五大主攻方向：

第一，建设国际化都市生活中心。以实现跨省界的高端休闲、消费、文化、社交和科技高端人才社团的交往辐射，支撑起嘉定、太仓、昆山三地的高品质一体化发展。

第二，培育科技原始创新策源群落。例如近期我协调了同济大学的车辆、建筑规划等多个学科的学术带头人和科研团队到嘉定开展产学研合作，希望把一些原创性科研工作和校内资源嫁接到区域发展上来，作为产业链的前端提升发展能级；德国很早在这方面就有类似的尝试，我们未来也计划把德国的新能源汽车、养老、医疗、运动器械等产业前端、德国设计奖中国总部、德国工程科学院院士中心的中国联络点都设在嘉定。

第三，构建一个水脉连通、洪涝共治的生态水系。以此为基础，联动永久农田等生态板块，形成跨省界的区域生态网络。

第四，建立多地共同文化认同。依托文脉相近的地域特点，聚合嘉定、昆山、太仓的本土文化基因，借助公园、广场和绿道等公共空间，讲述地域文化故事。

第五，共享跨地区优质医疗和教育资源。上海的医疗资源已经能够辐射到长三角其他区域，但对于教育资源共享机制的破题还在研讨过程中。目前的一个思路是形成长三角中小学校校长交流借调机制，构建校长联盟，通过优秀的校长带动优秀的教育资源和教育理念在更大区域流动。

除上述五个方向以外，最核心的、最迫切的就是建立起昆山、嘉定、太仓三地的快速公共交通圈，核心要义是运用人工智能、无人驾驶技术搭建一个24小时运营的三地轨交环。经过估算，三地轨交环建成之后，绕行三地一周的运行时间大约在30分钟。目前嘉定具备这个条件，把公共交通的基础设施建起来后，区域内的联动、辐射自然而然就能打通。

澎湃新闻：要建立这种三地轨交环，各地政府部门需要做哪些准备工作？

吴志强：首先，三地要联合规划、设计，在选线、技术标准上进行互动。在德国的规划理念中，有一个非常重要的邻协原则——一个地方的规划一定要与相邻的同级别行政机构进行沟通、协商和协同。嘉定新城的新区功能配置、站点和线路如何选择，直接关系到嘉定新城未来能否具备对昆山和太仓的辐射与服务支持功能，因此首先应该从规划设计开始准备。

其次，推动交通运营机构的协同与合作。若三地中只有一个地方的地铁公交能够深入临近地区，长此以往一定会碰到运营和治理上的困难，所以要推动三地交通运营公司的联合建构，甚至股权上的合作。

嘉定：产业聚人，文化留人

陈江 / 华东师范大学历史学系教授

王琳杰 / 澎湃新闻记者

筑巢引凤，发展产业，这是大多数地区吸引人才的手段。嘉定也是如此，汽车产业为嘉定集聚了大量优秀人才。

产业可以聚人，文化重在留人。在嘉定，产业与文化的聚人都很重要。嘉定基因中的文教传统，在嘉定的城市肌理中随处可见。

嘉定文脉如何延续？如何进一步发挥嘉定的文教与产业优势，吸引更多的优秀人才来栖？华东师范大学历史系教授陈江表示，要将文化优势和当地的产业结合在一起，进一步聚集人才。

澎湃新闻：嘉定有"教化城"的美誉，请谈谈您对嘉定文化气质的理解。

陈　江：嘉定本来就属于江南文化的核心地区，江南文化所具有的那些文化气质，比如包容开放、勇于革新、与时俱进、顺势而变，这些特点嘉定都是有的。

上海过去以苏州河为界，嘉定长期从属于苏州一带，受苏州的影响比较多。因此，江南文化中以苏州为代表的吴地文化的气质，不仅在苏州，而且在嘉定也有比较典型的表现。嘉定本来就是一个文教非常兴盛的地方，相对其他地区来说，嘉定地区比较明显地表现出了精致典雅、含蓄温和等气质。

澎湃新闻：嘉定历史上曾涌现出很多文化名士，这些人是在怎样的环境下成长起来的？

陈　江：嘉定是一个文化高地，也是人才的集聚地。这是历史长期形成的，不是一蹴而就的。其形成因素主要有以下三方面：

首先，嘉定长期以来重视文教，文化气息比较浓郁，这对文化人有一种吸引力，所以比较容易涌现出一些文化世家。从晚清到民国，一直到新中国成立以后，嘉定地区对文教事业始终非常重视，是长三角地区对文化事业最重视的地区之一，保存了很多有形和无形的文化遗产。嘉定最著名的文化世家钱家就是一个很典型的例子。从清朝的钱大昕开始，一直到后来的钱穆、钱伟长、钱学森等都是嘉定钱家。

其次，嘉定和江南其他地区都具有经济比较发达、交通便利的优势。经济状况好，外来人口就乐于在这个地方居住；交通条件好，外出游学、交友等都比较便利。因此文人能够在这里发挥自己的文化特长，这是和经济有关的。

最后，嘉定所在地是江南地区的一个核心地带，本来就有江南地区的特点，这里对外来文化和外来人才都比较包容，是五方杂处之地。外来人口到了嘉定也比较容易扎根下来。比如明代的"嘉定四先生"之一程嘉燧，他本是安徽休宁人，迁居到嘉定后，觉得嘉定挺好，整个下半辈子就定居在嘉定了。

这几个因素都使得嘉定后来成为文化高地。嘉定能成为集聚人才的高地，和它的文化本身比较丰富多彩、对外来文化排斥较少的特点有关系。

澎湃新闻：今天如何更好延续发扬嘉定地方特色和文脉，如何用文化优势来聚人？

陈　江：文化圈、文人圈或者民俗，都是与古代一脉相承的。嘉定融会贯通了很多文化因素，嘉定和苏州基本上是一脉相承的，它和过去的松南地区，如今的松江也有很多相贯通的地方，到明清时期，徽州的商人大量到江南一带来做生意，带来了徽派文化，所以嘉定的文化元素非常丰富。

这是历史上嘉定文化延续的过程。嘉定曾经是一个非常有文化底蕴的高地，但是随着时代的变迁，嘉定有些优势丧失了。

过去有句话叫"大苏州，小上海"，但是在1860年以后，特别是太平天国运动之后，苏州一带遭到战争的很大破坏，而上海是中西文化交流的特殊地点，受到了各种条件的保护，大量的人才、资金流入上海，形成了后来的"大上海"。

现在是"大上海、小苏州"，苏州所有的优势已经逐渐转移到上海，包括现代工商业的优势和文化上的优势等。而近一百年来，整个上海地区经济、文化的重心开始向上海滩——现在的上海市区转移。上海滩的崛起，对周边的嘉定、松江有一定影响，有些文化人可能到上海滩去了，这也是发展过程中的一个必然趋势。

重新发掘松江、嘉定的传统文化优势，可以和新城建设结合起来，产生新的规划和设想，这里将会有很好的发展潜力。上海毕竟是一个点，是不是可以发挥多点优势，可以有分工上的区别，比如嘉定可以继续发扬原先的文教长处。

有些条件虽然是可遇不可求的，比如松江有大学城，嘉定没有，但是嘉定有汽车城，嘉定的企业文化、社区文化等可以融入原先的文化底蕴，然后再培育起来，在汽车城的发展基础上，汽车制造类的高等院校可以进驻嘉定。

文教包括高教和普教可以继续做大，企业文化和社区文化也可以做得更扎实更好，吸引创作性的人才，经过一段时间的培育，嘉定新城和老城结合以后，一定会发展起来。嘉定有这样的底蕴，所以在进一步发展的过程中，还可以形成一定的文化圈，特殊的文化创作、文化发展的中心或者次中心都有可能产生。

嘉定第一产业的农副产品等有一定的收益，第二产业的汽车对嘉定经济有非常大的促进作用，所以嘉定经济一直名列前茅。嘉定产业虽然发展得很好，但在人的集聚方面确实是不如松江。

虽然嘉定的第三产业，如文化、旅游也发展得不错，但是可以进一步加强宣传力度，和当地特色结合起来。汽车城建设得很好，但是汽车本身的设计理念、销售理念、企业文化都可以再增加一些传统文化当中的人情味、文化底蕴等，就会不一样。哪怕做手艺的一个工匠，有文化和没文化的是不一样的，设计、制作过程中的理念，以及产品的实用性和观赏性都有差别。这是潜移默化的，文化的后劲也是逐渐显现出来的。

澎湃新闻：今天，上海正在打造嘉昆太协同创新核心圈。嘉昆太是一个文化经济圈，这三个地方的文化有哪些相似之处？

陈　江：从历史上看，严格来说，嘉定是从昆山分出来的。昆山明显处在苏州和上海之间，秦朝的时候建立了娄县，到了三国时候改名叫昆山，南宋时期嘉从昆山县中独立出来，以当时的年号"嘉定"来命名。所以，嘉定和昆山的关系非常密切，而且在文化、地理条件、生产方式上都是非常接近的。比如太仓、昆山这一带过去是产棉的，嘉定也是重要的棉区，产出大量棉花。棉花又经过这个地方进行交易，所以南翔作为一个最重要的集镇，主要是卖棉花和棉布，运销到北方。所以它和太仓、昆山联系是很密切的，地理上、文化上有相通性。

嘉定、昆山、太仓正好处在上海与苏州的中间，无论是以往还是现在，三地实际上就是沪、苏之间的经济、文化走廊。清代之前，这一区域受苏州影响很大，近代以来又主要受到上海的影响。所以说近现代的"海派文化"与古代的"江南文化"在嘉昆太都有比较突出的体现，而且在融汇中形成了自己的特色。

现在提出进一步建设嘉昆太经济圈、文化圈是非常有意义的。长三角一体化联动的构想中，最核心的是上海、苏州、杭州三个大城市。在上海与苏州乃至江苏诸多城市的联动中，嘉昆太三地不仅在地理位置上具有优势，而且在经济发展、文化创意等方面都有可能形成一些新的突破。例如元代以来，太仓已成为走向海洋的重要港口，郑和下西洋即以此为起锚地，其后，外向型经济的内在驱动力也不断增强。如果能充分利用各方面的长处，包括经济上、文化上的优势，依托上海和苏州，这一区域或许可以在进一步改革开放的进程中形成一个既不同于深圳、珠海，又不同于上海的新的发展模式。

澎湃新闻：嘉定有孔庙、古猗园等文化古迹，还有竹刻、绘画等丰富的艺术遗产，在嘉定新城的建设中，如何保护以及开发利用这些文化遗产？

陈　江：嘉定现在保留下来的古建筑非常多，也就是有形的文化遗产是很多的，包括号称是南朝梁代的寺庙，至少有两个，一个就在南翔，另外一个在外冈。

嘉定的孔庙非常有特色，据说最早是在南宋嘉定年间就开始建造了，后来经过翻修，现在保留了明清以来的格局，整个规格非常引人注目。古代中国庙学合一，文庙和官办的县学是合在一起的。嘉定作为一个县，从区域来讲并不大，但是它的孔庙、县学所在地，建制规模却是这样大的格局。

嘉定境内的南翔镇是典型的江南市镇，留下来的东西很多，可以把老街再修缮一下，丰富其中的文化气息。

无形的文化遗产中最著名的就是嘉定竹刻，它是国家级的非遗项目。嘉定非物质遗产保留和保护的十几个项目中，只有竹刻是国家级的，不仅对嘉定有影响，而且具有全国影响，嘉定竹刻是一个非常独特的基因。

另外，嘉定竹刻本身是一种综合艺术的体现。据说南翔的古猗园，就是明代的竹刻名家朱三松设计的，说明竹刻名家往往不仅擅长竹刻，同时也是一个绘画能手。所以，竹刻本身作为一种特殊的记忆，是非常值得重视和保护的文化遗产。嘉定已经建立了竹刻博物馆，保留了珍藏的古代、现代的工艺美术家制作的竹刻精品。

嘉定要继续成为一座文化名城，继续发挥历史上的文化集聚效应，竹刻可以作为一个着眼点。文化和艺术上的底蕴和涵养，具有相通性。嘉定竹刻体现了当地的审美，对大众审美情趣的培育都有一定的熏陶作用。

是不是可以进一步把以竹刻为代表的中国古代雕刻艺术集中起来，在嘉定形成一个特殊的生产基地，或者艺术培训与创作基地，使其对江南这一带的木雕和竹雕艺人及艺术家产生吸引力，这是我们今天可以做的一些事情。

奉贤新城建设要跨界、破圈、超越

庄木弟 / 上海市人民政府副秘书长、原奉贤区委书记

诸大建 / 同济大学可持续发展与管理研究所所长

张轶帆 / 澎湃新闻特约撰稿人

"中心辐射、两翼齐飞、新城发力、南北转型"是上海未来五年构建空间新格局的战略目标。奉贤新城东联自贸区新片区,西接长三角一体化示范区,南濒杭州湾辐射长三角,北枕虹桥国际开放枢纽,依托通江达海的区位优势,规划到2035年基本建成聚集常住人口100万人、辐射带动长三角地区的独立的综合性节点城市。新城到底"新"在何处?对标新城建设要求,奉贤区开展了哪些工作?

为此,奉贤区委书记庄木弟做客"澎湃下午茶",对话同济大学可持续发展与管理研究所所长诸大建,讲述了奉贤新城如何求变、求新、求异。在主题演讲环节,庄木弟围绕跨界、破圈、超越三个关键词,阐释了新城建设者"一张蓝图干到底"的意志和使命。

以下为演讲摘要:

一、个性化的城市令人向往

从南桥新城到奉贤新城、从郊区卫星城到独立的综合性节点城市,此番提出"五座新城"的"新"落在何处?"新"就是追求质变,是在城市规划和综合治理上寻求跨界和破圈,在变中实现超越、实现与众不同。

奉贤新城的质变采用逐步推进的做法，从打造"新江南水乡景致"的城市意象做起：依托环杭州湾大湾区，连通黄浦江上游90度转角的"浦江第一湾"、东西向的浦南运河和南北向的金汇港，发展兼具水岸经济和水岸文化样态的"十字水街"；沿水系构建长达100公里、宽度30米至3公里的"田字绿廊"；进而打造九宫格式的"人民社区"和"一朝梦回五千年"的城市文化肌理；最终营造出"百里运河、千年古镇、一川烟雨、万家灯火"的城市景观。

从唯一到唯美，是奉贤新城营造通江达海城市形态的基点和特色。公元前444年，言偃（"孔门十哲"中唯一的南方弟子）讲学于此，并成为奉贤"敬奉"的第一位"贤人"。自此，"敬奉贤人、见贤思齐"的"贤文化"便在奉贤扎下了根，而承载着历史记忆的古树、古桥、古建筑、古村落、古遗迹也难以割舍。奉贤新城联动的古遗址、古村落具有两大特色。其一，由东向西，全长41公里的浦南运河，沿河串联着冷江雨巷、南桥源、青溪老街、明城新月、五四渡等江南古镇文化遗存，这在全国范围内也是绝无仅有的。研究古镇对青年的吸引力，开发青春古镇，是下一阶段五座古城开发所要探讨的内容。其二，位居古代三大工程之列的江南海塘，素有"海国长城"的美誉，目前保留最完整的遗迹便在奉贤。奉贤区将其作为加快自然村落转型的支点，建设"海国长城·上海渔村"。

立足国际化大都市背景下的乡村振兴，奉贤旨在打造与主城区一样的品质、不一样的感觉。要将乡村作为城市的底色和亮色，打造"三园一总部"升级版田园综合体，造就总部经济成长地、创意文化集聚地和诗意人生栖息地。

二、新城，从强大到伟大

产业经济为城市赋能，让新城强大。引导企业从模仿到创新、推动政府从服务到合作、兼顾有限资源数字化提升无限发展和无限资源网络化链接无限发展、从土地空间向数字化空间转变，是奉贤新城定位的破圈方向。

奉贤的"东方美谷"为人熟知，目前品牌价值逾287亿元，融合化妆品、食品、药品的大健康产业已在奉贤扎根，并成为全国的样板。下一步，奉贤新城将着力打造"未来空间"智能网联汽车新高地，与中车、百度、中智行、上海交大等行业标杆合作，打造"聪明路、智慧车、未来城"，目前已开辟了自动驾驶汽车试验专用道路。头部产业带动了中小企业总部的集聚和裂变，在46万家市场主体的基础上，瞄准"十四五"末实现100万家的目标。截至2021年底，奉贤各类市场主体已超56万家，平均一天新开办企业为460家。产业对地方经济的推动昭然可见，2021年奉贤地方财政收入累计达220.8亿元，增幅为36.6%。

人民是城市的主人。奉贤注重人性尺度和人性空间，提升城市的柔软性和识别度，让城市成为直抵人心的心灵归属；绣出城市"微空间""微基建""微功能"，打造便捷、适宜的15分钟社区生活"甜甜圈城市"；建设有弹性、能抵御自然灾害的韧性城市；建设以"九宫格"为形态的人民社区；探索"人民城市、人民性"奉贤指数，加快建设人性化、人文化、人情味的人民城市，塑造"奉信、奉贤、奉献"的城市精神。奉信，即立足于中国特色社会主义道路自信、理论自信、制度自信、文化自信，以法治为底线，将诚实守信作为城市精神的支撑。奉贤，即敬奉贤人、汇聚人才，最具代表性的便是"贤商大会"品牌论坛。奉献，就是要在复兴追梦路上积累有益的实践经验和案例，提供可复制、可落地的"奉贤方案"。

三、旧问题碰上了新目标

立足新时代背景，奉贤新城建设"四城一都"，即创新之城、公园之城、数字之城、消费之城和文化创意之都，努力实现高质量发展、高品质生活、高效能治理的耦合与内聚。与此同时，对于一些老生常谈的旧问题，就要对照新目标、采取新方法，一一解决。首先，如何解决交通拥堵？要从产城融合和职住平衡的角度，整合居住、生活、生产、文化等功能于单元，实现不需要走动就能解决基本需要，乃至实现零通勤。其次，如何应对千城一面？要深耕中华传统文化和中国特色社会主义先进文化，物理空间可能会变，但精神骨气却能代代延续。再次，如何调节初生的城市与短命的建筑之间的矛盾？就要让建筑可以阅读，引入知名策划规划、知名创意设计、知名艺匠工匠、知名运营管理，让建筑真正成为城市的容器。就整体而言，提升现代化的治理能力，需要深化"一网通办""一网统管"的数字治理和服务能力。

四、对话实录

一位是亲历一线的新城建设者、管理者，一位是研究新城和区域转型的资深学者，活动现场，庄木弟和诸大建就奉贤新城的定位，协调房价与收入的矛盾，以及人口增量、青年、交通、治理机制如何为新城赋能等议题展开了深入的讨论。

诸大建：第一，在五个新城中，不论是发展的启动点还是经济的能级，奉贤新城都不是最突出的一个，而为什么上海市委书记李强和市长龚正先后考察奉贤？第二，"产城融合、功能完备、职住平衡、交通便利、生态宜居、治理高效"是对五个新城统一的要求，奉贤新城如今要打造独具江南特色的城市景致，在发展的定位和布局上怎么形成不同之处？

庄木弟：针对第一个问题，为什么是奉贤？李强书记找我谈过三次话，对为什么建新城的议题进行了系统的阐述。第一，从上海的整体战略布局来看，其中之一就是"新城发力"，即五个新城要建设起来，这是一次战略发展和新的空间调整,是未来发展新的指导。李强书记希望新城建设要有大的提升,对整个上海市起到一个超前集聚的作用,这就成为我们新城建设者的责任和使命。第二,如何使新城发力?就是要以"世界眼光,国际标准,中国特色,高点定位"建设新城。结合奉贤的现状,我们提出"今天我看世界,明天世界看我",学习总结前人先贤的经验、教训、案例,在实践中不断比照、超越,以"最现代的理念、最前沿的技术、最先进的产业、最宜居的环境"建设奉贤新城。归结到选择奉贤的原因,在我看来有六个方面的原因:一是长三角一体化和自贸区新片区两大战略任务在此交汇,二是仍有留白的土地物理空间可发展新的城市样貌,三是通江达海的特殊生态肌理,四是70万人口导入的人力资源空间,五是碳达峰碳中和的排放空间,六是从最薄弱到最强劲的发展空间。

奉贤的发展定位与布局,一是要放在国家战略和世界发展形势的大背景下去考虑。"世界怎么样,明天怎么办?"二是在长三角城市群中,以城市间功能相互赋能的方式,不追求楼的高低、城的大小、人的多少,而是追求品质和质量,体现以人为本的建设理念。奉贤贯彻建设人文化、人性化、人情味文明城市的要求,这是能持续推进的地方。三是三大事件:第一是虹桥国际开放枢纽规划的发布,北面南通、西面苏州、南面平湖,而南面这条线闵行、松江、金山共享,而我们就处在这个风口上。第二是奉贤的自贸区新片区,如果政策适用于整个区域的873平方公里,那么我们在国家层面体制机制创新上,就处在领先地位。第三是南北转型,奉贤有很多化工企业上海化工区一半的转型落在奉贤,所以创新发展也是一个重要的内容。

最后,不管是从世界一体化层面还是国家层面,都需要中心和链接,奉贤在国际和国内两个市场的中心和链接点上有希望。我们秉持奉贤精神,通过努力,能够建设得与众不同。为此,奉贤新城也提出了"独立、无边界、遇见未见"的口号。一是"独立",即发展独特的功能服务,开展功能的互相赋能。二是"无边界",即不设边界,将奉贤作为一个重要节点，让数字在此流动，让各种要素在此汇聚，流动和汇聚就是无边界。三是"遇见未见"。第一层要预见未来未见的生活场景；第二层是使最薄弱的发出最强劲的力道，围绕"五美五强"，建设"四城一都"，重点培育公园生态、文化消费、乡村消费、体验消费和世界演艺之都。

诸大建：目前奉贤新城的常住人口是30万人，但依照发展目标，今后5年新城新进人口要达到20万人。依靠市区大规模拆迁和进城务工人员增加郊区人口已成为过去式，当下更多是人选择城市而非城市选择人。在此背景下，奉贤新城如何提升增量？

庄木弟：我们在规划时，将人分为流动的人和居住的人，其中居住在新城的人口要达到100万人。对于这100万定居在奉贤新城的人，一是要满足人的需求，围绕人的生活方式和生产方式去发力，比如打造国际青年社区等。要符合当下人的生活方式，需要进行城市的功能转型，比如解决时差的问题。二是以业兴业，打造品牌价值，提供量身定制的资源，提供整体性的解决方案，引领产业到奉贤发展，包括演艺等产业。比如在九棵树未来艺术中心举行的纪念贝多芬诞辰250周年的钢琴接力赛，来自东西方的30余位钢琴大师，和他们的团队、粉丝都会被奉贤新城的美丽所吸引。三是通过独一无二的创造来留住人。四是打造南上海枢纽城市，汇聚杭州湾、长三角的人才。对于100万人指标以外的流动人口，就要解决流量的问题。利用数字资产，通过数字化的连接，将奉贤作为一个网络的节点实现网络办公。

以上措施还不足以将奉贤打造为一个创新的城市、消费的城市、素质的城市、文化的城市，我们还规划做到"三减三增"：第一是减人增智，人的数量要减少，人的智慧要增强；第二是减排增绿，倡导绿色发展、绿色出行、绿色产业、绿色社区、绿色经济，将绿色变为奉贤这座城市的主旋律；第三是减量增效，大大减少物质的空间投入量，大大地提高效益。

建设奉贤新城的终极目标是人民幸福。我们近期提出一个新名词"柔软城市",要让人们来了不想走,走了有乡愁,打造城市意象和乡愁文化。据此开发"人民城市、人民性"奉贤指数,拆分归纳民众满意、民众需要的各项指标,让生活在这座城市的人民有认可感和归属感,也有尊严和体面。

诸大建:未来上海人口的增量很大一部分将来自应届大学毕业生,在集聚青年人才方面,奉贤新城有什么的规划和实践?

庄木弟:青年力量是我们一直关注的重点。我们对奉贤有一个整体的定位——将奉贤从少年奉贤转换为青春奉贤。

建设青春新城要给青年强大的预期。未来奉贤新城的蓝图就是独立城市,无边界,遇见未见,用这个强大的预期去触动青年。人是城市活力最主要的因素。奉贤的人口构成中,60岁以上的老年人占到30%,相较于深圳这样的年轻城市,需要对人口结构进行调整。

那怎样去吸引青年呢?第一,态度很重要,选择更重要。让青年知道选择奉贤是正确的。奉贤新城需要提供一个好的环境,提供充分的工作岗位供青年人自由地选择,迸发他们创造的激情。第二,解决基础设施问题。除了教育、医院,还要为愿意来奉贤的青年人解决住房问题,通过大量建设公共租赁房,让青年人可以拎包入住。充分利用共享空间、共享平台、共享办公打造无边界的城市谱系。第三,产业发展,通过吸引特色产业和头部企业拉动高层次人才入住。奉贤引进了药明生物这家企业,由它带动3 000多名博士一次性入住新城社区,这就起到了人口高质量提升的效果。

诸大建:我们已经聊到了奉贤新城构建一城一意象、一城一园区,那么接下来如何打造一城一枢纽,让交通枢纽为新城建设赋能,这是我所好奇的。

庄木弟：交通枢纽一定是为这座城市增添活力的，而不仅是解决交通问题。所以，新城的交通，本质上应该是多元复合的。多元复合的交通有以下要求：一是国家的重点综合性枢纽，追求转型，如自贸区新片区使奉贤从交通枢纽的末梢变成前端。二是将交通枢纽纳入大系统的范围内，实现海港、空港、陆港三港合一。三是在网络虚拟层次上，建设数字交通枢纽，才能面向世界。总之，交通应该是多元的、复合的，与这些功能是无缝对接的，而不是单纯解决交通问题，而是需要跨界、破圈、超越。

诸大建：近期有学者指出，上海周边的一些县级市相对而言更具活力，是不是上海新城的行政管理体系需要改变？

庄木弟：与其说改变，我认为首先更应该建立容错机制，鼓励新城建设在探索过程中不断试错、自我革新，找到匹配的发展道路。其次是要放权赋能，要进行中国特色的放权，中国特色的规制，放权的同时赋予它能量，如减少行政管理审批的环节，同时加强备案制度的监督管理。最后，是要利用网络化和信息化手段实现"一网统管"和"一网通办"，实现两网合一。

诸大建：我曾建立了一个房价与居民收入的二维矩阵，发现城市高房价、市民高收入意味着高品质的教育、医疗资源供给，这才是城市成熟的标志。我们在关注绝对值的同时，也要重视两者之间的差值。对此您怎么看？

庄木弟：房价是大家都绕不开的问题，对此习近平总书记早有论断："房子是用来住的，不是用来炒的。"因此放眼全球，目前上海的平均房价仍低于东京、纽约等国际化大都市，这也体现出我们制度和道路的优势。住房市场要盘活，社会保障要稳定，就是要促进房地产业的健康发展。

对此，基于人人住得起房子、满足多样化生活需求、房价与城市发展相匹配的原则，奉贤新城的方案是将住房的居住功能转变为产业功能，从生活资料转变为生产资料。大力发展公共租赁地产和免租金地产，推动建设高品质的国际社区、产业社区、文化社区，转变住房和居住的观念，打造新的住房场景和业态。这不仅是一笔政治账，也是一笔经济账。我们引进一家企业，为它的员工提供3 000套可拎包入住的免租金住房，如果一套房子的月租金是1万元，那地方财政减少的是3 000万元的收入，但这3 000人背后的这家企业，每年能为奉贤创造3亿元的税收收入。这就是将住房作为生产资料，让青年在奉贤安心工作、努力拼搏，不再为住房而发愁。

在互动环节，针对观众的提问，庄木弟和诸大建进一步阐释了奉贤新城未来的构想与实践。

提问： 自贸区临港新片区是国家战略。作为新片区的西南门户，奉贤新城如何利用好自贸区的优惠政策，同时与其他新城处理好竞合关系？

庄木弟： 奉贤新城与其他新城的竞合关系，可以用动车来作个比喻。过去的火车要靠火车头带动，那么这个火车头就是上海市中心。而如今的五个新城，是火车车厢到动车车厢的转型，后者自有动力、相互牵引，速度从过去的100公里每小时提升到400公里每小时，这也是设置五个新城的原因。

自贸区新片区并非是给定的优惠政策，其本质是政策创新的机会，也是创新思想在区域经济发展层面的映照。奉贤作为新片区门户，就是要依据创新思想，提供规划一体、产业一体、发展一体的政策便利，服务于长三角一体化和国家体制机制改革。

诸大建： 所谓自贸区新片区的特殊政策，多是处于一个"围栏"中进行施策，并不是在整个新片区内全盘展开，还是要有一个持续观察的过程。对于五大新城的竞合关系，在规划设计之初我们就达成共识，就是五个新城的城市功能定位、产业定位、交通枢纽定位都要形成差异，但后续的发展是市场的选择，是优胜劣汰的机制起作用，不可避免也难以干涉。

提问：我是一名在奉贤创业的青年。在调研时发现，很多父辈在奉贤打拼的"创二代"，不愿意回到奉贤进行二次创业。对于这一情况，奉贤新城在建设规划过程中应如何避免？

庄木弟：目前上海提出发展"五型经济"，其中就包括流量型经济，流量没有边界。对于奉贤而言，第一，奉贤新城的建设者要有一种胸怀，不以人数论英雄，更多要关注这些人才能否真正为新城带来效益。第二，如何调动现有资源，为更多怀揣梦想的人提供创业的舞台。马斯洛需求层次理论相信大家都知道，不同的层次对应不同的需求，而奉贤的服务就是要做到满足不同人的需求。奉贤目前有大量的公租房、充足的就业岗位、"圆梦计划"和"贤商对话"两大扶持品牌，归根到底就是"需求服务"——"总有一款适合你"。第三，要从所谓"微笑服务"的观念中抽离出来，转而提升功能性的服务能级。为此，经济方面，奉贤建设了出口加工区、综合保税区、特色产业园区；发展高品质教育、高品质医疗、高品质体育，健全完善各项功能配套。而最重要的是，是优化投资环境和法治环境，这一方面，奉贤主打知识产权保护和特色产业的扶持培育。

南汇新城：从盐花、浪花到创新之花

王思政 / 上海市宏观经济学会会长

南汇这片土地是上海最年轻的土地，和崇明一样，现在仍然不断在生长。历史上，南汇最早的一个产业就是盐业，据史书记载它是千年的盐都，也是中国沿海各大盐场中非常重要的一个，为上海早年的发展做出了很大的贡献。

一、农耕文明时代开出洁白盐花

南汇曾经是浦东的第一大镇，是"千年盐都"。这在地名里都有反映，包括人们比较熟悉的六灶乡、大团镇、新场镇等。由于制盐要开渠引海潮到盐灶，慢慢形成了河道，盐由此运往全国各地。盐从诞生至今都是专营的，可以说这是中国最早的央企雏形，也可能是历史上最早的先进产业。所以，在农耕文明时代，南汇开出过洁白的盐花。因为有了灶，几个灶形成一个团，几个团又成为一个场，慢慢地乡镇就出现了。由于运盐要开挖河道，因此又形成了港口，为之后盐业的转型发展起到了好的铺垫作用。

《熬波图》中其实也有文学创作的成分。图上有非常漂亮的树木，但其实海边围垦出来的土地，最靠近海水的地方寸草不长，如果碰到连续干旱天，地面上就会形成一层盐花，所以熬盐的原理可能也是受大自然的启发。经过若干年之后，最靠近海边的植被叫盐蒿，往里面开始长芦苇，再到里面长的是茅草，长茅草之后的土地盐碱的含量就已经很低，适合耕种了。

所以南汇最开始种棉花，是因为棉花耐盐碱。后来为什么在老的海堤上树能长得好，因为海堤本身就离开地面比较高，经过多年的雨水冲刷，它的盐碱含量就非常低了。在防风林里面，每到春夏的季节有大量的蘑菇会长出来。

二、浦东开发开放年代绽出壮丽浪花

在浦东开发开放的年代，南汇绽放出壮丽的浪花，在上海航运中心的建设和发展历程中功不可没。

1994年，上海在川沙与南汇交界的土地上建了浦东国际机场，由此上海成为中国第一个拥有两个国际机场的城市。上海现在正筹建第三机场——南通机场，全称为上海南通机场，它的建设、运营都由上海负责。

此后，上海又在南汇和洋山岛建设了洋山深水港。浦东开发开放之后，贸易功能兴起，大量的货物需要海运，但大型集装箱船需要深水岸线。1995年，上海规划建设洋山深水港，2002年6月开工建设，2005年10月开港。如今上海港集装箱吞吐量连续11年位居全球第一，其中洋山港占46%。

可以说，航运中心的建设其实与早期的盐业也有一定关系。所以不能认为盐业消亡了，而是转型升级了。

上海是中国第一个、世界第五个航空旅客客流量过亿人次的城市，连续十多年航空货邮量位居世界第三、第四。航运中心的建设，产业的转型升级，使上海城市功能得到高水平提升。

同时上海由发改委牵头，规划建设临港开发区。2004年建设临港大型装备基地，2009年12月28日大飞机总装基地在祝桥奠基。

临港造出了全世界最大的船用曲轴，到目前为止全世界只有四个国家能造，中国是第四个。16米长、200吨重、一次加工成型的船用曲轴，在全世界领先，所以我们今天讲要再造基础产业，这就是一个非常好的基础产业。中国虽然是造船大国，但是大型的船用曲轴以前全部都是进口的。当年我们造出来了，否则到了今天，美国很有可能把它列进所谓"实体清单"，中国的造船工业就会受影响，这是我们国企做的贡献。

上海具有很强的国际吸引力，外企也有不少好项目落户临港。海上风力发电风扇是西门子在临港的装备基地建设的。上海现在要搞风力发电，如果在别的地方建，要把它截成几段才能运输过去。这个是一次成型的，因为就在海边，建完了就能运出去，很方便，所以又是一个重大的突破。另外还有民营企业如三一重工在临港建厂。所以当年在浦东开发开放的年代，上海在航运中心和先进装备制造基地的建设上，南汇又获得了非常好的发展。

三、中国特色社会主义新时代将孕育创新之花

中国特色社会主义新时代，南汇将孕育出创新之花。2020年南汇新城工业总产值已经达1 600多亿元，同比增长39.6%，这是上海制造业增长最快的一个地方，规划到2025年这一数字要达到5 000亿元。

目前临港已经投产了一批世界级的重磅项目，比如特斯拉。现在新能源车在长三角已经形成了世界级的基地，这样的项目上海有4个，长三角地区的有10个，其中最大的就是特斯拉。

我一直有个观点，五大新城中南汇新城可能是最先取得突破的一个地方，因为它的能级不一样。南汇新城位于临港的核心区域，面积占临港的43%。发改委最初规划的临港面积是350平方公里，但是现在由于建设新片区，有了新的开发政策，临港的面积已经超过了800平方公里，南汇新城仍然处于核心的位置。而且临港是浦东新区的一个升级版，所以南汇新城能够直接充分享受浦东引领区和新片区的开放政策和优惠政策。

都说南汇离上海市区远,但其实它离世界最近,是非常有优势的。根据最新的南汇新城、临港的规划,未来这里要打造先进制造业,在科创、产业上要有新突破,建设东方芯港、生命蓝湾、大飞机园、信息飞鱼和顶尖科学家社区。

目前临港建设的人工智能超算中心,在能级上已经是世界最领先的,至少可以与美国并驾齐驱。所以未来南汇在科技创新上将会开出新的花朵,非常有潜力。

四、新城寄语

我想说一些对新城的寄语。

第一,产业兴,新城新。产业是经济发展和城市发展的基础。上文提到因为有了盐业,才有了南汇,有了今天的上海,所以说产业非常重要。这一次做的五大新城的规划,每个新城的规划人口都要超过100万人。规划局把未来蓝图画好了,发改委把数据都填进去了,但是未来真正要实现突破,产业的发展才是最关键的,如果没有产业的导入,新城是发展不起来的,人口也是无法导入的。当年搞人口调控,我们怎么把人调走的,通过关停并转淘汰落后的产业,每年超过1 000家,所以现在要有新的产业重建才能把人口引入。

第二,体制新,新城新。可以通过一个对比来看:在上海青浦的边上,有一个神一样存在的城市——昆山市。2020年昆山的GDP总量是4 277亿元,什么概念?1978年中国改革开放之初,全国的GDP总量才3 600多亿元。今天一个县级市的GDP比当年一个国家的总量还大,这就是翻天覆地。昆山发展靠的是什么,就是产业。再讲一个数据,上海对外有两条重要的高铁通道,一条叫沪宁线,另一条叫沪杭线,都是盈利的。我们国家高铁占了世界的2/3,但是真正盈利的不多。这两条线是非常繁忙的交通要道,有两个重要枢纽站,沪宁线上的枢纽站在昆山，沪杭线上的枢纽站在松江。但是据专家测算这两条线的交通客流量，昆山站的客流量是松江站的20倍。为什么有这么大的差距？背后是产业，是人口的导入和产业的兴旺导致的差异。

2020年，中国在最短的时间内发挥了体制的优势，把新冠肺炎疫情控制住了。全国各地派遣了大量医疗队奔赴武汉、奔赴湖北，细心的记者发现江苏省派出去这么多的医疗队，几乎没有一个打江苏旗号的，马上总结了4个字叫"散装江苏"。其实如果说"散装江苏"的话，不如说"散装苏州"。

昆山、张家港、太仓、常熟这四个县级市其实都是苏州的。但是他们的领导很少会说我是苏州的，甚至你到了昆山去，他不但不跟你说我是苏州的，还告诉你我是上海的。但苏州的领导很大度，简政放权，高效发展产业、做大经济，最后各县级市的GDP和税收是苏州的。这背后什么是原因？体制。虽然是一个县级市，很多事务这个县级市可以自己做决策。上海市是直辖市，下面不能再设市，只能是区，决策上、效率上会带来很大问题。

上海多年来是"两级政府，三级管理"，但是在新城建设上，一定要有一个新的体制。如果没有新的体制，很多决策力度是不够的，见效会很慢，效率也会低下，协调的成本会大大增加。

事在人为，在现有的体制下，要把人的积极性充分调动起来。所以我建议五大新城要由市委市政府的领导亲自挂帅。现在只有一个领导小组，委办的领导负责，力度不够。有一个总牵头的，每位领导去管一个新城，肯定有效果。

第三，创新新，上海金。除了体制创新之外，在管理运作、科技创新、发展模式上，也要进一步探索和创新。今天讲数字经济发展、绿色发展，要把智能双碳融入新城建设的方方面面，这些真正做好了，上海会诞生新的宝山、新的金山。五大新城的建设，一定会为上海的未来添砖加瓦，成为新的增长极。

南汇新城：发展潜力广，产业留人最有效

王思政 / 上海宏观经济学会会长
王琳杰 / 澎湃新闻记者

上海"十四五"规划明确，嘉定、松江、青浦、奉贤和南汇这五个新城是上海未来发展的增长极。五个新城要在目前的发展基础上，承接相应的功能定位，聚焦完善产业、综合交通和公共服务等，集聚配置更多优质资源，大幅提升产业能级和公共服务水平。

未来哪个新城将会走在发展前列？怎样更好地集聚人口，引才留才？为此，澎湃新闻记者专访了上海宏观经济学会会长王思政。王思政表示，在土地资源紧缺的今天，五个新城不仅承载纾解中心城区拥堵的功能，也是上海未来发展的增长极。从规划时间、战略定位、土地面积等多方面考虑，南汇新城未来最有希望获得突破，率先建成节点城市。

澎湃新闻：谈谈您对五个新城战略定位和规划的理解。

王思政：关于五个新城的定位，我觉得应该分两个方面理解。

第一是对上海未来发展的意义。城市和企业是国家间竞争合作的主要载体，上海要建设成为世界强市。那么上海未来发展的动力在哪里？五个新城是上海未来发展新的增长极。上海今天最短缺的资源是什么？土地。以前经常讲"小苏州、大上海"，其实从面积上来看，今天苏州的面积比上海大得多。苏州面积为 8 488 平方公里，上海才

6 400平方公里，杭州达16 500平方公里，北京为16 400平方公里，宁波将近1万平方公里，这些城市面积都比上海大。因此上海未来的发展，一定要找一个新的增长极。这个增长极就是五个新城。五个新城的建设，意味着一方面可以纾解市中心城区过于拥堵的状况；另一方面在上海大开放的背景下，可以进一步集聚人才，在未来的产业发展上，增强上海的后劲。

第二，五个新城应该与长三角一体化有很好的勾连。上海对推动长三角发展起到了重要作用，但是在发展过程中出现了"灯下黑"现象。上海把周边的城市如昆山、嘉兴和苏锡常甚至泛长三角的安徽部分城市都带动起来了，但是上海的郊区却没有带起来，所以称为"灯下黑"。长三角一体化已经上升为国家战略，五个新城是推动未来长三角发展的后劲力量。

澎湃新闻：五个新城各有不同的优势。哪个新城将会走在前列？

王思政：青浦在数字经济产业发展方面已经取得了一些成绩，抢占了先机。但是我认为，未来最有希望突破、最能建成节点城市的可能是南汇新城。为什么这样讲？从规划时间、战略定位等方面考量，南汇新城的级别是高于其他四个新城的。

南汇与浦东新区合并后，一直是作为浦东的板块之一，而且也是浦东未来发展的重点。浦东一直在规划未来发展的重点，有两个地方：一个在张江，一个就在临港，也就是南汇新城，之前叫临港新城。

南汇新城发展到今天就用了15年。在这片区域，国家实施了最大力度的开放政策，包括离岸贸易、离岸金融，战略性新兴产业在临港都有布局。

临港建设了一批世界级、国家级项目。例如，海昌极地海洋公园、上海天文馆、大飞机、芯片项目和特斯拉汽车工厂等。为什么过去南汇一直没有发展起来？这是上海的一个死角。从节点城市角度看，它是一个末端。但是从未来看，这是一个离上海市区最远、但离世界最近的地方。从发展潜力、前景、项目建设、空间范围等多个要素看，南汇新城是五个新城中最有发展潜力的。

澎湃新闻：新城如何留人？公共服务和产业哪个对留住人才有更好的效果？

王思政：文化也好，公共服务也好，其实新城真正要建设起来，最重要的是产业。当年上海人口调控，我们通过调控产业来调控人，减少人口。今天新城要集聚人的话，还是要靠产业。靠什么样的产业才能把人留下来？这是非常重要的。可以发现最好的产业项目都在南汇新城，所以，南汇新城是最有希望快速发展的。

产城融合确实非常重要。以前叫"先生产，后生活"，现在又有"先生活，后生产"。但我认为，还是"边生产，边生活"比较恰当。两者是互动的，互为促进的关系。为什么苏州后劲足、昆山后劲足，因为这两个城市的产城融合比上海做得更好。五个新城可以借鉴苏州工业园区的经验，要把行政区变为功能区、服务区、休闲区，是人们工作、学习、居住和休闲的好去处。

改革开放四十多年来，中国经济和城市发展有一条成功的经验，就是成千上万各种园区的建设。当然也带来一些短板，如土地浪费、产能过剩、环境污染。但是总体上，园区建设功大于过，没有这样的遍地开花，中国经济不会成为世界第二。大家公认其中做得最好的三个地方：一是深圳，40年GDP增长近1.4万倍，人口增长42倍；二是上海浦东，30年GDP增长210倍；三是苏州工业园，26年GDP增长230倍。如果今天中国有30个这样的园区，GDP总量有可能会成为世界第一。但是产城融合上深圳做得也不够，例如教育和医疗成为短板。所以，深圳这两年拼命补短板。当年苏州与新加坡合作建设的苏州工业园区，有很多东西值得学习，新加坡有很多东西值得我们去学习。

澎湃新闻：上海是一座依水而兴的城市，五个新城如何做好水文章？

王思政：中华民族的传统是农耕文明，水在文明发展中有很重要的作用，但也有一些副作用，最严重的是，中国人虽然一直靠水而生，但是我们又一直惧怕蓝色的海洋。中国凡是跟海相关的地名，有两种类型：第一，人海对立，如镇海、定海、宁波。第二，委曲求全，祈祷太平，例如，海宁、海安、海昌。唯独上海不一样。上海，背靠长江水，面向太平洋，趁风踏浪，走出去、引进来，江海融汇。

当时有人提出青浦的淀山湖要打造成世界湖区，就是想围绕水做文章。但有争议，原因在于淀山湖体量太小，在国际国内的知名度不高。后来专家提出应该把太湖流域打造成世界级的湖区，这个思路非常好。当前全世界进入了知识经济和数字经济时代，青浦又抓住了一个非常好的机遇。大概十年前，青浦引进了一大批快递业的头部企业、龙头企业。中国今天有七大快递上市公司，五个是青浦培育出来的，这五大快递上市公司的总部都在这里。青浦已经成为上海、中国乃至世界快递业中心之一。粗看之下，快递业仍属于低端行业，其实背后都是手机、互联网、大数据、人工智能和现代化的分拣中心在支撑，严格意义上快递业是数字产业。华为研发中心在青浦落户，网易也要在青浦再建一个研发总部，这样的项目现在还有一批。青浦即将与整个长三角形成数字生态、数字产业链。

南汇的文化底蕴相对来说比青浦、松江、嘉定要弱一些。历史上，南汇也有自己的产业，主要是盐业。因为海岸线不断变迁，现在又变成内陆。南汇有足够的土地资源，在这个白纸上来作画，基础设施建设、产业布局、人口负担等方面障碍比较少，所以南汇的未来发展空间很大。

改革开放以来，上海的"轨交文章"做得很好，轨道交通发达。上海今天的轨道交通通车里程770多公里，居世界第一。但是上海水文章，其实还有很大的潜力。2020年我们写了一个专报《做好水文章，打造南北轴》，上海市委主要领导作了批示。20世纪90年代黄菊书记提出的黄浦江两岸发展战略，目前已经实现了第一阶段的目标，把生产岸线变成了生活岸线。但是还不够，黄浦江两岸滨江岸线现在的主要功能是散步，虽然还江于民，但是增值的部分还没做好，今后要把黄浦江两岸变成消费岸线、服务岸线、文化岸线、教育岸线、科创岸线，要使它增值。

此外，上海的一些水域，比如滴水湖、月湖、宝钢水库，利用率很低。又如淀山湖沿岸，很多都是市级机关作为培训中心的建筑，并没有真正用于今天和未来的发展需求。其实淀山湖这一圈都应该还江于民，发展现代服务业、旅游业等。

澎湃新闻：新城建设中，如何更好彰显文化软实力？

王思政：城市是软实力的载体。中国要实现2050年建成世界强国的目标，须在增强硬实力的同时匹配优质软实力支撑。今天讲上海建设五个中心，实际远不止五个中心。最近几次的五年规划，在"五个中心"之后都有一句话，叫"建设国际文化大都市"。

按照国际上通行的观点，文化才是一个城市最大的不动产。当所有资源枯竭之后，文化的价值会凸显。上海海派文化为什么在国际上这么有吸引力？个人理解，海派文化其实是中国文化、江南文化、红色文化、外国文化、移民文化等的多元复合体。为什么新天地成为近二十年来上海的打卡地？国内复制了无数的新天地，但没有一个超过上海新天地。新天地的案例写进了各大商学院教材，有人概括了四句话很形象：外国人到了新天地，觉得这个地方很中国；中国人到了新天地，觉得这个地方很外国；年轻人到了新天地，觉得这个地方很时尚；老年人到了新天地，觉得这个地方很怀旧。其实它就是上海海派多元文化融合的一个典范。

五个新城都有自己独特的区域文化。比如说青浦的水、福泉山和崧泽文化遗址，松江广富林遗址，各个新城都有其特色，这些都要跟上海的海派文化融合在一起，形成上海独特的优势。

此外，上海的文化软实力还体现在做事的精细中。上海的海派文化背后蕴藏着很多细节的东西，做事诚信，按照合同和规则办事。这就是海派文化，是上海的文化软实力。

国际大都市新城建设经验及对上海的启示

陶希东 / 上海社会科学院社会学研究所研究员

伦敦、东京、巴黎、纽约等国际大都市的新城建设获得蓬勃发展，其城市空间结构开始由单中心向多中心转变。积极借鉴西方国际大都市新城建设经验，科学合理、成功有效地规划建设上海五大新城，是今后上海进一步优化城市空间结构和全面提升城市能级的重要战略选择。

一、国际大都市新城建设的主要经验

1. 具有明确的建设目标与功能定位：新城建设的初始动机

西方国际大都市的新城建设，一方面是适应城市郊区化发展客观规律的必然选择，另一方面也是为了促进城市空间结构协调和功能配置合理化的政府行为。因此，每一座新城的规划建设，政府对其都有明确的功能定位和建设目标，对整个新城的规划、建设和管理发挥总体性指导作用。

一般来说，新城建设的主要目标是有效疏散中心城区高密度人流，解决诸多城市问题，提高市民生活质量等，主要发挥大城市产业转移和人口疏散的职能，使其成为新的地区增长点或者成为振兴当地正在衰退经济的复兴地。但这种目标在不同地区也会有所差异。如英国大多数新城的建设目的主要是从伦敦、伯明翰、曼彻斯特、利物浦等大都市区那些过于拥挤、堵塞、甚至不卫生的环境中疏解人口，以创造良好的居住环境；有的新城（如伦敦艾克利夫、彼得利、昆布兰、科比等）主要是为了促进区域经济发展；而有的新城建设则是为了解决当地特殊问题，如增加就业等。

与此同时，西方国家比较注重新城的功能定位，以便发挥其独特功能，保持自身特色。如日本在东京大都市圈内开展的"展都型首都机能再配置"计划，对规划建设的新城都做出了明确的主导功能定位，如多摩新城为大学、商业职能，千叶市为国际空港、港湾、工业集聚区，茨城为科学城。

再如中国香港的8个新城中，荃湾、屯门是以货柜码头与仓储运输为主，元朗、大埔新城是以制造业为主，将军澳新城依托香港科技大学向高科技园方向发展，大屿山北部东涌、大壕新城，则以发展临空型产业、为新机场配套服务为城市发展主导职能方向。

2. 制定大都市区域型规划：新城建设的前提

建设新城的目的是为了有效解决大城市问题，因此，全面考虑新城与中心城区之间内在关系，从整个大都市区的角度出发，制定具有区域指导作用的大都市区域规划，是西方大都市建设新城的前提。在这种区域型规划中，按照整体性、有序性原则，将新城作为整个大都市区的有机组成部分，明确各自职能，分担城市中心区部分功能，旨在促进高度密集的单极化城市结构转变为更大区域范围的多核心空间结构，实现大都市区经济的空间平衡与协调发展。这一点在巴黎、东京、新加坡等地的新城建设中都表现得较为典型。

如巴黎区域指导性规划（1965年《巴黎地区战略规划》和《巴黎地区国土开发与城市规划指导纲要1965—2000》），对巴黎的发展提出了若干条战略性措施：一是在更大范围内考虑工业和人口的分布，沿塞纳河下游形成若干城市群，以减少工业和人口进一步向巴黎地区集聚；

二是在巴黎郊区建设 9 个副中心，以减轻巴黎城市中心区的压力；三是沿塞纳河两侧平行轴线建设 5 个新城，共容纳 160 万人口。日本东京则为了有效疏散中心区人口和产业，于 1956 年制定了《东京发展规划》，在这一区域规划指导下，其新城与现有建成区之间保持紧密的联系，始终是区域城市空间的组成部分，旨在促进半城市化地区的集聚发展，加强城市化的空间整体性，促进城市区域的均衡协调发展。

3. 政府制定配套的法律和政策：新城建设的政策保障

一般来说，政府的行为对新城建设成败具有决定性的作用。为保障新城建设的顺利进行，西方大都市政府制定了相关法律条文和配套政策。如英国在新城开发建设之初，就制定了《1946 年新城法》，该法例整整实施了 30 年，后来为了适应新形势，对其进行了必要修改，制定了《1976 年新城法》；法国则制定了《1960 年新城法》和《1983 年新城法》；荷兰制定了《私人买卖土地的法律条款》；日本政府则制定了《城市改建法》，对于东京的改建规划制订了明确的原则，即"一心（东京）变多心（新宿、池袋和涉谷三个副中心）、一极（东京）变两极（东京、多摩新城）"，依法构筑"多心的开敞式城市空间结构"。与此同时，政府在土地征用、财政税收、住房建设、吸引人员入住新城等方面制定了相应的政策，以推进新城建设计划的顺利实施。

例如在土地政策方面，英国制定了"土地强制征用"的法律政策，即地方政府有权征用城镇或乡村的土地用于"行动地区"的发展，可以强行要求土地所有者出让土地等；法国实行"土地银行储备""预留建设区"制度；美国实行"法定土地征用权"政策；日本实行较为灵活的"保留区"和"规划控制区"政策。而在新城吸引人口和产业的优惠政策方面，如伦敦采取开发简单廉价住宅（初期）、住宅供暖免费等措施；法国明确规定了新城与母城之间的距离（20—40 公里）、配套大型公共设施等措施；日本一方面提高中心城区的土地价格，限制新建工厂和大学，另一方面全面配套建设新城的生活设施，创造与中心市区相当甚至更加优越的工作和居住条件，吸引中心市区人口和产业的进入。

4. 成立专门的开发及管理机构：新城建设的组织保障

新城建设是一项耗资巨大的复杂系统工程，成立专门的管理机构，全面负责新城的开发建设、社会管理、政策落实等事宜，成为国际大都市建设新城的主要做法。例如，英国为了促进新城建设的顺利进行，政府一开始就成立了"新城开发局"，并赋予其三个主要职权：一是编制总体规划，确定选址方案；二是筹集资金进行基础设施建设；三是强制购买土地权，即可以按现有土地使用功能的价格购买新城开发土地。巴黎在新城建设中，特别成立了"新城国土开发公共规划机构"（简称EPA），以多重身份参与新城的规划、建设与管理：首先作为具有公共性质的国家派出机构，它负责编制新城的土地开发计划和用于住宅建设、市政配套和土地征用的财政计划；其次作为具有私人性质的开发机构，它承担建设用地的征用、配套和出让；此外，作为地方的长久合作伙伴，它协助地方解决复杂的技术问题、建设跨市镇的市政基础设施等。日本则在1955年成立政府主导型组织——日本住宅公团（后更名为住宅·都市整备局），与东京等大都市政府合作进行新城的建设。

香港在1973年为了推动新城的建设，专门成立了"新界拓展署"，在各新城下设分区拓展处，开展新城的设计规划工作，而1990年在拓展署的基础上又成立了"规划署"，仍承担新城的规划工作。成立一个新的、负责新城建设的专门机构，可以为新城建设的顺利实施提供有力的组织保障。

5. 多元化的融资渠道和开发模式：新城开发建设的效率保证

国外的新城建设经验充分表明，新城建设是一项需要巨额资金、有序进行的复杂工程，能否筹集足够的资金和选择有效的开发模式是直接关系新城建设成败的关键因素。目前，从国外新城建设的资金筹集和开发模式来看，具有明显的多元化特征，但不同国家之间有所差异。从新城建设费用负担来看，英国主要由中央政府全权负责；法国则由中央政府承担主要费用，日本为多方筹资（国民政府、地方政府和开发商各出资 1/3）。

可见，政府依然是新城建设费用的主要承担者，但是为减轻政府负担，国外新城建设也积极拓展民间投资的渠道，鼓励和吸引民间资本的进入。如在伦敦米尔顿·凯恩斯新城的开发成本中，中央政府直接投资占 49%，地方政府投资占 21%，私人投资占 30%；首尔五个新城的公路与铁路投资总额约 37 万亿韩元，这笔费用主要由开发商、中央政府和地方政府三方负担，其中开发商负责其中 76% 的费用。新城的有效开发模式主要有三种，即以政府为主体、事业化运作的开发模式——以伦敦为代表；政府控股、商业化经营的开发模式——以中国香港为代表；以私人开发商为主体、政府予以政策倾斜的开发模式——以东京为代表。

6. 社会平衡和生态平衡：新城建设的可持续目标

国外新城建设进程表明，要建成一座成熟的新城，需要经历不同的建设时期和阶段，需要逐步完善相关功能，但其最终目标都是构筑相对独立、功能完善、环境舒适的"边缘城市"，努力实现自身结构平衡，以便保持经济社会的持续发展。这种自我平衡主要表现在：

一是人口和就业岗位的平衡，即就业和商业以及其他服务方面与人口规模的平衡。

二是居住分散化和就业岗位集中化的平衡。

三是提供广泛的不同种类的就业、城市服务，使不同的社会、经济群体与阶层之间实现平衡。

四是自身功能平衡，也就是注重居住、就业、商业、购物、办公、文化娱乐、休闲、公共设施等方面的平衡协调发展，满足当地居民的多元化需求，促进当地社会经济的聚集发展。

五是交通组织平衡，主要表现为奉行步行街、人车分流等措施，就业区与居住区相分离，使居民能够很便捷地接近交通设施等。

六是人与自然的生态平衡，大多数新城规划都采用了霍华德的"田园城市"理念，注重绿色公园、步行街、林荫道、绿化带等生态廊道的规划建设，尽力塑造建筑与环境景观、人与自然高度和谐的郊外田园风格。

七是历史文化的平衡，即西方国家的新城建设都非常珍视当地的历史文化资源，精心保护和开发利用当地的传统街坊、古建筑、古村落等，增强新城的历史文化积淀和内涵价值，提高其特有的吸引力。

这一特征，美国主要大都市地区的"边缘城市"，以其"良好的自然环境、高质量的生活环境、完备的基础设施与办公环境、便利的快速交通及综合化的城市功能"，成为西方新城平衡建设的典范。

二、对上海新城建设的若干启示

纵观世界新城建设的经验，可以为上海新城建设得到以下几点启示：

1. 规划先行：从区域整合的角度出发，制定大都市区规划与新城规划

国际经验表明，从大都市区层面出发的区域型新城规划是新城建设取得成功的首要前提和保证。当前上海进行的嘉定、青浦、松江、奉贤、南汇五大新城建设，不是传统意义上的城镇建设，而是旨在跳出各区县各自为政的格局，从整个上海大都市区层面构筑独立的综合性节点城市。因此，上海要想实现新城建设的终极目标，首先要从整个上海大都市区的层面出发，做出科学化、高起点、高水平、高质量的大都市区

整体规划和新城规划，要制订不同层次的新城空间体系规划，明确每个新城在整个上海大都市区，乃至长江三角洲范围内的职能定位，实现职能明确、优势互补、分工合作、错位发展的局面，避免恶性竞争。尤其要从整个大都市区范围内，统一规划新城与中心城之间、各新城之间的快速交通网络和信息网络，为发挥新城疏解中心城产业与人口的功能奠定基础。

2. 资金保障：建立包括政府、民间、外资等为主的多元化筹资渠道

多元化的融资渠道，为国际大都市新城建设提供了重要的资金保障。在未来发展中，随着城市由600平方公里向6 000平方公里的空间扩展，上海需要建设更多的边缘新型城市，而建立多元化的筹资渠道，筹措足够的建设资金，是顺利实施新城建设规划的重要保障。因此，借鉴国外新城建设经验，要建立健全政府、企业、社会等多个投资主体共同参与的多元投资共建机制，尤其要吸引外资和社会闲散资金积极参与新城的开发建设，为新城建设提供充足的资金供给。同时要注意市场化运作，最大程度地提高资金使用效率。

3. 制度保障：组建负责新城建设的专门机构，并制定配套性法律和政策

各国的新城建设经验表明，成立专门机构，并制定专门的法律制度，也是有效推进新城建设的重要举措。为此，在上海新一轮新城开发建设中，也应该成立实体性、商业化运作、专门的市级新城建设管理机构，如上海市新城管理委员会或上海市新城建设管理公司等，全权负责上海所有新城的规划招标、资金筹措、开发建设、组织协调等工作，这有助于从上海大都市区层面上对多个新城做出明确的功能定位，实现有序开发和统筹建设。

除此之外，也要像其他国家在新城建设中设立专门的法律规章一

样，制定旨在保障新城顺利开发建设的《上海新城开发管理法》或《新城开发法》等法律制度，依法明确新城开发建设主体、建设资金使用、开发程序、规划建设等事宜，为新城建设提供坚实的法律基础。并应该根据新形势的发展要求，不断完善该项法律，使其不断适应新城建设的内外生态环境，发挥其长效保障作用。

4. 产业支撑：构建多元化的产业结构体系，提供足够的就业机会

国际经验表明，一个新城要想发展为独立性新型城市，就必须具有多元化的产业结构体系和就业体系。为此，上海在新城建设过程中，要切实树立产业支撑的思想，没有强大的主导支撑产业，很难建成一座拥有长久发展潜力的新兴城市，但也要兼顾新城综合功能的培育。换句话说，就是在明确五大新城主导产业的基础上，需要专业化与多元化相结合，积极发展群落化、多元化、配套协作的产业集群，为新城居民提供尽可能多的就业岗位，满足多阶层人群的就业需求。新城只有提供多元化、足够的就业岗位，才会真正发挥其"反磁力"效应，集聚一定规模的人口来新城居住、就业与生活，也会从根本上防止发生"新城变空城"的现象。

5. 平衡发展：构筑功能完整、文化社会平衡的独立综合性节点城市

实现各方面的平衡发展，也是西方国际大都市新城建设的主要经验。为此，上海五大新城规划建设中，要特别树立"平衡发展"理念。一方面，要强调整个新城城市功能开发平衡，注重居住、就业、商业、购物、办公、文化娱乐、休闲、公共设施等方面的平衡协调发展，为新城居民提供多元化、综合化的城市服务，满足多元化需求；另一方面，要注重人口规模与就业容量之间的平衡，防止人口盲目增加，给新城带来过大的就业压力。此外，要特别注重人与自然之间的平衡，创造人与自然和谐共处、绿色生态的新型社区。总之，通过构建和谐、平衡的城

市大环境，创造众多相对独立、功能齐全、结构完善、环境良好的独立综合性节点城市。

6. 人文精神：挖掘和重塑文化特色，创造富有人文关怀的人居环境

切实保护当地的历史文化资源，塑造自己的文化特色，一直是国际大都市新城建设追求的目标。在上海的新城规划建设中，要按照科学发展观的要求，尊重历史、以人为本、面向未来，创造具有上海特色、富有人文精神和人文关怀的现代人居环境。具体而言，一要注意全球化与本土化相结合，在规划风格注重全球化、国际化潮流的同时，切实追求建设风格的本土化，注意保存当地特有的历史文化资源，创造地方文化特色，力争创建新世纪的"文化新城"；二要注重传统与现代相结合，培育现代市场经济意识和城市人文精神，力争构筑"以人为本"，注重生活品质和人文关怀为特征的现代"人居城市"。

对标米尔顿·凯恩斯，把新城看作公司去运营

杨滔 / 中国城市规划设计研究院未来城市实验室执行副主任

张轶帆 / 澎湃新闻特约撰稿人

2021年2月21日，澎湃新闻专访了中国城市规划设计研究院未来城市实验室执行副主任、雄安研究院总架构师杨滔。就上海五个新城如何出新招，新城如何提升能级，以及如何借鉴英国新城建设经验等问题，杨滔给予了深入的分析和解答。

一、英国新城建设模式参考

澎湃新闻：您对英国新城建设有深入研究，英国新城建设的背景和特点是怎样的？

杨 滔：实际上，全世界的新城理念可能都是源于英国新城。英国城市学家埃比尼泽·霍华德提出的"田园城市"是新城建设理念的一个源头。整体来说，就是为了解决19世纪工业城市发展以来，伦敦等城市出现的人口拥挤和污染问题，并且形成了一种发展模式，至今对城市及新城建设都有所影响，具体而言有两点：

第一，在城市周边有一个绿带的环绕。除了自身的保护属性以外，绿带还体现了城乡融合的特点。因为它谈的是集体土地，城市土地所有权为市民共有的基础上，城市和农村在土地经济上的一个平衡，这也是一种理想主义。

第二,"花园城市"的背后是"社会城市"。当时霍华德理解一个城市的人口上限是3万—5万人,但城市之间可以通过铁路连通,实际上构建了一种新的城市发展模式,也就是此后美国新城市主义代表人物彼得·卡尔索普谈到的区域城市,也多是依托轨道交通项目,把城市在更大区域范围内连接起来。这其实是当时"花园城市"隐含的,但大家没有深入探讨的事情。对于新城而言,很多时候是希望通过轨道交通实现连接。同时"花园城市"也包含自给自足的概念,也就是我们现在所谈的职住平衡。当时新城的工业,基本上是围绕铁路展开的。

另外,20世纪早期,第一座花园城市莱奇沃思(Letchworth)和之后的韦林(Welwyn)等,是霍华德等人基于私人投资来开发建设的,可以说发展得并不是那么成功。这也跟私人投资与新城投资回报周期长、回报率不高有密切关系,最后往往导致新城投资与城市建设、收益与成本之间存在一种不匹配的现象。1946年,《新城法》的颁布及其组织的新城开发公司,强调政府的主导作用,反映出当时英国对早期建设过程的反思。

第一代早期的英国新城,实际上是基于"大伦敦规划"提出的,围绕着工业和轨道交通站点开发的。称之为"卫星城"还是"新城",当时有些争议,核心分歧在于,前者仍依托母城而建,后者是一个独立自主的城市。但在后续的新城建设中,无论是斯蒂文尼奇(Stevenage)还是哈洛(Harlow),在很大程度上还是依赖于母城伦敦。另一个特点是,第一代新城更加强调邻里单位本身,这与美国的新城市主义、国内目前所倡导的"15分钟生活圈"有相似之处。这种理念在当时具有一定先进性,但在实际应用上也遇到很多问题。譬如,职住平衡的目标就不能依托邻里单位来实现,而需要在更大城市范围内去讨论。

因此,英国在建设第二代新城的时候,减弱了对邻里单元的考虑,逐渐转变为依赖轨道交通站点和步行去发展新城,更多关注基于私家车出行的开放式路网结构。到了第三阶段,以米尔顿·凯恩斯(Milton

Keynes）为例，更加注重小汽车对整个新城发展的支撑作用，开发更加复杂、方格网状的道路交通体系。

到了 20 世纪 70 年代，以伦敦《内城法》为代表，转向城市内部的更新，新城建设的话题就没有之前那么热门，但相关的研究和探讨仍在继续。到了 1999 年，英国的新城委员会和城市复兴委员会形成英格兰联盟，整合各种力量对具有发展潜力的地区进行开发，实际上其中也包括新城的开发。

二、上海可对标米尔顿·凯恩斯，多元主体参与新城建设很重要

澎湃新闻：目前上海五座新城各自设立了新城开发公司。您能详细介绍一下英国的新城开发公司是如何运作的吗？

杨　滔：我认为，英国的《新城法》最大突破在于，新城开发公司在英国中央政府的批准和授权下取得了拿地和规划批准的权力，相当于可以代行行政审批权。新城开发公司是一个半政府机构，能够形成自身的决策，并调动市场的力量去建设新城。同时，中央政府也会有很大一部分资金注入新城开发公司，这与霍华德等人依靠私人投资有着很大区别。至迟到 1947 年，英国的国土开发权归为国有，中央政府将其投资开发的职能转移到新城开发公司，后者还可以募集社会资本，发挥市场作用。同时，新城开发公司的领导层仍由中央政府指派或批准，它的开发权，特别是土地的获取权、土地的交易权，以及规划的审批权和建设资金运作的权力，实际上都需要中央政府认可并给予授权。这是英国新城开发公司的第一个特点。第二个特点，英国新城开发公司非常关注住宅开发，这也是和战后对住宅，尤其是公共住房的旺盛需求分不开的。第三个特点，新城开发公司在后期特别注重产业本身的引导性及吸纳性，并以市场运作的方式实现这一点。

但并不能认为英国新城开发公司都是成功的，新城开发公司都会有

失败的经历,这与它过分依赖于中央政府的投资有关。因此在20世纪90年代,它更多地与地方政府进行合作,并让地方行政人员参与到新城公司中。

到1994年,新城开发公司形成了一种比较成功的模式,即公私合营。在这种模式下,英国很多新城得以快速发展。譬如米尔顿·凯恩斯,在2000年其实际人口已经达到了规划的20多万人,但在公私合营模式形成后,米尔顿·凯恩斯的人口于2019年前后达到了50万人,相较于伦敦老城区表现出活跃的发展潜力。这与多元主体参与新城建设是分不开的,比如Open University就与新城开发公司形成了密切的合作,把城市看作公司去运营,同时也结合高校的资源。这对中国的新城建设有一定借鉴意义。

澎湃新闻:上海五座新城的建设,有无英国新城开发典范可参照?

杨 滔:我觉得可以对标米尔顿·凯恩斯新城的发展模式,因为这与上海新城目前的选择有一定相似之处。

英国选择米尔顿·凯恩斯进行新城开发,最重要原因在于它的区位优势:地处伦敦和伯明翰之间,处于剑桥和牛津的连接线上,又是伦敦科技走廊交汇地带。因此,就米尔顿·凯恩斯的建城目标而言,是旨在连接伯明翰这样的老牌工业城市并带动英格兰中部地区的整体发展,是为了形成一种网络化的城市。早前的新城建设是为了纾解城市内部拥堵聚集的现象,采用的是分散思维。21世纪以来,在大伦敦都市圈的思维影响下,怎样开发形成一个网络化的城市成为研究的焦点。

因此,米尔顿·凯恩斯的开发更加强调对周边地区的辐射带动作用,其南面的卢顿(机场)、东面的剑桥、西南面的牛津、北面的北安普顿、莱斯特、考文垂,以及西北角的伯明翰,都是它所辐射的范围。这也为米尔顿·凯恩斯建设总部基地、吸引总部经济提供了条件。2010年以来,英国的很多金融服务机构总部,以及伦敦的铁路公司,可口可乐、亚马逊等这些公司在英国的总部都集中到米尔顿·凯恩斯去了。因此，上海的五座新城不能仅仅是实现自给自足、产城融合的城市，更多需要考虑新城对周边地区的辐射能力，给予周边城市连接性。不仅仅是交通层面的，还要在产业、公共资源、商业办公等方面形成连接。据了解，米尔顿·凯恩斯的中小学就广泛服务于周边的村镇。

上海乃至长三角新城另一个可以借鉴的地方，是对伦敦周边小村镇的开发。伦敦有一个概念是"inner London"，与之相对应的是"outer London"，后者由上述小村镇组成。这些村镇可能规模不大，人口也比较少，却是高科技产业聚集的地方，而且是在世界范围内知名的。其中如一些芯片架构公司、航空薄膜公司，虽然布局在一些小村镇，但能够依托城市周边的科研资源，在全球产业链上占据顶端。此外，在这些地区，新媒体、音乐、艺术、体育等产业也得到了很好发展。究其原因，其实反映出一种观念上的差异。英国的中产阶层乃至更上层阶层会认为乡村生活是一种更加高品质且能体现社会地位的生活方式，因此一些高科技产业就比较倾向于布局在风景优美、更加偏向于乡村生活的地方。

我的观点是，高端的人才来到新城之后，教育、医疗资源自然能够被带动起来，因为这些人对于公共资源的需求更高。公共资源被带动起来之后，其实又能将周边的产业和产业链很好地培育起来，且并不是采用过去那种劳动力密集的、工业化集聚的方式，而是一种分散网络化的思维和模式。

对于上海五座新城和长三角地区而言，不能仅仅开发城市本身，也要关注长三角特别是上海周边的村镇。它们相对来说都比较发达，那么它们之间是否能够形成一个有别于传统密集发展的城市形态的一种相对网络化的生产发展形态，这可能会产生一种借鉴意义。尤其是网络经济，它所带来的生产生活方式的转变，实际上是更加适应于高品质生态环境和高品质建城环境，问题在于我们的生产和生活本身怎么样去融合新的发展态势。

三、结合金融和科技产业,根据区位条件综合布局

澎湃新闻:上海的新城该如何提升发展能级?

杨　滔:首先,是金融层面的发展。关键是上海要与伦敦对标。伦敦的人口没有上海多,目前只有750多万人,但是它能够在世界城市中占据一席之地,我个人认为这是与金融产业密切相关的。目前来看,上海也是金融城市且发展强劲,后续应该把这种金融中心的地位融入新城建设中去。以金丝雀码头(Canary Wharf)为例,它是位于泰晤士河口的新的金融中心,这一地区也是英国连接欧洲大陆的重要通道,在撒切尔夫人执政时期承接了伦敦主城的金融及与之相关的法律、金融科技产业。泰晤士河口本是英国政府重点发展的区域,像伦敦奥运会场馆,以及伦敦大学学院、帝国理工等高校的分校,都被政府规划在这一区域,与产业进行充分互动,并不断吸引新的人口,完善各项基础配套设施,逐渐提升了区域发展的能级。

其次,对于上海的新城而言,提升发展能级最核心的一点是要根据新一轮的经济发展态势,尤其是结合上海自身的金融产业和科技产业优势,根据新城不同的区位条件进行综合布局。同时,上海市内的高校,能否考虑在新城中增设分校或研究机构,以带动周边高新技术的发展。

再次,是交通的发展。五座新城大多分布在交通走廊上,具有辐射长三角区域的禀赋。我提一个畅想,能不能在发挥高铁地面交通这一中国特有的发展优势外,在虹桥枢纽的基础上增设商务机场,这在新城建设过程中是可以考虑的。伦敦、纽约等世界金融中心,除了在各个方位布局通用机场,也存在不少小型商务机场,服务于特定商务人士,这需要在低空管制上有更多的开放机制。

最后,在智慧城市建设方面,特别是5G、无人车、天空一体化等这些面向未来的产业,都可以在未来入驻新城。刚才提到的米尔顿·凯

恩斯，就是结合了开放大学（Open University）和克兰菲尔德大学（Cranfield University）的科研优势，大力培育能源、卫生等高科技走廊，并将其与剑桥—牛津这条知识型的走廊串联起来，抓住了面向未来的产业，从而能够把投资和高科技人才吸引过来。

四、城乡关系再定位，需要形成新的城市结构

澎湃新闻："新城"并不是新兴事物，您认为这一轮上海的五座新城建设与以往有什么区别，"新"在哪里？

杨 滔：中国的新城新区建设实际上在20世纪80年代已经展开，过去在一定程度上是依赖于城市的扩张，背后是土地财政扮演了重要的角色，某些新城的失败也有这方面的原因。我对这次上海提出五个新城建设的理解是，这一轮的新城不再完全依赖于土地经济，而是体现为将长三角尤其是上海丰富的产业资源和高素质人口资源在更大的区域网络里进行分散，同时彼此有产业和交通的连接，这种连接构成了一种网络的结构。这在欧洲大陆有成功的例子，比如荷兰、德国等，它没有形成如伦敦、巴黎或者纽约这样的单中心结构，而是一种网络状的城市结构。对于上海的新城而言，不仅是与主城区进行互动，同时也要发展与苏州、杭州等周边城市的网络状连接方式。

另一方面是生态本身。英国、美国以及欧洲大陆新城的一大特点是其发展与绿带政策的密切联系，也就是说，最开始的建设出发点是为了解决老城的污染、拥堵问题，那么，怎样形成一种生态又好、城市生产能力又强的发展模式呢？将生态结构和整个城市本身相连接，是探讨的一种方向，过去中国新城建设中这方面讨论较少。上海周边生态与城市本身怎样形成一种互补的新的城市结构形态，这是要思考的问题。好的生态品质，比如上海周边的郊野公园、国家级的生态保护用地、水资源保护地等，要与新城密切共存。在不破坏生态的前提下，提高新城

品质，我觉得可能是"新"的第二个表现。此外，回归到城乡关系的定位，这也是新城开发中永远避免不了的问题。在国外，城市只要发展，就会面临新城与旧城之间的关系问题，在这之间也会有城市和乡村之间的关系。在一定程度上，在中国，过去乡村可能多被认为是发展形态更低端、生活方式更差的一种模式；而在英国，乡村的生产生活方式反映在社会地位上是一种非常高端的选择。

在新城建设背景下，需要对乡村模式和城市之间怎样去结合并产生新的生产生活方式进行探讨。美国的新城市主义提出了一个很明确的概念，就是从城市的中心到城市的边缘地区，然后向郊区、乡村、自然生态环境延伸的剖面，如何保持剖面的整体高品质和均质化是一个非常关键的问题，并不是说城市更好、乡村更差，而是需要形成这种剖面上的平衡。我认为这是对长三角一体化的一个很好的助力，能够在全国形成典范。这可能是一种对新城的新的理解。

从德国创新发展经验看嘉定新城发展前景

曾刚 / 华东师范大学城市发展研究院院长

一、背景与战略

古典经济学指出，支撑区域经济发展的三大要素为资本、劳动力、土地，中国改革开放初期，不少地方通过引进外资、鼓励农民工进城、大规模土地开发，取得了举世瞩目的伟大成就。然而，从目前情况看，单凭这三大要素，区域经济也未必能取得预期的发展。比如，中国西部地区，如云南、贵州，土地资源丰富，劳动力众多，资本也不缺，但综合发展水平仍然不高。以前的资本短缺现象似乎消失了，中国股市表现不尽人意，但大量资本仍然走向股市，西方一些对华不友好国家，甚至还极力阻止中国资本对外投资。也就是说，资本短缺已经演变为资本过剩。资本、劳动力、土地对区域经济增长的驱动作用显著减弱。

现在区域经济发展靠什么来推动呢？一靠科技。科技是新时期最重要的生产力，科技决定未来生活是不是美好。二靠数字化。2021年1月上海市政府发布的《关于全面推进上海城市数字化转型指导的意见》指出，数字不仅关系到未来个人生活的便利，还关系到城市经济发展的质量。三靠区域间的关系。为什么要推行区域一体化，甚至中央还把它作为新时期重大国家战略，来指导长三角三省一市的发展？其内在原因就在于区域之间关系将决定未来长三角区域发展质量的高低。

大量数据和事实表明，资本在国际贸易中的地位呈现明显的下降趋势，资本对经济发展的推动作用也同步下降，而技术对贸易成长的贡献却在大幅上升。从自然资源分布来看，中国西北地区具有明显的优势，但资源贫乏的东南部却取得了更快的发展，东南部反而成为支撑中国经济崛起的关键力量。这就是说，资源的作用下降，而科技的作用在上升，这是一个大趋势。

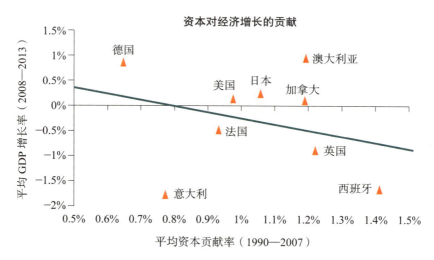

▲ 资本对经济增长贡献率下降

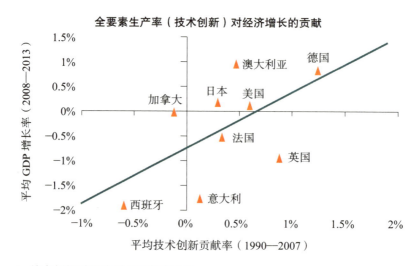

▲ 技术创新对经济增长贡献率上升

我们正在经历人类历史上的第四次产业革命。第一次产业革命的核心动力是蒸汽机，第二次是电力，第三次是计算机，第四次是数字技术。中国现在跟西方很多国家之间的竞争，大多是围绕数字来展开的。争夺数字控制权已经成为争夺未来发展权、话语权的关键。

放眼全球，经济全球化向经济区域化、集团化演变趋势明显。新形势下应该怎么做？最关键是区域。跨国的经济区域，具有共同价值观的国家联盟，成为一个新的经济组织的空间形态。以前我们可以两耳不闻窗外事，但是今天要发展，一定要跟其他地区搞好关系。从世界范围内，欧盟、东盟以及北美地区都成为很多国家发展的核心支撑；中国的长三角、珠三角和大湾区、京津冀、成渝地区，已经成为决定中国未来能否屹立于世界强国之林的一个核心力量。核心城市承担了更大的使命，所以上海和上海的嘉定在这样一个大环境下，肩负着特殊重要的使命。

对国家来讲，现在有两个非常重要的战略：一个是区域一体化，包括长三角、京津冀、大湾区，都强调一体化，即内部之间减少差异，能够让内部各种资源、各种要素充分流通；另一个是采用双循环的战略，即强调以国内循环为主体，国际、国内循环相互促进的发展战略。

二、德国创新发展经验

德国在欧洲的地位很高，它有点像中国的长三角地区，单个城市不一定那么厉害，但是放在一起实力就很强。

在德国找不到城市，似乎也找不到农村，城乡之间的关系颠覆了我们中国人对城乡关系的认识。城市里面并不一定住的是有钱人，农村里面并不一定是穷人，甚至在很多情况下是相反的，农村人生活比城市人幸福。

总体来讲，德国的地形地势、国家治理体系与中国都十分接近。首先德国的地形跟中国类似，也是三级台阶，北部是海，南面是山，中国东部是海，南部是山，只不过德国的山比中国的山低一点，中国的海比德国的海大一点，德国就像是一个缩小版的中国。另外它的社会管制跟中国也很接近。中国的国有经济很强大，德国有国资参与的企业占企业总数超过80%，比如大众汽车其实也有国资的背景，政府对经济发展影响巨大。

德国之所以能有今天的发展，一些公益性组织发挥了重要作用。它们是以企业经营方式来实现产学研用的一体化。比如弗劳恩霍夫协会，总部在慕尼黑，在上海、苏州、杭州都有其分支机构，这是德国科技、德国制造享誉世界的根源所在。另一个公益性组织叫史太白基金会，它的总部在斯图加特。两个协会的差别在于弗劳恩霍夫协会主要服务大公司，比如西门子公司，而史太白基金会主要对接小公司。中小企业是德国能够成为强国的一个非常重要的原因。这些机构的建设与运营经验对

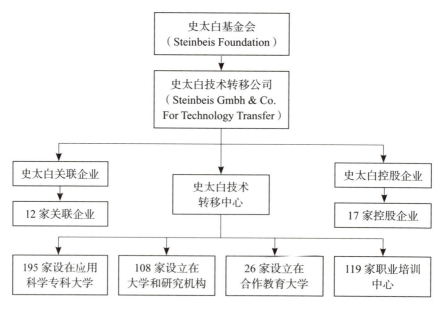

▲ 德国史太白基金会组织框架

上海嘉定发展具有非常重要的参考价值。

德国还非常重视基于产学研一体化的产业集群建设。这些产业集群拥有世界顶级的技术，有激光产业集群、电子产业集群、控制技术集群等，它们与弗劳恩霍夫协会、史太白基金会的分布高度一致，主要位于德国南部、西南部地区。德国制造业发展重视与科技、数字的结合。2013年德国率先提出了"工业4.0"计划，中国在2014年发布了"中国制造2025"，两者内容十分相似，充分体现了中德两国希望联合，来共同推动第四次产业革命和中德两国的产业升级。

从国家创新网络与创新系统来看，创新中心与周边有比较好的网络关系。位于德国北部的汉堡市，历史上曾经很发达，在世界上地位很高，但由于其远离创新中心和创新服务机构，今天的汉堡呈现衰落之势。德国南兴北衰的发展态势也提示上海和嘉定，必须走创新发展之路。

由于德国经济重视与科技进步的结合，重视对外合作关系的拓展，打造了优越的创新生态文化环境，使德国保持了长期稳定的经济增长，在欧洲的地位与影响力进一步上升。德国经验表明，告别"以邻为壑"的旧时代，开启"一致对外"的新时代；告别"以大为强"的旧时代，开启"创新为王"的新时代；告别"引外劳""降成本"的旧时代，开启"反难民""引人才"的新时代；设立双创专项基金、园区和企业协同推进史太白基金会、弗劳恩霍夫协会等非政府组织，对于推进创新集群建设、提升国际竞争力与引领力、保障城市繁荣与社会稳定具有十分重要的作用。

三、嘉定的科技文化发展条件

嘉定的硬件条件很不错，整体科技资源非常丰富。一方面，集聚了中科院光机所、硅酸盐所、微系统所、技术物理所、应用物理所等10家国家级科研院所，和在国内有重要影响的上海微技术工研院的平台，为应用研究、工程服务、产业孵化融合提供了一体化的平台,其余大部分上海郊区其实没有这个条件。

另一方面,嘉定在科创领域是上海市非常重要的基地,科技攻关能力也非常强。嘉定拥有上海市级研发与转化功能型平台——智能型新能源汽车平台,拥有国内首个"电动汽车国际示范区"、首个国家级"智能网联汽车试点示范区"、国家级重点实验室9个、国家级工程技术研究中心6个、国家级工程实验室1个,以及F1赛车场、汽车博物馆、安亭德国小镇。上海全球科创中心城市建设,嘉定不可或缺。众所周知,智能传感器是航天事业非常关键的技术,而嘉定建立了国内首条8英寸"超越摩尔"研发中试线,研发能力很强,是中国航天技术重要基地之一。

除此之外,嘉定的生物医药发展前景也十分广阔。医药产业是上海一个很重要的主导产业,嘉定依托安亭精准医疗集聚区等园区建设,构建从科学研究、产品开发、成果转化到临床应用一体化的产业链生态圈,高端医疗设备制造实力强劲。

嘉定创新还拥有优秀的软件环境。从历史上看,早在1958年,上海市人民政府就把嘉定确定为科学卫星城。借助上海五个新城建设计划,推动社区、校区、园区、景区四区联动,建立最现代、最生态、最便利、最具活力的综合性节点新城,是时代给予嘉定的机会,也是责任。

嘉定区政府确立了"创新技术策源地、创新要素集散地、创新成果转化地"的奋斗目标,出台了一系列配套政策,创造性地提出了"基金+基地+产业"发展新模式,将金融优势和产业优势融为一体,绩效非常显著。

四、对嘉定科技文化发展的建议

新城跟以往卫星城最大的不同,是功能上必须独立,要有相对独立的行政建制、相对完善的公共服务、一定规模的人口、相对完整的产业体系、较高的知名度,这也是嘉定建成独立现代化新城必须瞄准的方向。

嘉定未来还要重视跨界协同与融合发展。一是科技资源一定要跟文化结合在一起,建立全民广泛参与、共同发展的创新系统,建立新型的科技文化,给老百姓谋福利,为国家做贡献。此外,还应着力推进科技、数字、关系三个要素的融合,只有将三者融合才能建成数字枢纽,才能促进大数据、云计算、人工智能的融合,共推嘉定高质量发展,争当第四次产业革命的"弄潮儿"和"排头兵"。

还有一点十分重要,应该加大产学研一体化机制建设力度。德国弗劳恩霍夫协会、史太白基金会,对德国经济增长、人民生活改善,发挥了关键作用。虽然嘉定有这么好的科创资源,有这么好的基础条件,但如果没有科创中介组织的支撑,也难以在推动长三角一体化发展中发挥重要作用和实现自身的建设目标。因此,增强嘉定科技创新文化氛围,建设一流的创新生态环境,是嘉定从以文兴人到以产兴城的必由之路。

附 录

青浦新城博物馆、美术馆和文物保护单位名录

表一　博物馆、美术馆

序号	名　称	地　址	性质
1	青浦区博物馆	夏阳街道华青南路 1000 号	博物馆
2	陈云纪念馆	练塘镇老朱枫公路 3516 号	博物馆
3	上海福寿园人文纪念馆	夏阳街道外青松公路 7270 弄 600 号	博物馆
4	上海市青浦区任屯血防陈列馆	金泽镇任屯村 111 号	博物馆
5	上海崧泽遗址博物馆	赵巷镇沪青平公路 3993 号	博物馆
6	上海中华印刷博物馆	香花桥街道汇金路 889 号	博物馆
1	上海全华水彩艺术馆	朱家角镇西井街 121 号	美术馆
2	上海世界你好美术馆	徐泾镇诸光路 328 号	美术馆
3	上海市鹤龙美术馆	白鹤镇外青松公路 2403 弄 7 号	美术馆
4	上海青浦青渚美术馆	重固镇北青公路 7203 号	美术馆
5	上海青浦区练塘可的美术馆	练塘镇金田路 428 号	美术馆
6	上海青浦青当代艺术馆	朱家角镇课植园路 599 弄 36 号	美术馆

表二　文物保护单位

序号	名　称	地　址	级　别
1	福泉山遗址	重固镇福泉居委会福泉山路658号	全国重点文物保护单位
2	崧泽遗址	赵巷镇崧泽村北	全国重点文物保护单位
3	青龙镇遗址	白鹤镇塘湾村、青龙村、鹤联村，重固镇新丰村、徐姚村	全国重点文物保护单位
1	普济桥	金泽镇金溪居委会	上海市文物保护单位
2	泖塔	朱家角镇张马村沈太路2588号	上海市文物保护单位
3	刘夏古文化遗址	赵巷镇方夏村洞泾港西侧	上海市文物保护单位
4	金山坟古文化遗址	练塘镇东厍村东团西	上海市文物保护单位
5	寺前村古文化遗址	香花桥街道天一村寺前村后	上海市文物保护单位
6	放生桥	朱家角镇北大街居委会北大街东首	上海市文物保护单位
7	陈云故居	练塘镇下塘街居委会下塘街95号	上海市文物保护单位
8	迎祥桥	金泽镇金溪居委会	上海市文物保护单位
9	曲水园	盈浦街道三元河居委会公园路612号	上海市文物保护单位
1	万安桥	金泽镇金溪居委会	青浦区文物保护单位
2	林老桥	金泽镇金溪居委会	青浦区文物保护单位
3	天皇阁桥	金泽镇金溪居委会	青浦区文物保护单位
4	如意桥	金泽镇金溪居委会	青浦区文物保护单位
5	金泽放生桥	金泽镇金溪居委会	青浦区文物保护单位
6	颐浩寺遗址	金泽镇金溪居委会迎祥街12号	青浦区文物保护单位

续 表

序号	名称	地址	级别
7	南塘桥	重固镇福泉居委会通波塘东街中段	青浦区文物保护单位
8	金泾桥	重固镇章埨村老街南首	青浦区文物保护单位
9	兆昌桥	重固镇章堰村章堰老镇东首	青浦区文物保护单位
10	骆驼墩遗址	重固镇中新村西赵重公路东首	青浦区文物保护单位
11	乐善桥	华新镇淮海村西首	青浦区文物保护单位
12	颜安小学老教室、杜衡伯纪念塔	练塘镇下塘街居委会下塘街16号	青浦区文物保护单位
13	永兴桥	练塘镇下塘街居委会	青浦区文物保护单位
14	义学桥	练塘镇下塘街居委会东风街	青浦区文物保护单位
15	朝真桥	练塘镇湾塘居委会前进街46号北堍	青浦区文物保护单位
16	顺德桥	练塘镇湾塘居委会前进街	青浦区文物保护单位
17	天光寺	练塘镇练东村泖口	青浦区文物保护单位
18	小蒸农民暴动活动旧址	练塘镇小蒸居委会三管桥路86弄	青浦区文物保护单位
19	瑞龙桥	练塘镇东庠村东团	青浦区文物保护单位
20	余庆桥	练塘镇联农村四农	青浦区文物保护单位
21	香花桥	徐泾镇蟠龙居委会老街中心	青浦区文物保护单位
22	襄臣桥	香花桥街道大盈社区襄臣街	青浦区文物保护单位
23	麟趾桥	香花桥街道金米村金家村	青浦区文物保护单位
24	新四军宣传标语	白鹤镇塘湾村旧青浦镇北	青浦区文物保护单位
25	青龙寺	白鹤镇青龙村	青浦区文物保护单位
26	继善桥	白鹤镇第一居委会鹤江弄	青浦区文物保护单位
27	青龙桥	白鹤镇大盈村北	青浦区文物保护单位

续 表

序号	名 称	地 址	级 别
28	庆泽桥	白鹤镇塘湾村	青浦区文物保护单位
29	塘郁遗址	夏阳街道塘郁村东北	青浦区文物保护单位
30	泰来天主堂	夏阳街道城南村70号	青浦区文物保护单位
31	天恩桥	盈浦街道天恩桥村	青浦区文物保护单位
32	青浦城隍庙头门、戏台和娘娘殿	盈浦街道三元河居委会公园路650号	青浦区文物保护单位
33	九峰桥	朱家角镇小江村小港二组	青浦区文物保护单位
34	课植园	朱家角镇东井街居委会西井街111号	青浦区文物保护单位
35	涵大隆酱园	朱家角镇北大街居委会北大街287号	青浦区文物保护单位
36	泰安桥	朱家角镇北大街居委会北大街中段	青浦区文物保护单位
37	朱家角城隍庙	朱家角镇大新街居委会漕河街69号	青浦区文物保护单位
38	大清邮局旧址	朱家角镇东湖街居委会西湖街35号	青浦区文物保护单位
39	福星桥	朱家角镇东湖街居委会东湖街西段	青浦区文物保护单位
40	中和桥	朱家角镇东湖街居委会东湖街中段	青浦区文物保护单位
41	关王庙	朱家角镇淀峰村淀山湖拦路港东岸	青浦区文物保护单位
42	云虹桥	朱家角镇山湾村小圩庄	青浦区文物保护单位
43	童天和国药号	朱家角镇大新街居委会大新街60号	青浦区文物保护单位
44	席家住宅	朱家角镇东湖街居委会东湖街49弄42号	青浦区文物保护单位

松江新城博物馆、美术馆和文物保护单位名录

表一 博物馆、美术馆

序号	名称	地址	性质
1	上海市松江区博物馆	中山街道中山东路233号	博物馆
2	上海中国留学生博物馆	中山街道葺梅路1177弄7号	博物馆
3	上海天文博物馆	佘山镇西佘山顶	博物馆
4	上海立信会计学院中国会计博物馆	广富林街道文翔路2800号	博物馆
5	上海国际酒文化博物馆	佘山镇佘天昆公路辰山植物园内（辰山植物园3号门）	博物馆
6	董其昌书画艺术博物馆	岳阳街道人民南路64号	博物馆
7	上海外国语大学语言博物馆	广富林街道文翔路1550号	博物馆
1	程十发艺术馆	岳阳街道中山中路458号	美术馆
2	上海松江美术馆	方松街道三新北路900弄601号	美术馆

表二 文物保护单位

序号	名称	地址	级别
1	松江唐经幢	中山街道中山东路西司弄43号（中山小学内）	全国重点文物保护单位
2	兴圣教寺塔	中山街道中山东路235号（方塔园内）	全国重点文物保护单位
3	广富林遗址	广富林街道广富林路	全国重点文物保护单位
4	佘山天文台	佘山镇西佘山巅	全国重点文物保护单位
1	夏允彝、夏完淳父子墓	小昆山镇荡湾村	上海市文物保护单位
2	陈子龙墓	广富林街道广富林村	上海市文物保护单位
3	汤庙村古文化遗址	小昆山镇汤村村	上海市文物保护单位
4	平原村古文化遗址	佘山镇天马山西侧	上海市文物保护单位
5	松江清真寺	岳阳街道中山中路365号	上海市文物保护单位
6	西林塔	岳阳街道中山中路666号	上海市文物保护单位
7	护珠塔	佘山镇天马山	上海市文物保护单位
8	松江方塔园	中山街道中山东路235号（方塔园内）	上海市文物保护单位
9	佘山天主教堂	佘山镇西佘山巅	上海市文物保护单位
10	李塔	石湖荡镇李塔街130号	上海市文物保护单位
11	秀道者塔	佘山镇西佘山北侧山腰	上海市文物保护单位
12	颐园	永丰街道松汇西路1172号	上海市文物保护单位
13	醉白池	岳阳街道人民南路64号	上海市文物保护单位
14	大仓桥	永丰街道中山西路仓桥弄南	上海市文物保护单位
15	辰山古遗址	辰山南麓市河两侧	上海市文物保护单位
16	中泾圣母领报堂	松江工业区新兴村南新224号	上海市文物保护单位

续 表

序号	名称	地址	级别
1	姚家圈古文化遗址	科技园区山前村姚家圈东北侧	松江区文物保护单位
2	北竿山古文化遗址	佘山镇北竿山村	松江区文物保护单位
3	平倭墓碑	车墩镇华阳街东市梢	松江区文物保护单位
4	葆素堂	永丰街道中山西路150号	松江区文物保护单位
5	云间第一楼	中山街道中山东路250号	松江区文物保护单位
6	云间第一桥	永丰街道中山西路	松江区文物保护单位
7	雕花厅	岳阳街道人民南路64号	松江区文物保护单位
8	马家厅	泗泾镇开江中路312号	松江区文物保护单位
9	杜氏宗祠	永丰街道秀南街陈家弄1号	松江区文物保护单位
10	王冶山宅	岳阳街道中山中路488号	松江区文物保护单位
11	费骅宅	岳阳街道中山西路258号	松江区文物保护单位
12	袁昶宅	岳阳街道中山中路466号	松江区文物保护单位
13	杜氏雕花楼	岳阳街道中山西路266号	松江区文物保护单位
14	瞿氏宅	岳阳街道中山中路458号	松江区文物保护单位
15	钱以同宅	岳阳街道景德路40号	松江区文物保护单位
16	赵氏宅	永丰街道松汇西路1172号	松江区文物保护单位
17	东杨家桥	车墩镇盐铁塘	松江区文物保护单位
18	钱家桥	车墩镇盐铁塘	松江区文物保护单位
19	三里桥	车墩镇盐铁塘	松江区文物保护单位
20	西杨家桥	车墩镇盐铁塘	松江区文物保护单位
21	永济桥	车墩镇盐铁塘	松江区文物保护单位
22	枫泾暴动指挥所旧址	新浜镇大方村村西	松江区文物保护单位

续　表

序号	名　称	地　址	级　别
23	邱家湾天主堂	中山街道方塔北路281号	松江区文物保护单位
24	吴光田墓	岳阳街道菜花泾96弄	松江区文物保护单位
25	韩三房	岳阳街道中山中路748号	松江区文物保护单位
26	史量才故居	泗泾镇江达北路85号	松江区文物保护单位
27	淀山湖工作委员会旧址	岳阳街道松汇中路972弄41号南侧	松江区文物保护单位
28	水次仓关帝庙	永丰街道玉树路125号	松江区文物保护单位
29	王氏宅	永丰街道启安弄17、18、19号 玉树路103号	松江区文物保护单位
30	陈氏孝堂	永丰街道中山西路朱家廊18号（上海师范大学附属外国语中学内）	松江区文物保护单位
31	松江府城遗址	中山街道迎宾路2号	松江区文物保护单位
32	杜公祠桥	中山街道中山东路250号松江二中内	松江区文物保护单位
33	树人院	中山街道中山东路250号松江二中内	松江区文物保护单位
34	五一、五四、六一教学楼	中山街道中山东路250号松江二中内	松江区文物保护单位
35	松江明代石像生	中山街道中山东路235号方塔园内	松江区文物保护单位
36	张氏宅前厅	中山街道中山东路235号方塔园内	松江区文物保护单位
37	若瑟堂	岳阳街道阔街53弄	松江区文物保护单位
38	红楼	岳阳街道普照路1号	松江区文物保护单位
39	佘山地磁观测台	佘山镇西佘山东麓	松江区文物保护单位

续 表

序号	名 称	地 址	级 别
40	横云山摩崖石刻	佘山镇横山南麓	松江区文物保护单位
41	马相伯故居	泗泾镇开江中路354、358号	松江区文物保护单位
42	宝伦堂	泗泾镇开江中路368号	松江区文物保护单位
43	周伯生宅	泗泾镇安乐街146号	松江区文物保护单位
44	杨氏宅	泗泾镇开江西路558、560、562、564、566、568号	松江区文物保护单位
45	朱季恂宅	车墩镇华阳街162弄1、3号	松江区文物保护单位
46	大通桥	车墩镇南门村723号北侧	松江区文物保护单位
47	斜塘沪杭铁路戊申年引桥遗址	小昆山镇沪杭铁路斜塘桥东堍北侧	松江区文物保护单位

嘉定新城博物馆、美术馆和文物保护单位名录

表一 博物馆、美术馆

序号	名　　称	地　　址	性　质
1	嘉定博物馆	嘉定镇博乐路 215 号	博物馆
2	嘉定竹刻博物馆	嘉定镇南大街 321 号	博物馆
3	顾维钧生平陈列馆	嘉定镇南大街 349 号	博物馆
4	上海汽车博物馆	安亭镇博园路 7565 号	博物馆
5	四海壶具博物馆	真新街道曹安公路 1978 号百佛园	博物馆
6	上海翥云艺术博物馆	安亭镇新源路 1375 号	博物馆
7	上海大来时间博物馆	安亭镇和静路 981 号	博物馆
8	上海海纳吴觉农茶文化博物馆	真新街道曹安公路 1978 号 1 号楼 103 室	博物馆
1	陆俨少艺术院	嘉定镇东大街 358 号	美术馆
2	上海韩天衡美术馆	嘉定镇博乐路 70 号	美术馆
3	上海梧桐美术馆	江桥镇金园四路 258 号	美术馆
4	上海嘉定尚画美术馆	马陆镇塔秀路 145 号	美术馆

续 表

序号	名　称	地　址	性　质
5	上海秦古美术馆	江桥镇曹安公路3058号	美术馆
6	上海嘉源海艺术中心	马陆镇大治路18号	美术馆
7	上海翱翔艺术馆	南翔镇沪宜公路1188号南翔智地A区30号楼	美术馆
8	上海释凡美术馆	南翔镇沪宜公路1118号南翔智地A区3号楼1F	美术馆

表二　文物保护单位

序号	名　称	地　址	级　别
1	嘉定孔庙	嘉定镇塔城社区南大街183号	全国重点文物保护单位
1	秋霞圃	嘉定镇秋霞社区东大街314号	上海市文物保护单位
2	法华塔	嘉定镇州桥社区州桥南堍	上海市文物保护单位
3	嘉定城墙遗址	北水关遗址：嘉定镇嘉宏社区北大街桃李园中学东北侧 南水关：嘉定镇汇龙潭社区南城河东街东首 西水关：嘉定镇三皇桥社区人民街西首 南城墙：嘉定镇汇龙潭社区南城河街 西城墙：嘉定镇三皇桥社区人民街西首	上海市文物保护单位
4	印家住宅	嘉业区娄塘居委南新路169号	上海市文物保护单位
5	娄塘天主堂	工业区娄塘村人民街141—158号	上海市文物保护单位

续　表

序号	名　　称	地　　址	级　别
6	南翔寺砖塔	南翔镇云翔社区解放街香花桥北堍	上海市文物保护单位
7	古猗园	南翔镇古猗园社区沪宜公路218号	上海市文物保护单位
8	黄淳耀墓	安亭镇方泰水产村	上海市文物保护单位
9	钱大昕墓	外冈镇徐秦村嘉松北路633号清竹园内	上海市文物保护单位
10	沈家祠堂	江桥镇金元三路、金元八路口	上海市文物保护单位
1	登龙桥	嘉定镇州桥社区南大街北端	嘉定区文物保护单位
2	德富桥（日晖桥）	嘉定镇州桥社区南横沥北口、法华塔东侧	嘉定区文物保护单位
3	太平永安桥（察院桥）	嘉定镇州桥社区州桥西侧、城中街察院弄	嘉定区文物保护单位
4	翥云堂	嘉定镇州桥社区南大街349号法华塔塔院内	嘉定区文物保护单位
5	永宁桥（圆通寺桥）	嘉定镇秋霞社区清河路北、秋霞楼东侧	嘉定区文物保护单位
6	普济桥	嘉定镇秋霞社区东大街博乐路东侧	嘉定区文物保护单位
7	熙春桥（登瀛桥）	嘉定镇秋霞社区东大街秋霞圃东南斜对面	嘉定区文物保护单位
8	宾兴桥（青云桥）	嘉定镇塔城社区南大街183号嘉定孔庙东侧	嘉定区文物保护单位
9	百鸟朝阳台	嘉定镇塔城社区塔城路299号汇龙潭公园内	嘉定区文物保护单位
10	明忠节侯黄二先生纪念碑	嘉定镇塔城社区塔城路299号汇龙潭公园内	嘉定区文物保护单位

续 表

序号	名称	地址	级别
11	井亭	嘉定镇塔城社区塔城路299号汇龙潭公园内	嘉定区文物保护单位
12	万佛宝塔	嘉定镇塔城社区塔城路299号汇龙潭公园内	嘉定区文物保护单位
13	矗云峰	嘉定镇塔城社区塔城路299号汇龙潭公园内	嘉定区文物保护单位
14	叶池碑	嘉定镇叶池社区城中路、清河路口东北侧	嘉定区文物保护单位
15	陶庵留碧碑	嘉定镇塔城社区塔城路453号上海大学嘉定校区内	嘉定区文物保护单位
16	王敬铭住宅（楠木厅）	嘉定镇花园弄社区人民街194号	嘉定区文物保护单位
17	思贤堂	嘉定镇花园弄社区人民街159号	嘉定区文物保护单位
18	聚善桥	嘉定镇西大社区西大街200号南对面	嘉定区文物保护单位
19	报功祠折漕碑	嘉定镇西大社区西大街340号	嘉定区文物保护单位
20	高氏住宅	嘉定镇州桥社区南大街295弄17号	嘉定区文物保护单位
21	陶氏住宅	嘉定镇西大社区西大街344号	嘉定区文物保护单位
22	嘉丰三村	菊园新区红石路清河路路口东北侧	嘉定区文物保护单位
23	尊胜陀罗尼经幢	南翔镇古猗园社区沪宜公路218号古猗园内	嘉定区文物保护单位
24	南厅	南翔镇古猗园社区沪宜公路218号古猗园内	嘉定区文物保护单位
25	普同塔	南翔镇古猗园社区沪宜公路218号古猗园内	嘉定区文物保护单位

续　表

序号	名　称	地　址	级　别
26	缺角亭（补阙亭）	南翔镇古猗园社区沪宜公路218号古猗园内	嘉定区文物保护单位
27	微音阁	南翔镇古猗园社区沪宜公路218号古猗园内	嘉定区文物保护单位
28	许苏民墓	南翔镇云翔社区解放街271号	嘉定区文物保护单位
29	鹤槎山	南翔镇永乐村沪宜公路1268号	嘉定区文物保护单位
30	天恩桥	南翔镇永乐村沪宜公路东侧	嘉定区文物保护单位
31	娄塘纪念坊	工业区娄塘村小东街东端	嘉定区文物保护单位
32	敦谊堂	工业区娄塘村娄塘路626弄11号	嘉定区文物保护单位
33	夏采曦故居旧址	安亭镇黄渡居委黄渡劳动街70号	嘉定区文物保护单位
34	严泗桥（集庆桥）	安亭镇迎春社区东大街西首	嘉定区文物保护单位
35	井亭桥	安亭镇迎春社区安亭街48弄西首	嘉定区文物保护单位
36	菩提寺碑	安亭镇博泰社区和静路1388号安亭中学校园内	嘉定区文物保护单位
37	六泉桥	安亭镇吕浦村	嘉定区文物保护单位
38	钱氏宗祠（山门）	外冈镇外冈村西街西首	嘉定区文物保护单位
39	望仙桥	外冈镇望新村顾浦桥南侧	嘉定区文物保护单位
40	高义桥	菊园新区西大街西端	嘉定区文物保护单位
41	廖家礽烈士墓	马陆镇沈石路西侧、马陆塘南岸	嘉定区文物保护单位
42	潜研堂	嘉定镇南下塘街12号	嘉定区文物保护单位
43	秦大成住宅（状元楼）	华亭镇双塘村	嘉定区文物保护单位

奉贤新城博物馆、美术馆和文物保护单位名录

表一　博物馆

序号	名　称	地　址	性　质
1	奉贤区博物馆	南桥镇湖畔路333号	博物馆
2	上海知青博物馆	海湾镇海乐路200号	博物馆
3	上海农垦博物馆	海湾镇随塘河路1677号	博物馆
4	上海真静传统木作博物馆	南桥镇南桥路839号	博物馆
5	上海电线电缆博物馆	青村镇青伟路233号2—3楼	博物馆

表二　文物保护单位

序号	名　称	地　址	级　别
1	华亭海塘奉贤段	柘林镇奉柘公路南侧	全国重点文物保护单位
1	柘林古文化遗址	柘林镇冯桥村	上海市文物保护单位
2	沈家花园	南桥镇解放东路64号	上海市文物保护单位
1	江海古文化遗址	南桥镇江海村	奉贤区文物保护单位

续　表

序号	名　　称	地　　址	级　　别
2	奉城古城墙	奉城镇北街	奉贤区文物保护单位
3	通津桥	柘林镇新塘村	奉贤区文物保护单位
4	南石桥（积善桥）	南桥镇南街	奉贤区文物保护单位
5	卜罗德祠	南桥镇新建西路	奉贤区文物保护单位
6	南塘第一桥	南桥镇古华公园内	奉贤区文物保护单位
7	保安桥	金汇镇南行村七组	奉贤区文物保护单位
8	法华桥	柘林镇法华村	奉贤区文物保护单位
9	飞云桥	金汇镇墩头村	奉贤区文物保护单位
10	南虹桥	青村镇中街	奉贤区文物保护单位
11	继芳桥	青村镇光明社区东街	奉贤区文物保护单位
12	万佛阁	奉城镇北街189号	奉贤区文物保护单位
13	曙光中学旧址	奉城镇奉粮路70号	奉贤区文物保护单位
14	李主一烈士纪念碑	奉城镇曙光中学	奉贤区文物保护单位
15	赵天鹏烈士纪念碑	四团镇四团中学	奉贤区文物保护单位
16	庄行暴动烈士纪念碑	庄行镇东市	奉贤区文物保护单位
17	北宋抗日英雄纪念碑	奉城镇北宋村5组	奉贤区文物保护单位
18	重建新市桥	奉城镇东新市村	奉贤区文物保护单位
19	貤封坊	头桥镇新市村5组	奉贤区文物保护单位
20	高桥	奉城镇高桥村	奉贤区文物保护单位
21	仁寿桥	南桥镇光明社区南街	奉贤区文物保护单位
22	环秀桥（拱桥）	西渡街道金港村刘港2组	奉贤区文物保护单位

续 表

序号	名称	地址	级别
23	履祥桥	庄行镇吕桥村4组	奉贤区文物保护单位
24	旌义坊	海湾旅游区海马路	奉贤区文物保护单位
25	张翁庙（二严寺）	南桥镇沪杭公路1749号	奉贤区文物保护单位
26	鼎丰酱园旧址	南桥镇新建东路450号	奉贤区文物保护单位
27	"客乐浦"万国商团夜总会CLUB	庄行镇邬桥社区浦秀村4组	奉贤区文物保护单位
28	泰日木行桥	金汇镇木行村一组	奉贤区文物保护单位
29	戴家桥	庄行镇牛漊村6组	奉贤区文物保护单位
30	三官堂阮氏牌坊	南桥镇光明社区	奉贤区文物保护单位
31	抗日第八集团军司令部旧址	南桥镇北街居委会新建西路22号	奉贤区文物保护单位
32	大同桥	柘林镇胡桥老街中市	奉贤区文物保护单位

南汇新城博物馆、美术馆和文物保护单位名录

表一　博物馆、美术馆

序号	名称	地址	性质
1	浦东新区南汇博物馆	浦东新区惠南镇文师街18号	博物馆
2	上海中国航海博物馆	浦东新区南汇新城镇申港大道197号	博物馆
3	上海海派红木艺术博物馆	浦东新区万灵路99号	博物馆
4	上海天文馆（上海科技馆分馆）	浦东新区南汇新城镇临港大道380号	博物馆
1	临港当代美术馆	浦东新区南汇新城镇水芸路418号2楼（临港国际艺术园内）	美术馆
2	上海刚泰美术馆	浦东新区大团镇园中路888号	美术馆
3	上海浦东葵园美术馆	浦东新区书院镇东大公路4677号	美术馆

表二　文物保护单位

序号	名称	地址	级别
1	南汇古城墙遗址	惠南镇卫星东路16号	浦东新区文物保护单位
2	大成殿	惠南镇卫星东路16号	浦东新区文物保护单位

续　表

序号	名　称	地　址	级　别
3	钟亭及铜钟	惠南镇古钟园内	浦东新区文物保护单位
4	潘氏宅	惠南镇新华路8号	浦东新区文物保护单位
5	中国第一枚自行设计制造的试验探空火箭T-7M发射场遗址	老港镇东河村2组	浦东新区文物保护单位
6	泥城暴动党支部活动遗址	泥城镇横港村发蒙小学	浦东新区文物保护单位
7	南汇县保卫团第二中队队部遗址	泥城镇横港村褚家宅	浦东新区文物保护单位

后 记

上海，第一次直观地展现在我眼前，是2006年国庆假期，那是我第一次游上海。上海留在我脑海中的印象是：前卫、时尚、摩登、文明，还有着嗲嗲的腔调。现在想来，这幅画像与"魔都"这个词很接近。2007年初，我辞别了北京的同事和朋友，怀揣着梦想与期待奔赴魔都。

15年间，作为媒体从业者，我有幸近距离观察和参与魔都的每一步成长。中国航海博物馆、世博会中国馆、中国（上海）自由贸易试验区、国家会展中心、上海迪士尼乐园、上海天文馆、上海海昌海洋公园，这些城市空间背后，是上海经济增速的见证与城市文化的外显。

2021年初，上海公布的"十四五"规划纲要提到，要加快构建"中心辐射、两翼齐飞、新城发力、南北转型的空间新格局"。其中，重中之重是新城发力。

2021年4月，澎湃新闻邀请城市研究者从不同角度出发，专题讨论上海城市开发该如何定位，未来新城开发该如何发力。

2021年6月，澎湃新闻携手上海博物馆，走进青浦、松江、嘉定、奉贤和南汇五个新城，拍摄五集系列纪录片，举办六场学术讲座，邀请数十位考古、历史、文化、城市战略规划等领域的专家学者参与讨论，为上海五个新城未来发展出谋划策。

这是一次文化寻根之旅，五个新城是上海地区考古遗址富集地，在调研与采访中，我们了解到，上海地区目前发现40多处考古遗址，在上海有一条距今大约4 000年的海岸线——冈身线。考古发现又把上海地区的历史延伸至距今6 000年前。在青浦，崧泽遗址中发现了早期人类遗骸，你可以看到距今约6 000年前"上海第一人"的三维复原像，福泉山遗址出土的象牙权杖和神人兽面纹玉琮，向我们展示了先祖鬼斧神工的技艺；在松江，几件出土的陶鬶器物，口部上翘流的差异以及器耳形状的不同，向后人述说着广富林文化的兼容并包；在嘉定，崇文重教，人文荟萃，至今仍保留了较为完整的古老塔庙、园林和街巷，如孔庙、法华塔、古猗园等；在奉贤，距今约4 000年的柘林古文化遗址，展现了海国长城的历史变迁，以及海派文化的海洋维度；在南汇，一幅元代《熬波图》尽显这座年轻的城市"向海而兴，因盐而兴"的历史文化根基。

这也是五个新城未来之路的一次探索之旅，调研中，我们听到了很多专家学者的中肯建议：

关于规划，上海要形成"1+5"的市域都市圈，即1 000多万人的中心城市+5个100万人的中等规模城市，五个新城成为上海从中心城到市域都市圈的主要组成节点。

关于开发方式，新城要适当扩大城市开发边界，提升开发强度，淡化人口总量考核目标，赋予新城更大的发展自主权。

关于产业，在新城构建独立的产业生态，强调多元布局，强化产业结构弹性，减少因产业大起大落对新城发展的影响，进一步促进产城融合，坚持高标准公共服务，提高新城吸引力。

关于交通，构成新城与周边城市及上海市中心的交通强链接，新城要成为交通枢纽和节点，要有两种以上轨道交通，如地铁线和市域线、市域线与城际线的交汇。

关于文化，海派文化是中国文化、江南文化、红色文化、外国文化、移民文化等的多元复合体。五个新城都有自己独特的区域文化，这些都是跟上海的海派文化融合在一起的，形成上海独特的优势，五个新城建设过程中要文化赋能，要挖掘和传承好海派文化这张名片。

人口是一个区域繁荣发展的重要因素，五个新城的发展，最终要解决的还是引入人才、留住人才的问题。这方面，政策在不断发力。2021年，上海试行五个新城落户政策，只要是上海本地应届硕士毕业生，就可免打分直接走应届毕业生落户程序。2022年，落户政策更加宽松，双一流本科毕业生，在五个新城、南北地区重点转型地区用人单位工作，也可以直接落户。有理由相信，随着各项人才、产业、交通等规划和措施的落地，五个新城一定会成为真正的独立节点城市。

感谢上海博物馆考古部各位专家在"魔都与新城"系列纪录片拍摄过程中提供的专业支持，感谢上海博物馆杨烨旻、崔淑妍两位老师在项目推进以及图书出版过程中给予的帮助。最后，还要感谢上海大学出版社陈强老师对全书的精心编排。

澎湃研究所隶属于澎湃新闻，是专注于城市问题研究的媒体智库，重点关注区域发展、城市治理、产业创新、城市文化等领域。"魔都与新城"这个项目，是我们关注和研究历史文化赋能新城建设的一个起点，五个新城的建设不会一蹴而就，未来，五个新城发展过程中如何利用文化优势聚人？如何通过产业集聚促发展？如何处理好人地关系，走可持续发展之路？这些都将成为我们长期关注和研究的课题。

澎湃研究所　田春玲

2022 年 7 月 20 日